Der große Sportführer

Der große Sportführer

Thomas Kalus

Wienand

Die Reihe »Köln Kompakt« liefert Informationen, Tips, Adressen und Aktivitäten zu aktuellen Themen der Stadt. Die Redaktion freut sich über weitere Ideen und Hinweise!

Bislang erschienen: Natur & Ökologie

Die Deutsche Bibliothek - CIP-Einheitsaufnahme
Kalus, Thomas:
Der grosse Sportführer / Thomas Kalus. -Köln : Wienand, 1997
  (Köln Kompakt)
  ISBN 3-87909-525-6

© 1997 Wienand Verlag, Köln
Alle Rechte vorbehalten

Lektorat: Christiane Hackethal
Redaktion: Christiane Wille-Molitor
Gestaltung: Martina Zelle
Illustrationen: Horst Klein
Gesamtherstellung: Druck- & Verlagshaus Wienand, Köln
ISBN 3-87909-525-6

Inhalt

9 **VORWORT**

10 **FITNESS & CO**
- Fitness-Studios
- Saunen
- *Story: Gesundheit von innen –
  Das Serailbad in der Kölner Claudius Therme*
- Kampfsport / Selbstverteidigung / Asiatische Sportarten
- Tanzen

48 **UMSONST & DRAUSSEN**
- Fußball
- *Story: Die „Bunte Liga" – Kölns alternative Fußball-Liga*
- Radfahren
- Joggen / Walking
- Beachvolleyball
- Streetball
- Streethockey / Skaterhockey
- Inline-Skating
- Skateboard / BMX / Stunt-Inline-Skating
- Ultimate Frisbee
- Bumerang

70 **EIN NASSES VERGNÜGEN**
- Badeseen
- Schwimmbäder
- *Story: Alter schützt vor Leistung nicht –
  Gertrud Wittneben, Seriensiegerin bei den Senioren-
  meisterschaften im Kunst- und Turmspringen*
- Tauchsport
- *Story: Nichts für schwache Lungen –
  Unterwasser-Rugby in Köln*
- Surf-, Segel- und Motorbootsport
- Rudern
- Bötchenfahren
- Wasserski

Inhalt

96 MIT DEM SCHLÄGER IN DER HAND
- Tennis
- Squash
- Badminton
- Golf

114 SPORT AUF SECHS BEINEN
- Reiten / Dressur / Springreiten / Voltigieren
- Therapeutisches Reiten
- Westernreiten
- *Story: Agility – Sport für Hund und Halter*

126 NERVENKITZEL UND GESCHWINDIGKEIT
- Luftsport
- Klettern
- Kart-Bahnen
- Schlittschuhlaufen
- Ski Alpin / Langlauf / Snowboard & Rodel
- *Story: Das Paradoxon von „Sky of Siberian" – Schlittenhund-Sport in Köln ohne Schnee*
- Windhund-Rennen

150 ES MUSS NICHT IMMER SCHWEISS SEIN
- Billard
- *Story: Boule – Mehr, als nur eine ruhige Kugel zu schieben*
- Bowling
- Kegeln
- Bahnengolf

Inhalt

166 GEISSBÖCKE, HAIE UND KROKODILE
- 1. FC Köln
- Kölner Eishockey-Club – „Die Haie"
- Fortuna Köln
- Cologne Crocodiles
- *Story: „Goldflash" –
  Die Cheerleader der Cologne Crocodiles*
- TA Toyota Köln
- SG EC / Bayer Köln-Worringen
- Rot-Weiß Köln
- ASV Köln

184 SPORT IM VEREIN UND IN INSTITUTIONEN
- Stadtsportbund Köln e. V.
- Hochschulsport
- Betriebssport
- Bildungswerk des Landessportbundes
- Bürgerzentren und Jugendeinrichtungen
- Initiative zur Förderung des Freizeit- und Breitensports
- Volkshochschule
- Wohlfahrtsverbände
- Seniorensport
- Behinderten- und Rehabilitationssport

196 SPORTSHOPS
- Universal-Sportgeschäfte
- Spezial-Sportgeschäfte
- *Story: Der Sport im Spiegel der Zeit –
  Das Deutsche Sportmuseum in Köln*

Vorwort

Wenn die Geißböcke im Müngersdorfer Stadion den Bayern die Lederhosen ausziehen oder die „Haie" im Eisstadion an der Lentstraße den Düsseldorfern zeigen, wer die wahre Macht am Rhein ist, sind die Kölner Sportfans in ihrem Element. Dann fließt im Anschluß an das Spiel von Chorweiler bis Rodenkirchen und von Lövenich bis Brück das Kölsch in Strömen, und jede Szene wird genüßlich nachkommentiert. Die große Liebe, die die Kölner ihrer Stadt entgegenbringen, projizieren sie auch auf ihre Sportvereine. Aber die Menschen in unserer Stadt sehen sich nicht nur gerne an, wie bei anderen der Schweiß rinnt. Sie werden auch selber gerne aktiv: Allein jeder fünfte Einwohner ist in einem Sportverein organisiert. Hinzu kommen die unzähligen Freizeit- und Individualsportler, die auf dem Golfplatz, in der Tennishalle oder im Aerobic-Kurs ihren Alltagsstreß vergessen wollen.
So groß wie die Nachfrage nach guten Sportmöglichkeiten, so reichhaltig ist auch das Kölner Angebot. Erfreulich im Prinzip, doch lästig wird's dann, wenn man das Branchenbuch wälzen muß, um ein geeignetes Fitness-Center in der Nähe zu finden, wenn man durch lästige Anrufe bei der Stadt herausfinden möchte, wann das Hallenbad im Veedel geöffnet hat, wenn man mühsam ermitteln muß, wo es in der Nähe einen Lauftreff gibt. So wurde die Idee des „Sportführers" geboren, der alles in einem Buch bringt: eine komplette Übersicht über die Möglichkeiten, die die Sportstadt Köln zu bieten hat. Vom Kampfsport-Center nebenan bis zum Wassersportsee in der Region, von traditionellen Sportarten wie Fußball oder Radfahren bis zu Trendsportarten wie Beachvolleyball oder Inline-Skating: Hier bekommt jeder Sportinteressierte Tips nach seinem Geschmack. Diese praktischen Serviceinformationen (Stand: Anfang 1997) werden durch zahlreiche Kölner Sportgeschichten ergänzt – Kurioses, Amüsantes und Unterhaltsames aus der Sportszene. Da geht es um Unterwasser-Rugby und Schlittenhund-Rennen, da wird Agility vorgestellt, eine Sportart für Hund und Herrchen, da wird eine Kölner Sport-Seniorin portraitiert, die mit 78 immer noch Weltmeistertitel holt. Und nun wünsche ich allen viel Vergnügen beim Stöbern in diesem Buch – und natürlich viel Spaß und Erfolg beim Sport treiben!

Thomas Kalus

FITNESS-STUDIOS

SAUNEN

**KAMPFSPORT/
SELBSTVERTEIDIGUNG/
ASIATISCHE
SPORTARTEN**

TANZEN

Fitness & Co

Raus in den Wald – rauf auf die Strecke – ran an die Geräte. In den 70er Jahren mußte der gute alte Trimm-Dich-Pfad herhalten, um körperliche Fitness zu erreichen. Heute verrotten die übriggebliebenen Hangelleinen und Bockspringanlagen in den Wäldern. Der moderne Mensch läßt sich von einer anderen Fitnesswelle tragen. An die Stelle des Trimm-Trab ist längst der Fitness-Club getreten, der Tanzraum oder der Gymnastiksaal. Dabei ist das kollektive Streben nach körperlicher Fitness mehr als nur eine Modeerscheinung. Das Körperbewußtsein ist in Zeiten, in denen Freizeit eine immer größere Rolle spielt, für viele zum Lebenselixier geworden, für Männer wie für Frauen gleichermaßen.

Der Trend zum Fitness-Club ist leicht nachzuvollziehen: Allein in Köln gibt es über 150 Studios dieser Art. Damit muß niemand weite Wege in Kauf nehmen, um ein solches Angebot nutzen zu können. Da kann Mann und Frau sogar die Mittagspause nutzen, um sich fit zu halten, oder nach Feierabend mal ein Stündchen im Club verbringen. Und vor allem: Es bedarf keiner Verabredung mit Gleichgesinnten und keiner Voranmeldung. Der Club ist immer da und immer verfügbar. Und wem das Training an und mit den Geräten zu langweilig ist, der kann am vielfältigen Kursangebot teilnehmen, von Aerobic bis Callanetics, von Jazz-Dance bis Wirbelsäulengymnastik.

Anders als beim Fitness-Training, bei dem man durch eigene Aktivität dem Körper Schweiß entlockt, öffnen sich beim Saunabesuch die Schweißporen der Besucher ganz von alleine. Nach einem Saunatag fühlt man sich befreit vom Ballast des täglichen Lebens und vom Alltagsstreß. Schon die alten Römer und Türken wußten um die natürliche Kraft des Schwitzens als Stärkung der körpereigenen Abwehrkräfte. Aber eines hat sich doch geändert: Während die Sauna früher eher Treffpunkt der älteren Generation war, tummeln sich heute auch viele junge Leute in Dampfbad, Trockensauna und Whirlpool. In den letzten Jahren gab es in Köln einen regelrechten Sauna-Boom mit einigen interessanten Neueröffnungen.

Ziemlich unübersichtlich ist der Bereich der Kampfsport- und Selbstverteidigungsangebote. Allein die Anzahl der unterschiedlichen Sportarten innerhalb dieses Segments ist sehr groß: Aikido, Karate, Taekwon-Do, Kung Fu, Judo, Kickboxen, Jiu-Jitsu, Wing Tsun und vieles mehr.

Dazu kommen verschiedene Meditationsformen, wie Tai Chi Chuan oder Yoga. Da viele Studios sowohl Fitness-Programme als auch Kampfsport und Selbstverteidigung anbieten, werden in diesem Kapitel manche Anbieter zweimal aufgeführt.
Auch für das große Feld des Tanzsports ergeben sich Überschneidungen. Die Grenzen zwischen Fitness-Angeboten und traditionellen Tanzkursen verschwimmen immer mehr. Oft bieten die Tanzstudios auch Fitness-Programme an, und die Fitness-Studios gehen in den Tanzbereich.

Fitness-Studios

Längst passé sind die Zeiten, in denen Fitness-Training gleichzusetzen war mit fleischbepackten Bodybuildern, die an chromblitzenden Kraftmaschinen, die mehr an Foltergeräte erinnerten, ihre Muskeln stählten. Fitness-Training ist Volkssport geworden. Dabei steht nicht mehr nur der Muskelaufbau durch Krafttraining im Vordergrund, sondern auch das Herz-Kreislauf-Training (Cardio-Training): Ruder- und Treppensteiggeräte, Fahrräder und Laufbänder werden vor allem für dieses Bewegungstraining benutzt. Vorrangiges Ziel sei es, den Ruhepuls zu drücken, sagt Gerd Hermanns, Leiter eines Fitness-Clubs auf der Aachener Straße. Eine zu hohe Herzfrequenz ist schlecht für die Gesundheit. Zur Klientel der Fitness-Center zählen vor allem die 20- bis 40jährigen beiderlei Geschlechts. Für einen Monatsbeitrag zwischen 60,– DM und 120,– DM können die Mitglieder, sooft sie wollen, trainieren und sämtliche Kursangebote in Anspruch nehmen. Im Durchschnitt trainieren die Besucher zwei- bis dreimal pro Woche.

Bevor man einen Vertrag unterschreibt, sollte man sich aber im Studio erst einmal genau umsehen. Eine gute und ausführliche Einführung ist gerade für Anfänger besonders wichtig. Viele Clubs bieten ein kostenloses Probetraining an. Zuvor werden mit den Neulingen einige Gesundheits- und Leistungstests gemacht: Herz-Kreislauf-Test, Körperfett- und Beweglichkeitsanalyse, Ausdauertest. Auf den Ergebnissen aufbauend entwickelt der Trainer einen individuellen Trainingsplan. Zusätzlich dazu bieten einige Fitness-Center einen Kurzlehrgang an, auf dem die richtigen Bewegungsabläufe und das Arbeiten an den Geräten trainiert werden. In der Leistungsfähigkeit der Geräte unterscheiden sich die meisten Clubs inzwischen kaum noch. Neues wurde in den letzten Jahren nicht mehr erfunden – höchstens im Design gibt es Änderungen. Während das Gerätetraining (weil individueller) häufiger von Männern genutzt wird, machen vom Kursangebot (weil kommunikativer) eher Frauen Gebrauch. Die Aerobic-,

Callanetics-, Stretching- oder Gymnastikkurse werden von Musik begleitet und dienen vornehmlich dem punktuellen Fettabbau („Problemzonen") und der Steigerung von Ausdauer und Beweglichkeit. Wichtig ist, daß beim Bewegungstraining genügend frische Luft zugeführt wird und die Übungseinheiten auf einem Schwingboden stattfinden. Teppichböden oder Matten sind nicht zu empfehlen.

Und hier noch ein kleines Lexikon der Fitness- und Gymnastikkurse (die Namen werden teilweise von den Sportstudios geändert, und unter unterschiedlichen Begriffen verstecken sich manchmal dieselben Übungsformen. Die Auflistung soll lediglich Anhaltspunkte geben):

– *Aerobic:* Mischung aus Low-Impact (für Einsteiger, ohne Sprünge, nicht zu schnelle Musik) und High-Impact (mit Sprüngen wie z. B. „Hampelmann"; beide Beine haben für kurze Zeit keinen Bodenkontakt). Die Übungen werden zu Musik gemacht und zu einer Choreographie zusammengefaßt. Intensives Ausdauer- und Ganzkörpertraining mit „Herz-Kreislauf-Effekt".
– *Anti-Cellulite:* Wie der Name schon sagt: spezielles Gymnastikprogramm gegen das leidige Problem der Cellulitis („Orangenhaut"). Die Übungen verbessern die Durchblutung bestimmter Körperteile.
– *Body-Fit:* Die Wirbelsäule wird in Schwung gebracht, und die Bereiche Bauch – Beine – Po werden gezielt bearbeitet.
– *Body-Sculpture:* Ganzkörpertraining mit Gewichten (z. B. kleinen Hanteln) und Bändern zur Formung und Straffung des Körpers.

Ob Kinderausweis oder Seniorenpaß: Fitness ist keine Frage des Alters

- *Body-Shaping:* Effektives Ganzkörpertraining zur Figurstraffung. Schwerpunkte sind die „Problemzonen" Bauch – Hüfte – Po – Beine.
- *BOP:* Intensives Muskeltraining und Gewebestraffung für die „Problemzonen" Bauch – Oberschenkel – Po.
- *Callanetics:* Figurgymnastik, soll speziell die weibliche Muskulatur formen und Beine – Po – Bauch wieder in Schwung bringen. Das Bindegewebe soll gestrafft werden, Fettpolster sollen verschwinden.
- *Circuit-Training:* Intensives Ganzkörpertraining. An verschiedenen Stationen (Geräte und Boden) werden Ausdauer und Muskulatur gefördert.
- *Dance-Aerobic:* Aerobic-Kurs mit tänzerischem Einfluß und Elementen aus Jazz-Dance, Hip Hop, Funk usw.
- *Power-Aerobic:* Für Fortgeschrittene geeignet, da sehr langer Ausdauerteil mit hoher Intensität.
- *Rücken- bzw. Wirbelsäulengymnastik:* Rücken- und Muskelschulung, bei dem wirbelsäulengerechtes Alltagsverhalten gelernt wird. Dehnungs- und Kräftigungsübungen zur Stabilisierung der Wirbelsäule. Tips, wie Haltungsschäden korrigiert oder vermieden werden können (oft von Krankenkassen unterstützt).
- *Ski-Gymnastik:* Meist ab Oktober im Angebot – Fitness-Gymnastik für Skifans. Ideale Vorbereitung auf den Ernstfall.
- *Step-Aerobic:* Programm mit hoher Herz-Kreislauf-Wirkung in Verbindung mit geringer Gelenkbelastung. Übungen mit einem höhenverstellbaren Podest, beansprucht vorwiegend die Muskelgruppen des Bein- und Pobereichs.

Fit for fun – Gerätetraining für bestimmte Muskelgruppen

- *TOP:* Intensives Muskeltraining und Gewebestraffung für Taille – Oberschenkel – Po nach Ganzkörperaufwärmen. Die meisten Übungen werden auf dem Boden gemacht.
- *Work-Out:* Intensives Figurtraining mit Kleingeräten und Herz-Kreislauftraining, um Fettpolster verschwinden zu lassen und das Gewebe zu straffen.

Aktivita Sportstudio

Niederkasseler Straße 3 c (Gewerbegebiet Porz-Lind), 51147 Köln (Porz-Lind), Tel.: 0 22 03 / 6 78 52
Öffnungszeiten: Mo – Fr 7.30 – 22 Uhr, Sa 9 – 18 Uhr, So 9 – 15 Uhr
Preise: auf Anfrage
Seit 1992 bietet das Aktivita Sportstudio von Inhaber Weiguni auf 800 qm neben dem Geräte-Fitness-Programm und Cardiotraining verschiedene Kurse an: Aerobic, Working, Anti-Cellulite, Callanetics usw. Die Kurse werden auf einem Vario-Schwingboden gegeben. Das spezielle Rückentraining wird in Zusammenarbeit mit der Barmer Ersatzkasse angeboten. 15 Mitarbeiter kümmern sich um die Gäste. Außerdem: Kinderbetreuung (Mo – Do 9 – 11.30 Uhr), Bistro, Sauna (Mi: Damensauna) und Sonnenbank.

ASV-Fitness-Clubs

Olympiaweg 3, 50933 Köln (Müngersdorf), Tel.: 02 21 / 49 42 42
Öffnungszeiten: Mo / Mi / Fr 9 – 22 Uhr, Di / Do 16 – 22 Uhr, Sa 10 – 19 Uhr, So 10 – 16 Uhr
Gladbacher Straße 26 – 28, 50672 Köln (City), Tel.: 02 21 / 5 10 27 49
Öffnungszeiten: Mo / Fr 9 – 22 Uhr, Mi 9 – 13 u. 15 – 22 Uhr, Di / Do 16 – 22 Uhr, Sa 12 – 17 Uhr, So 10 – 16 Uhr
Bonner Straße 234, 50968 Köln (Bayenthal), Tel.: 02 21 / 3 76 10 36
Öffnungszeiten: Mo / Mi / Fr 9 – 13 u. 16 – 22 Uhr, Di / Do 16 – 22 Uhr, Sa 12 – 16 Uhr, So 10 – 15 Uhr
Preise: auf Anfrage
In allen drei ASV-Fitness-Club-Filialen sind neben dem Gerätetraining im Angebot: Kurse mit unterschiedlichen Schwierigkeits- und Belastungsgraden (von Step bis Slide, von Callanetics bis Stretch), spezielles Kinder-Aerobic, Solarien, Saunen (Dampfbad, finnisch) sowie zahlreiche Special events (Partys, Aerobic-Meisterschaften, Inline-Skating, Volleyball, Streetball, Wasserski-Aktionen usw.). Eine spezielle Abteilung „Gesundheitsmanagement" kümmert sich um Beratung von Firmen in Sachen Fitness. Der Club bietet Präventionskurse für Unternehmen sowie Firmen-Fitness-Programme an und erstellt individuelle Gesundheitskonzepte für Betriebe.

Body Fitness Studio Heimersdorf

Haselnußweg 32, 50767 Köln, Tel.: 02 21 / 7 90 22 82
Öffnungszeiten:
Mo – Fr 10 – 21.30 Uhr,
Sa 13 – 18 Uhr, So 10 – 14 Uhr
Preise: auf Anfrage

Auf ca. 370 qm und zwei Ebenen ist das Fitness-Studio Heimersdorf vor allem im schweren Bodybuilding-Bereich aktiv (untere Ebene), aber auch das leichtere Fitness- und Gerätetraining ist möglich (obere Ebene). Zusatzangebot: Sonnenbänke.

Club Heide Rosendahl
Gut Keuchhof, Braugasse 12,
50859 Köln (Lövenich),
Tel.: 0 22 34 / 4 83 93
Öffnungszeiten:
Mo – Fr 10 – 22 Uhr,
Sa 12 – 18 Uhr, So 10 – 16 Uhr
Preise: Aufnahmegebühr 75,– DM,
Monatsbeitrag ab 90,– DM,
Schüler, Studenten, Azubis 80,– DM
Der Club der ehemaligen Olympiasiegerin Heide Rosendahl verfügt über eine gute technische Ausstattung und legt Wert auf qualifizierte Betreuung der Gäste. Neben dem Gerätetraining wird ein umfangreiches Kursprogramm in Sachen Fitness angeboten: von Rücken- und Powergymnastik über Step-Aerobic bis Jazzgymnastik. Finnische Sauna und Solarien sind vorhanden, auch Möglichkeiten zur Krankengymnastik und ein Rehabilitations-Center befinden sich im Haus. Außerdem veranstaltet der Club einen Lauftreff an den Jahnwiesen (Di 19 Uhr).

Fitness-Inn
Trierer Straße 51 (Nähe Barbarossaplatz), 50674 Köln (City),
Tel.: 02 21 / 21 62 53
Öffnungszeiten: Mo – Fr 10 – 22 Uhr (Di / Do 13 – 16 Uhr geschlossen),
Sa / So 13 – 17 Uhr
Preise: auf Anfrage
Fitness-Inn ist das älteste Fitness-Center in Köln (vor 30 Jahren gegründet). Außerdem war Inhaber Günter Nels der erste, der Ende der 60er Jahre sein Center auch für Damen öffnete. Heute im Angebot: Gerätetraining, Cardio-Fitness, Rückentraining, Step-Aerobic und Callanetics sowie eine Sauna mit Freiluft-Terrasse, Solarien und eine kleine Bar.

Fitness-Live
Houdainerstraße 2 – 4,
Einkaufs-Center Zündorf,
51143 Köln (Porz),
Tel.: 0 22 03 / 8 65 95
Öffnungszeiten:
Mo – Fr 10 – 22 Uhr,
Sa 11 – 17 Uhr, So 10 – 14 Uhr
Preise: Aufnahmegebühr 80,– DM,
Monatsgebühr ab 80,– DM, Ermäßigung für Studenten, Schüler und Azubis
Das Studio von Christian Sprotte bietet vor allem Fitness-Kurse an: Rücken- und Wirbelsäulengymnastik, Übungen zur Gewebestraffung, Herz-Kreislauf-Training usw. Außerdem gibt es eine Sauna, ein Solarium und ein Bistro.

Fitness-Studio Deutz
Arnoldstraße 17 – 19, 50679 Köln (Deutz), Tel.: 02 21 / 88 11 11
Öffnungszeiten:
Mo – Fr 10 – 22 Uhr,
Sa 11 – 15 Uhr, So 11 – 14 Uhr

Preise: Je nach Kursangebot zwischen 40,– DM und 110,– DM, Jahres-Abo 555,– DM
Inhaber Groll versucht, in seinem Studio eine persönliche und gemütliche Atmosphäre zu schaffen. Geselligkeit und Gemeinsamkeit werden großgeschrieben. Auf dem Aktivitätenplan stehen neben dem Standard-Aerobic-Programm (Low-Impact, High-Impact) verschiedene Kursangebote von Bodystyling über „Aerobic für Ältere" bis Cardio-Funk (Herz-Kreislauf-Training). Specials sind die Gesichtsgymnastik, Wing-Tsung- und Modern-Dance-Kurse sowie vom Studio organisierte Kegelabende, Fahrradtouren und Ausdauerläufe. Außerdem gibt es eine Sauna, Solarien und ein Bistro.

Fitness-Studio Lindenthal
Biggestraße 7, 50931 Köln (Lindenthal), Tel.: 02 21 / 40 97 93
Öffnungszeiten: Mo – Fr 10 – 12.30 u. 16 – 21.30 Uhr, Sa 10 – 13 u. 16 – 21.30 Uhr, So 16 – 21.30 Uhr
Preise: Aufnahmegebühr 60,– DM, Monatsbeitrag (Damen) ab 60,– DM, Herren ab 75,– DM
Inhaber Josef Tenten legt Wert darauf, daß er kein Bodybuilding-Studio leitet. Individuelles Hanteltraining und Kardio- bzw. Kraftsportgeräte stehen im Mittelpunkt. Etwa ein Drittel der Mitglieder sind Studenten. Kein Kursangebot.

Fitness-Studio Pesch
Mengenicher Straße 26 (Eingang Schulstraße), 50767 Köln (Pesch), Tel.: 02 21 / 5 90 61 48

Öffnungszeiten:
Mo / Di / Do / Fr 10 – 13.30 u. 15.30 – 21.30 Uhr,
Mi 15.30 – 21.30 Uhr,
Sa 11 – 15 Uhr, So 11 – 15 Uhr, feiertags geschlossen
Preise: Anmeldegebühr 35,– DM, Monatsbeitrag ab 70,– DM, Ermäßigung für Studenten, Schüler, Azubis, Zivil- und Wehrdienstleistende sowie Ehepaare.
Das Studio besteht seit ca. 15 Jahren. Leiter Arno Meyer bietet neben normalem Gerätetraining und Fitness-Kursen auch Aufbautraining nach Sportverletzungen sowie sportartspezifisches Krafttraining an. Das Studio verfügt über Sauna, Sonnenbänke und einen Sportshop.

Gesundheits-Studio Willness
Madausstraße 1 a, 51109 Köln (Merheim), Tel.: 02 21 / 8 90 80 35
Öffnungszeiten: nur Kursangebot, daher keine starren Öffnungszeiten
Preise: Monatsbeitrag 55,– DM bis 80,– DM (je nach Nutzung des Kursangebotes, Laufzeit und Zahlungsweise)
Das Willness-Gesundheitsstudio von Diplom-Sportlehrer Hans-Joachim Will (daher der Name) bietet nur Kurse an, kein Gerätetraining oder Bodybuilding. Im Programm sind die Standards Aerobic, Callanetics und Rücken- bzw. Wirbelsäulengymnastik sowie einige Specials: Kinderkarate, Selbstverteidigung für Frauen, Powertraining, Sport ab 50. Sauna und Solarium

sind vorhanden. Das Studio hat darüber hinaus einen wöchentlichen Lauftreff eingerichtet (Termin telefonisch erfragen).

**Gymnastikschule
Anne Bach-Jacobs**
Dürener Straße 85,
50931 Köln (Lindental),
Tel.: 02 21 / 40 96 04
Öffnungszeiten:
abhängig vom Kursangebot
Preise: auf Anfrage
Anne Bach-Jacobs stellt in ihrer Schule Kurse für Kinder und Erwachsene zusammen. Neben Tanzangeboten wie Ballett und Jazz Dance stehen eine ganze Reihe von Gymnastikkursen auf dem Tableau (Problemzonen, Wirbelsäule, Osteoporose, Ski etc.). Specials: Yoga, Rhythmische Bewegungserziehung, Mutter-Kind-Turnen sowie Mutter-Baby-Turnen.

Impuls Fitnessclub
Aachener Straße 497–501,
50933 Köln (Braunsfeld),
Tel.: 02 21 / 4 06 02 02
Öffnungszeiten:
Mo–Fr 9.30–21.30 Uhr,
Sa / So 11–16 Uhr
Preise: Monatsbeitrag ab 84,– DM
Großräumiges und offenes Studio über zwei Etagen. Inhaber Gerd Hermanns hat ein reichhaltiges Fitness-Kursprogramm zusammengestellt. Neben den Standards Step, Callanetics und Aerobic gibt's einige Specials: Bodysculpture (Ganzkörpertraining mit Gewichten und Bändern), Stretch & Relax (Dehnungs- und Entspannungsübungen, um Körper und Gesicht in Einklang zu bringen), Slide (dem Schlittschuhlauf nachempfundene Übungen für Po und Oberschenkel). Eine Apparatur namens Bodystyler soll die Muskulatur der Benutzer während des Liegens mit sanften elektrischen Impulsen in Form bringen.

Kieser-Training
Neusser Straße 27–29,
50670 Köln,
Tel.: 02 21 / 97 22 23–0
Öffnungszeiten:
Mo–Fr 7.30–21.30 Uhr,
Sa / So, Feiertage 9–18 Uhr,
365 Tage im Jahr
Preise: 6 Monate 490,– DM,
12 Monate 690,– DM,
24 Monate 1090,– DM
Werner Kieser läßt sich mit seinem gesundheitsorientierten Krafttraining nicht in die herkömmliche Fitness-Szene einreihen: „Krafttraining ist weder Sport noch Vergnügen, sondern eine körperhygienische Maßnahme." Die Einrichtung seiner Betriebe ist von funktioneller Nüchternheit. Wer sie betritt, trifft auf qualifizierte Instruktoren, Stahl und Glas. Für die Kräftigung der verschiedenen Bewegungsfunktionen stehen im Kölner Betrieb 74 TÜV-geprüfte Trainingsgeräte. Der Kieser-Ausweis berechtigt für ein Training in allen 6 deutschen und den 15 Schweizer Betrieben. Jedem Kieser-Training ist eine

MedX-Praxis angegliedert, die sich auf die Behandlung von Rückenschmerzen spezialisiert hat.

Lady's Gym
Schönhauser Straße 10 – 16,
50968 Köln (Bayenthal),
Tel.: 02 21 / 3 40 44 55
Öffnungszeiten: Mo 10 – 12 u. 15.30 – 21 Uhr, Di – Do 8.30 – 12 u. 15.30 – 21 Uhr, Fr 10 – 12 u. 15.30 – 20 Uhr, Sa / So 11 – 14 Uhr
Preise: Aufnahmegebühr 49,– DM, Monatsbeitrag 99,– DM (Jahres-Abo) und 119,– DM (Halbjahres-Abo), Ermäßigung für Schüler und Studenten

Lady's Gym bietet Fitness-Training nur für Frauen. Im Programm sind Rücken- und Haltungsgymnastik, Anti-Cellulite-Gymnastik, Top (Muskeltraining am Boden), Step (Aerobic auf kleinen Podesten) und Funk (Streetdance aus den USA auf aktuelle Musik). Dienstags und donnerstags von 9 – 12 Uhr wird Kinderbetreuung angeboten.

Bewegungsspaß bei der Dance-Aerobic in der Gymnastikschule Anne Bach-Jacobs

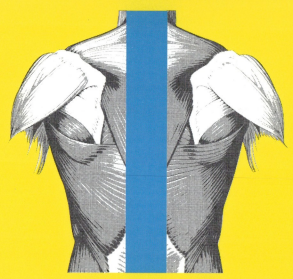

EIN STARKER RÜCKEN
KENNT KEINE SCHMERZEN

Testen Sie sich und uns!
6 Monate DM 490.–*
12 Monate DM 690.–*
24 Monate DM 1 090.–*

*Inkl. einer ärztlichen Untersuchung

365 Tage im Jahr geöffnet.
Montag bis Freitag: 7.30 – 21.30 Uhr
Samstag, Sonn- und Feiertags: 9.00 – 18.00 Uhr

Das erreichen Sie mit Kieser Training:
- Sie machen eine gute Figur, weil Ihre Muskeln straff sind
- Sie schützen sich vor Rückenschmerzen
- Sie stoppen den Muskel- und Knochenabbau im Alter

Rufen Sie uns an und vereinbaren Sie einen
Termin für ein kostenloses Probetraining.

Kieser Training Köln · Telefon: 02 21 / 97 22 23-0
Neusser Straße 27–29, zwei Minuten vom Ebertplatz

GESUNDHEITSORIENTIERTES KRAFTTRAINING

Medifit
Emil-Hoffmann-Straße 7 a,
50996 Köln (Rodenkirchen),
Tel.: 0 22 36 / 6 94 75
Öffnungszeiten: ca. 8 – 22 Uhr
Preise: Aufnahmegebühr 250,– DM,
Monatsbeitrag 135,– bis 195,– DM
Das Institut Medifit verspricht Fitness-Training unter ständiger ärztlicher, physiotherapeutischer und sportwissenschaftlicher Anleitung fernab von Modekult und Kraftmeierei. Neben dem Standard-Kursangebot gibt es auch sportartspezifisches Training für Tennis, Golf, Radsport usw. Im Vordergrund stehen das gesundheitsorientierte Fitness-Angebot und die Rehabilitation unter ständiger Trainingskontrolle.

Multi-Wahn
Wilhelm-Ruppert-Straße 38,
51147 Köln (Wahn), Tel.: 0 22 03 / 6 76 52 und 69 53 07
Öffnungszeiten: Mo – Fr 9 – 24 Uhr,
Sa / So / Feiertag 9 – 20 Uhr
Preise Fitness: Anmeldegebühr 50,– DM, Morning-Card (werktags 9 – 14 Uhr) 60,– DM im Monat, Multi-Card ab 70,– DM im Monat, Weekend-Card 60,– DM, Tageskarte für Nichtmitglieder 18,– DM
Preise Kurse: Gymnastik-Abo (alle Kurse) 65,– DM im Monat
Unter dem Slogan „Multi-Wahn – das Multi-Freizeiterlebnis" firmiert dieses multifunktionale Sportzentrum. Neben Squash, Sauna und Solarien stehen Fitness und ein reichhaltiges Gymnastikangebot im Mittelpunkt. Im High-Tech-Fitness-Studio werden an den Geräten und Laufbändern die Muskeln gestählt (kostenloses Probetraining und vorheriger Fitness-Test). Das Kursangebot umfaßt Aerobic, Jazz Dance, Step, Callanetics, Funk, Wirbelsäulengymnastik, Low-Impact (Aerobic für Einsteiger, nicht zu schnelle Musik), Skigymnastik und Yoga. Besonderheiten: Kinderbetreuung, „Fitkids-Kurse" (Gymnastik für Kinder von 4 bis 10 Jahren), „Teenyrobic" (Aerobic für Jugendliche von 10 bis 16 Jahren), Sportshop, Gastronomie. Dazu gibt's zahlreiche Veranstaltungen vom „Multi-Sport-Marathon" über den „Gesundheitstag" bis zum „Oktoberfest".

Pro Aktiv
Werner-von-Siemens-Straße 1,
50226 Frechen, Tel.: 0 22 34 / 5 77 12 oder 1 50 15
Öffnungszeiten: Mo – Fr 8 – 23 Uhr,
Sa / So 8 – 20 Uhr
Preise: Anmeldegebühr 139,– DM, Monatsbeitrag Fitnessbereich ab 98,– DM, Kursprogramm ab 80,– DM
Pro Aktiv ist eine multifunktionale Sport- und Freizeitanlage auf rund 5000 qm (Tennis, Badminton, Squash, Fitness, Tanz etc). Auf dem Gymnastik-Stundenplan stehen die „klassischen" Kurse wie Step Aerobic, Power Gymnastik, Streching usw. Daneben gibt's Taekwon-Do- und Judokurse, Tai Chi und Wing Chun. Alle zwei Wochen wird sonntags ein „Wandertreff" an-

geboten. Zudem gibt es in der angeschlossenen Tanzschule („Müller-Wendland Aktiv Programm") eine Reihe von Tanz-Workshops: Jazz Dance, Street Dance, Boogie Woogie, Salsa und afrikanische Tänze. Die Sauna und das Dampfbad mit Ruhe- und Außenbereich stehen den Besuchern kostenlos zur Verfügung. Im Bistro mit Sonnenterrasse gibt es Imbiß und Getränke. Vor- und nachmittags wird eine Kinderbetreuung angeboten.

Sportschule Shintai
Alteburger Wall 29, 50678 Köln (Südstadt), Tel.: 02 21 / 37 56 55
Öffnungszeiten: nur Kursangebot, daher keine starren Öffnungszeiten
Preise: Aufnahmegebühr 30,– DM, Monatsgebühr (ein Kurs) 50,– DM, Monatsgebühr (alle Kurse) ab 70,– DM, Kinderkurse 40,– DM, Schüler und Studenten bekommen 10,– DM Ermäßigung
„Shintai" heißt „Geist und Körper" – und so will Inhaber und Diplom-Sportlehrer Klaus Fiereck seine kleine Sportschule auch definiert wissen. Ihm geht es weniger um Muskelaufbau um jeden Preis als um persönliche Atmosphäre ohne Maschinentraining und Bodybuilding. Die angebotenen Kurse sind gesundheitsorientiert: Aerobic, Callanetics, Cardio-Fun, „Sport ab 50", Eltern-Kind-Gymnastik, Fitness- und Konditionstraining sowie eine „Spiel-, Spaß- und Sportgruppe" für Kinder stehen auf dem Kursplan. Dazu gibt's einige Kampfsport- bzw. Selbstverteidigungskurse, die nicht als „Schlägerschule" mißverstanden werden sollen (Shotokan-Karate, Kinderkarate ab 6 Jahren, Chi Gong, Tai Chi). Kinderbetreuung möglich, Sauna vorhanden.

Sportstudio Brinkmeier
Aachener Straße 76,
50674 Köln (Belgisches Viertel),
Tel.: 02 21 / 52 75 13
Öffnungszeiten:
Mo – Fr 10 – 22 Uhr,
Sa 10 – 18 Uhr, So 10 – 14 Uhr
Preise: Aufnahmegebühr 59,– DM, Fitness-Training oder Aerobic oder Boxen ab 75,– DM monatlich, Kompaktvertrag (alle Kursangebote und Fitness-Training kombiniert) ab 90,– DM monatlich
Inhaber Horst Brinkmeier dürfte vielen Sportfans ein Begriff sein. In den 60er und 70er Jahren holte er einige Deutsche Meistertitel und war erfolgreicher Berufsboxer. 1974 eröffnete er gemeinsam mit seiner Frau Inge sein Sportstudio. Heute umfaßt das Unternehmen auf 1500 qm einen großen Gerätepark und das „Gesundheits-Studio", in dem sich alles um die Fitness dreht: Von Step-Aerobic bis Stretching werden zahlreiche Kurse angeboten. Natürlich bietet der ehemalige Boxer auch Kurse in „seiner" Sportart an. Manager- und Fitness-Boxen, aber auch Tai- und Kickboxen stehen auf dem Kursplan. „Solar-Center" mit diversen Sonnenbänken, „Sauna-

paradies" und Cafeteria runden das Bild ab. Mit ein wenig Glück kann man bei Brinkmeier auch mal den einen oder anderen Promi zu sehen bekommen – Henry Maske und Axel Schulz trainieren hier manchmal.

Swiss Training
Brüsseler Straße 21,
50674 Köln (Belgisches Viertel),
Tel.: 02 21 / 21 18 16
Öffnungszeiten:
Mo – Fr 10 – 22 Uhr,
Sa 10 – 17 Uhr, So geschlossen
Preise: keine Aufnahmegebühr, Jahresabo ab 540,– DM (monatlich 45,– DM)
Fitness und Aerobic stehen auf dem Programm. Swiss Training ist ein Franchise-Unternehmen, das in Deutschland, Österreich und der Schweiz bereits knapp 50 Lizenznehmer hat. Der Preis ist wohl kaum mehr zu unterbieten. Die Abonnenten können in allen Studio-Filialen kostenlos trainieren. Im Preis inbegriffen sind die Benutzung der Geräte, die Aerobic-Kurse sowie die Sauna. Die Atmosphäre in der Gerätehalle ist eher kühl und erinnert ein bißchen an ein Fabrikgebäude. Dafür steht dem Swiss-Training-Mitglied eine sehr große Anzahl an Geräten zur Verfügung.

Tommy's Fit-in
Osterather Straße 7, 50739 Köln (Bilderstöckchen), Tel.: 02 21 / 17 19 82 oder 1 70 25 59
Öffnungszeiten: Mo / Mi / Fr 10 – 13 u. 15 – 22 Uhr, Di / Do 15 – 22 Uhr, Sa 10 – 18 Uhr, So 15 – 18 Uhr
Preise: Aufnahmebeitrag 45,– DM, Fitness-Programm ab 65,– DM, Kampfsport-Programm ab 69,– DM (Kinder ab 49,– DM) und Aerobic- / Tanz-Programm ab 59,– DM (Kinder ab 49,– DM), Ermäßigung für Schüler, Studenten, Wehr- und Zivildienstleistende
Inhaber Tommy Nalbach bietet eine Mischung aus Geräte-Fitness, Aerobic, Tanz und Kampfsport. Das Kursprogramm umfaßt neben Aerobic in diversen Variationen auch Flamenco und Standard- bzw. Lateinamerikanischen Tanz. Der Kampfsportbereich beinhaltet Karate, Kick-Boxen, Thai-Boxen und Judo. Alle Formen werden auch für Kinder angeboten. Kinderbetreuung ist im Preis inbegriffen.

Vitalis Fitness-Team
Steyler Straße 11, 51067 Köln (Holweide), Tel.: 02 21 / 9 63 61 28
Öffnungszeiten: Mo – Fr 10 – 13 u. 15 – 22 Uhr, Sa 12 – 18 Uhr, So geschlossen
Preise: auf Anfrage
Ein Team von Diplom-Sportlehrern (ihnen gehört auch der Ascot-Fitness & Health Club am Friesenplatz) bietet ein gesundheitsorientiertes Fitnesskonzept an. Nach einem ausführlichen Gespräch wird der Neuling zu Beginn einem Fitness-Test unterzogen, dann stellt der Betreuer mit ihm gemeinsam

einen Trainingsplan auf. Das breite Kursprogramm enthält neben Gymnastikangeboten auch Yoga und Tai Chi. Weitere Besonderheiten: Es werden Segeltörns, Inline-Skate-Kurse und Mountainbike-Touren in der Eifel und im Bergischen Land organisiert (auch für Nichtmitglieder).

Vita-Team
Schönhauser Straße 62,
50968 Köln (Bayenthal),
Tel.: 02 21 / 34 18 38
Öffnungszeiten: Mo – Fr 10 – 2 Uhr, Sa 11 – 18 Uhr, So 10 – 16 Uhr
Preise: Aufnahmegebühr 40,– DM, Monatsbeitrag ganztägig
(bis 22 Uhr) ab 85,– DM, halbtägig (bis 16 Uhr) ab 60,– DM
Das Vita-Team stellt einen umfangreichen Gerätepark und ein vielseitiges Kursangebot zur Verfügung. Gymnastik in allen Variationen (inkl. Rückengymnastik und Callanetics), Selbstverteidigung für Frauen, Judo für Kinder sowie Reha- und Aufbautraining (in Zusammenarbeit mit einem ortsansässigen Krankengymnasten) stehen auf dem Programm. Für Frauen, die gerne unter sich sein wollen, gibt es einen separaten Damen-Trainingsbereich; Mitglieder, die gerne schwitzen, können kostenlos die hauseigene Sauna benutzen. Für den Gang auf die Sonnenbank müssen sie allerdings extra berappen.

Vitadrom
Venloer Straße 543, 50825 Köln (Ehrenfeld), Tel.: 02 21 / 54 13 53
Öffnungszeiten: Mo – Fr 9 – 22 Uhr, Sa 10 – 17 Uhr, So 10 – 15 Uhr
Preise: Anmeldegebühr 50,– DM, Monatsgebühr ab 75,– DM (inkl. Gerätetraining), Monatsbeitrag (ohne Gerätetraining) ab 56,– DM, Ermäßigung für Kinder und Jugendliche
Kölns größter Fitness- und Gerätepark mit 220 Trainingsstationen. Ein separates Damen-Fitness-Studio mit „Lady-Fitness-Straße" ist für individuelles Figurtraining für die „Problemzonen" eingerichtet. Ebenfalls separat: Die „Damen-Cafeteria". Das „Aerobic & Dance-Center" wird mit den Aerobic-Vizeweltmeistern Alexis Cortes und Daniel Castro beworben. Sie leiten einige der zahlreichen Kurse, die von Funk-Aerobic über Jazz Dance bis zu Master-Class-Aerobic gehen. Der Parkett-Schwingboden ist gelenkschonend – insgesamt ein exklusives Ambiente. Im „Kinderparadies" (mit kostenloser Betreuung) ist eigens ein Kinderkino installiert worden. Bistro, Gartenterrasse und Trend-Shop gehören ebenso zur Ausstattung wie der großzügige Saunabereich mit Grottensauna und diversen Duschbädern, Massagepraxis und angeschlossenem Sonnenstudio.

Workout Aerobic Studio
Follerstraße 68 – 70, 50676 Köln (Südstadt), Tel.: 02 21 / 23 81 16
Öffnungszeiten: keine starren Öffnungszeiten, da Kursprogramm
Preise: Monatsbeitrag ab 55,– DM

(viermal im Monat eine Stunde Aerobic), Monatsbeitrag täglich Fitness ab 55,– DM, Monatsbeitrag täglich Aerobic ab 100,– DM, Schüler- und Studentenermäßigung Die Leiter dieses kleinen, aber feinen Studios kommen von der Wettkampf-Aerobic. Petra und Klaus Brück waren unter anderem Deutsche Vizemeister. Nun versuchen sie, ihre Erfahrung an die Besucher ihres Studios weiterzugeben und ein effektives und abwechslungsreiches Programm auf die Beine zu stellen. Sie legen großen Wert auf private Atmosphäre und wollen keine „Massenabfertigung". Special: Der „Reebok City Jam": Bei mitreißender Funkmusik werden Grundschritte zu Funk-Kombinationen zusammengesetzt. In MTV und In-Discos ist die ursprünglich auf den Straßen von L.A. erfundene Funk-Aerobic der absolute Renner. Ansonsten unter anderem im Programm: Callanetics, Mixed Impact, Men at work (spezielle Aerobic-Stunde für Männer) und das Workout-Ganzkörperprogramm.

Saunen

Der Gang ins Schwitzbad ist für viele unverzichtbarer Bestandteil des Wochenplans geworden. Kein Wunder, denn erstens ist der gesundheitliche Nutzen allgemein anerkannt (es sei denn, man leidet unter Herzkrankheiten – eine Untersuchung beim Arzt gibt Aufschluß über mögliche individuelle Gefahren), und zweitens ist die Sauna für viele ein Refugium der Entspannung jenseits des streßbeladenen Alltags geworden. Den Gesetzen des Marktes Folge leistend, wurde das Sauna-Angebot in den letzten Jahren immer umfangreicher: Die Kölner Region hat sich inzwischen zur regelrechten „Saunahochburg" entwickelt. Aus einem relativ bescheidenen Angebot, das aus Kellersaunen und Hinterhof-Dampfbädern bestand, sind „Sauna-Anlagen mit römischer Badekultur", „Gesundheitsfarmen", „Saunaparadiese" und „Freizeit- und Saunalandschaften" geworden. Annähernd jeder Fitness-Club, jede Squash- oder Tennisanlage, jedes Hotel oder Sportstudio verfügt über eine oder mehrere Saunen. Da hier nicht jede kleine Sauna in Köln aufgeführt werden kann, werden nur die genannt, die die Sauna in den Mittelpunkt ihres Angebotes gestellt haben.

Aqualand
Merianstraße 1, 50765 Köln (Chorweiler), Tel.: 02 21 / 70 28 – 0
Öffnungszeiten: So – Do
10 – 23 Uhr, Fr / Sa 10 – 24 Uhr
Preise: Einzelkarte 32,– DM,
Mo – Fr außerhalb der Ferien und an Feiertagen 27,– DM, Ermäßigung bei Zwei- und Vier-Stunden-Tarifen, Familienkarten und Zwölferblockkarten, Kinder pauschal 14,– DM, Ermäßigung auch für Schüler und Studenten möglich.

Seit 1991 besteht diese Wasserfreizeitanlage in Chorweiler in der Nähe des Fühlinger Sees. Auf einer Nutzfläche von 18 500 qm wurde eine Mischung aus subtropischer Badelandschaft und Erlebnispark errichtet. Jährlich werden rund 400 000 Gäste gezählt. Der Saunabereich bietet auf rund 1700 qm folgende Highlights: Bei zehn verschiedenen Saunen (unter anderem Großsauna, Meditationssauna, Damensauna und Kindersauna, Blocksauna außen) ist für jeden etwas dabei. Die Mitarbeiter machen stündlich wechselnde Aufgüsse (japanisch, russisch, finnisch). Zum Abkühlen begibt man sich in die Eisgrotte oder ins Tauchbecken. Der großzügige Außenbereich umfaßt einen Saunasee, mehrere Blocksaunen und einen Saunagarten (Ruhebereich). An der Saunabar im Innenbereich werden am offenen Kamin Speisen und Getränke gereicht.

ASV-Saunaparadies
Ignystraße, 50858 Köln (Weiden), Tel.: 0 22 34 / 70 09 90
Öffnungszeiten:
Mo – Fr 10 – 22.45 Uhr,
Sa / So 10 – 20.45 Uhr
Preise: Drei-Stunden-Karte 17,– DM (Zehnerkarte 150,– DM), Tageskarte 23,– DM (Zehnerkarte 190,– DM)
Großzügige Anlage mit Bio-, Aufguß- und Trockensauna sowie Dampfbad. Für Sonnenanbeter gibt's draußen eine 2000 qm große Liegewiese. Wer lieber künstliche Sonne genießt, kann seiner Lust auf diversen Sonnenbänken frönen. Ein beheiztes Außenschwimmbecken sorgt auch im Winter für angenehme Temperaturen. Außerdem: Ruheräume, Massage- und Kosmetikabteilung und ein Restaurant. Donnerstags ist Damentag in der Sauna. Kinder bis zu 14 Jahren haben keinen Zutritt.

Claudius Therme
Sachsenbergstraße 1, 50679 Köln (Deutz), Tel.: 02 21 / 98 14 40
(Vom Deutzer Bahnhof fährt ein Pendelbus bis vor die Therme)
Öffnungszeiten: täglich 9 – 23 Uhr
Preise: Vier-Stunden-Karte 26,– DM (Elferkarte 260,– DM), Tageskarte 36,– DM (Elferkarte 360,– DM)
Sehenswerte Saunalandschaft mit römischem Badeflair und exklusiver Ausstattung. Ein hervorragend geeigneter Ort, um zu entspannen und zu regenerieren. Die Einrichtungen im einzelnen: Blockbohlensaunen, Finnische Sauna, Aufgußsauna, Duschgrotte, Whirlpool, Heilwasser-Badebecken, Osmanisches Dampfbad, Serailbad (siehe Story), Sanarium (Regenerationsbad) und Laconium (Wände und Mosaikbänke strahlen Wärme ab). Der großzügige und architektonisch interessante Badebereich bietet neben den Innen- und Außenbecken zahlreiche Wasserattraktionen: Massagedüsen, Sprudelliegen, Wasserfälle, Nackenduschen, Strömungsbecken etc. Aufgrund der thera-

peutischen Wirkung des Heilwassers gehören auch medizinische Anwendungen zum Angebot der Therme, so z. B. Bewegungsbäder, Krankengymnastik, Spezialmassagen, Fango- und Elektrotherapie (nicht im Eintrittspreis enthalten). Außerdem: große Ruheräume und Sonnenterrasse (mit Blick auf den Dom), Hydro-Jet (Automatische Massagebank), Solarien, Massagepraxis, Inhalationsraum, Trinkbrunnen, Heilwasser-Sitzbecken, Heiß-Kalt-Grotte, Restaurant und Kaminbar.

Kurbad Marienburg
Marienburger Straße 70,
50968 Köln, Tel.: 02 21 / 37 10 11
Öffnungszeiten: Mo – Fr 7 – 21 Uhr,
Sa 7 – 20 Uhr, So / Feiertage
geschlossen

Preise: Schwimmen 13,– DM (Zehnerkarte 110,– DM), Sauna und Schwimmen 23,– DM (Zehnerkarte 196,– DM)
Im medizinischen Kurbad erwartet die Gäste eine ruhige, entspannte Atmosphäre. Dementsprechend ist es kein Sportbad – Springen, Hüpfen und Lärm sind nicht gern gesehen. Viele Besucher sind aus therapeutischen Gründen hier – manche haben gerade erst eine Operation hinter sich. Die Ausstattung umfaßt eine Trockensauna (10 Personen), ein Dampfbad (6 Personen), das Meeresthermalbad (32 Grad, 9 x 19 m), Ruheräume und Sonnenbänke. In der medizinischen Massagepraxis arbeiten sechs Masseure, eine Kosmetikerin ist für den Beauty-Bereich zuständig (auch Fußpflege nach Voranmeldung). In

Schwitzen wie im Altertum im Osmanischen Dampfbad der Claudius Therme der kleinen Cafeteria gibt's Getränke und Snacks (Süppchen und Schnittchen etc.). Eine Besonderheit ist die kleine Separee-Sauna für zwei bis drei Personen, die nach Voranmeldung angemietet werden kann (25,– DM pro Person).

Maternus-Bad & Sauna
Hauptstraße 25 a,
50996 Köln-Rodenkirchen,
Tel.: 02 21 / 39 11 00
Öffnungszeiten: Damen
Mo 9 – 23 Uhr, gemischt Di / Do
17 – 23 Uhr, Mi / Fr 11 – 23 Uhr,
Sa / So 13 – 20 Uhr (vom 1. 5. bis 30. 9. So geschlossen)
Preise: Tageskarte 20,– DM, Zehnerkarte 150,– DM, Zwanzigerkarte 240,– DM, Ermäßigung für Studenten und bei Vormittagskarten
Relativ überschaubare Sauna direkt am Rhein gelegen mit etwa 300 qm Innenanlage. Das zentrale Schwimmbecken ist 15 x 5 m groß. Es gibt eine Finnische Sauna, eine Holz-Dampfsauna, ein Tauchbecken, ein Fußbecken, eine Schwalldusche und ein Solarium. Im kleinen Außenbereich können sich die Gäste auf Liegen erholen. Am Bar-Imbiß gibt's Getränke und Kleinigkeiten zu essen. Auf Wunsch kann man sich von einem Masseur durchkneten lassen.

Mauritius-Therme
Mauritiuskirchplatz 3 – 7,
50676 Köln,
Tel.: 02 21 / 2 40 39 27
Öffnungszeiten: täglich
10 – 24 Uhr, 365 Tage im Jahr
Preise: Zwei-Stunden-Karte 20,– DM,
Vier-Stunden-Karte 26,– DM,
Tageskarte 34,– DM
Die Freizeit- und Saunalandschaft liegt mitten in der Innenstadt, direkt gegenüber der Mauritiuskirche. Auf über 3000 qm Fläche kann man die Seele baumeln lassen. Um das Innen-Schwimmbecken herum stehen für den Schwitzfreund fünf Finnische Saunen (teilweise mit hervorragendem Aufguß!), ein Dampfbad und ein Bio-Bad mit Farblichttherapie zur Verfügung. Im Außenbereich gibt's ein Sole-Schwimmbecken (37 Grad Wassertemperatur mit Salz aus dem Toten Meer), eine weitere Finnische Sauna, einen Kneippgang und ein kleines Bistro. Darüber hinaus verfügt die Mauritius-Therme über insgesamt drei Whirlpools (verschieden temperiert), Tauchbecken, weitläufige Liegeflächen innen und außen, Ruheräume, TV-Raum, diverse Solarien und ein großes Restaurant mit guter und abwechslungsreicher Speisekarte. In der Meridian Massagepraxis stehen neben Voll- und Teilmassagen auch Unterwasser-, Fango- und Fußreflexzonenmassage sowie Lymphdrainage und Infrarotbestrahlung auf dem Programm. Das eigene Fitness-Studio bietet unter anderem „One-to-one-Training" (auf jeden Trainierenden kommt ein Trainer), Manager-Kurse und Fit & Well-Kurse an. Der gesamte Saunabereich ist architektonisch interessant gestaltet.

Saunabad und Schönheitsfarm an der Rennbahn
Weidenpescher Straße 95 a,
50735 Köln (Niehl),
Tel.: 02 21 / 71 30 02
Öffnungszeiten: Damen Mo / Mi 10 – 22 Uhr, gemischt Di / Do 14 – 22 Uhr, Fr 12 – 21 Uhr, So 11 – 19 Uhr
Preise: Einzelkarte 21,– DM, Fünferkarte 90,– DM, Zehnerkarte 170,– DM
In der Nähe der Weidenpescher Galopprennbahn gelegenes Saunabad mit allerlei interessanten Angeboten. Neben der Finnischen Sauna, dem Römischen Dampfbad und dem Schwimmbad bietet Inhaberin Rosi Behrendt zahlreiche Specials an (allerdings gegen Aufpreis): vom orientalischen Aromabad über Meeresbrandungsbäder mit Algen und Kräuterextrakten bis hin zur Luxusölpackung mit anschließender Unterwassermassage. Im Ruheraum läuft entspannende Meditationsmusik, im Saunagarten plätschert ein Brunnen. Ein Sauna-Bistro bietet Kleinigkeiten (Salatteller u. ä.). Des weiteren auf dem „Schönheitsplan": Haar- und Kosmetikstudio, Massage, Hand- und Fußpflege, Peeling und vieles mehr.

Sauna-Park-Oase (im Familienbad Hürth)
Sudetenstraße 91, 50354 Hürth,
Tel.: 0 22 33 / 7 40 08
Öffnungszeiten: Damen Mo 12 – 22.30 Uhr, gemischt Di – Fr 11 – 22.30 Uhr, Sa / So / Feiertag 10 – 20.30 Uhr
Preise: Fünf-Stunden-Karte 18,– DM (Zehnerkarte 150,– DM), Tageskarte 21,– DM (Zehnerkarte 180,– DM), Ermäßigung für Schüler und Studenten
Die am Kölner Stadtrand in Hürth gelegene Sauna ist in das Familienbad „De Bütt" integriert. Schwitzen, entschlacken und entspannen kann man in einer großräumigen Finnischen Sauna. Angeschlossen sind das Freigelände mit Hot-Whirl-Pool sowie kalter und heißer Grotte. Der Schwimmbereich umfaßt Innen-, Außen- und Nichtschwimmerbecken, Außenrutsche, Liegewiese, Ruhe- und Liegebecken und Sonnendeck. In der Cafeteria und im Imbiß können die Besucher Getränke und Snacks kaufen.

Story
***Gesundheit von innen –
Das Serailbad in der Kölner
Claudius Therme***

Spitze Schreie durchdringen den Saunabereich der Kölner Claudius Therme. Kein Mord ist geschehen, kein Seminar zur Urschrei-Therapie ist im Gange – es sind eher Lustschreie, die dort zu vernehmen sind. Lustschreie einer Frau, die gerade in das Tauchbecken der Therme steigt. Kein Wunder, daß das eiskalte Wasser des Beckens solche Regungen bei der jungen

Frau hervorruft: Sie hat eine Dreiviertelstunde lang geschwitzt, was die Poren hergaben, da ist die harte Abkühlung reiner Lustgewinn: „Jetzt bin ich sehr entspannt, ich merke, wie das Blut im Körper zirkuliert, sehr angenehm, ich fühle mich um Jahre jünger", sagt sie und taucht wieder unter.
Der eiskalte Jungbrunnen ist die letzte Station einer Prozedur, die ihren Ursprung in Vorderasien hat: das Serailbad. Im Gegensatz zu den hier üblichen Schwitzbädern sei es dort wichtig, nicht in extremen, sondern in relativ milden Temperaturen das Saunabad zu genießen, sagt Stefan Ruthardt, Mitarbeiter der Claudius Therme:

Entspannung pur durch das „Heilerdeprinzip" beim Gang ins Serailbad

„Wenn man ins Serailbad hereinkommt, ist es überhaupt nicht drückend warm, sondern eher leicht kühl. Wichtig ist, daß in den Sitznischen die Strahlungswärme sehr intensiv durch die Wände kommt." Bis zu sieben Personen können am Serailbad-Vergnügen teilnehmen. Vollkommen nackt betreten die Gäste einen etwa 20 qm großen Rundbau. Boden, Wände und Decken sind mit blauen, weißen und grünen Kacheln verziert, bunte Lämpchen wechseln stetig ihre Farbe. In der Mitte steht eine Säule, aus der Waschbecken und Wasserhähne herausragen. Sieben nach vorne offene Sitzkabinen verstecken sich in den Rundungen des Raumes. Die Wände und Sitzflächen der Nischen sind von innen beheizt. Dort nehmen die Badegäste Platz, um den einführenden Worten des Zeremonienmeisters zu lauschen.
Vor den Nischen steht jeweils eine Schale mit einer weißen Masse. „Bevor man es sich in den Nischen gemütlich macht, reibt man sich mit dieser Kurkreidepackung ein, das ist feinst vermahlene Kreide von der Insel Rügen, die dem Körper viele Giftstoffe entzieht, wenn sie trocknet. Das ist das sogenannte Heilerdeprinzip", klärt Stefan Ruthardt seine Serailbad-Gäste auf. Die gesamte Körperfläche wird mit dem Kreideschlamm bestrichen, nur die Haare bleiben frei. Die Kreide ist eine anorganische Verbindung aus Sedimentgestein und besteht aus Kalk und Schalenresten niederer Tiere. Aber was

sich in der Theorie eher etwas unangenehm anhört, ist in der Praxis keineswegs so. Im Gegenteil, die glitschige, feuchte Masse auf nackter Haut zu spüren, sei ein tolles Gefühl, sagt dieser Serailbadegast: „Enorm prickelnd und belebend, der kalte Schlamm schmiegt sich wie eine zweite Haut an den Körper und wirkt total abkühlend." Durch die trockene Hitze, die in den Nischen herrscht, sorgt die aufgetragene Kreideschicht aber bald für eine Erhöhung der Haut- und Gewebetemperatur. Das Bindegewebe wird elastischer, und die Durchblutung und der Stoffwechsel werden angeregt. Während die Masse in der Wärme der Kabine langsam trocknet und abbröckelt, setzt der übergeordnete Effekt ein: Die Ausscheidung von Schlacken und Giftstoffen. Die Kreidepackung wirkt wie ein Ganzkörperpeeling, bei dem alte und abgestorbene Hautschuppen in der aufgetrockneten Kreide haften bleiben. Die Besucher sitzen währenddessen entspannt und wohlig warm verpackt in ihren Privatkabinen.

Nach etwa einer Viertelstunde füllt sich das Serailbad komplett mit heißem Wasserdampf, ähnlich wie in einem Dampfbad. Der Raum ist in ein Nebelbad verwandelt worden, man sieht kaum mehr die eigene Hand vor Augen. Die getrocknete Paste wird wieder cremig und feucht. Für manch einen Badegast mehr als nur ein schöner Augenblick: „Ich find's toll, wenn sich der Kreideschlamm dann wieder löst, wieder flüssig wird und man sich damit einmassieren kann, da werden auch Kindheitserinnerungen wach, wie man am Strand im Schlamm gespielt hat." Ist die Kreide so richtig weichgedampft, werden die Reste gründlich abgeduscht. Jeder hat in seiner Nische ein eigenes Wassersystem: Von allen Seiten sprudelt durch kleine Düsen und Brauseköpfe Wasser ins Innere der Kabine. Durch abwechselndes kaltes und heißes Duschen (das sogenannte „Kneippen") schließen sich die Hautgefäße wieder, und der Kreislauf wird von neuem angeregt. Nachdem sich die Gäste mit einem Handtuch abgetupft haben, wird ihnen ein entspannendes Pflegeöl gereicht, das sie auf den noch feuchten Körper auftragen. Damit wird einerseits die Haut beruhigt und andererseits der angeregte Stoffwechsel in Gang gehalten. Zum Abschluß der Zeremonie wird jedem Teilnehmer eine Tasse Tee gereicht.

Mit dem Gefühl, eine Haut so weich wie Samt und Seide zu haben, verläßt man das Serailbad. Nach dem Sprung ins Tauchbecken und ein paar Bahnen im Swimmingpool empfindet man totale Entspannung.
Info: Das Serailbad befindet sich in der Claudius Therme, Sachsenbergstraße 1, 50679 Köln (Deutz), Tel.: 02 21 / 98 14 40
Preis für das Serailbad: 15,– DM pro Person (nicht im Eintrittspreis für die Claudius Therme enthalten).

Kampfsport / Selbstverteidigung / Asiatische Sportarten

Auch die asiatischen Kampf- und Selbstverteidigungssportarten profitieren vom Fitness-Boom. Obwohl es sich überwiegend um traditionelle Sportarten handelt, deren Ursprünge bereits lange Zeit zurückliegen, sind Taekwon-Do & Co. erst in der jüngeren Vergangenheit mehr ins Bewußtsein der Fitness-Jünger getreten. Zur Erläuterung einiger Sportarten hier ein kleiner Überblick:

– *Aikido* ist eine in Ostasien verwurzelte Selbstverteidigungskunst. „Ai" bedeutet im Japanischen „Liebe, Harmonie", „Ki" heißt „Energie" und „Do" ist der „Weg". Aikido ist somit eine Sportart, die ein harmonisches Zusammenwirken von Haltung, Bewegung und Wahrnehmung fördern soll.

– Das traditionelle *Taekwon-Do* wurde von koreanischen Philosophen entwickelt. Es hilft dem Aktiven, richtig zu denken, zu atmen und sich richtig zu bewegen. Taekwon-Do („Tae": der Fuß, „Kwon": die Hand und „Do": der Geist) ist eine sehr vielfältige Sportart: Gymnastik, Dehnübungen, Konditionstraining und Atemübungen stehen auf dem Trainingsplan. Es dient der Körperbeherrschung und Selbstverteidigung.

– *Tai Chi Chuan* ist ein Begriff aus der chinesischen Philosophie und bedeutet die Kunst, sich im Einklang mit der Natur zu bewegen. In einem fließenden Ablauf von Schritten und Gesten wird der Körper anmutig durch den Raum bewegt. Tai Chi Chuan ist eine extrem langsame Sportart und durchaus auch für ältere Menschen geeignet.

– *Kendo* – der „Weg des Schwertes" – ist das japanische Stockfechten: eine Mischung aus wildem Kampfesgetümmel, stiller Konzentration und leichtfüßiger Schnelligkeit.

– *Karate* wurzelt in den kriegerischen Brauchkünsten der japanischen Samurai. Karate bedeutet der Weg der leeren („Kara") Hände („Te"). Stöße, Tritte und Schläge werden mit explosiver Schnelligkeit und Präzision angesetzt.

– *Wing Tsun* wurde von chinesischen Buddhisten als Kampfsystem zum eigenen Schutz entwickelt. Es ist eine Selbstverteidigungsmethode und Gymnastikform, soll aber auch die Fähigkeit verbessern, sich zu entspannen, die richtige Atmung zu lernen und die Haltung zu verbessern.

– Beim *Yoga* sollen die Teilnehmer durch spezielle Körper-, Atem- und Entspannungsübungen für die Wahrnehmung ihres Körpers sensibilisiert werden. Ziel ist es, das „innere Gleichgewicht" zu finden.

Bei der Auswahl eines Kampfsport- oder Selbstverteidigungsstudios

sollte der Anfänger auf jeden Fall Probestunden vereinbaren. Grundsätzlich ist es günstig, Informationen über die Trainer einzuholen. Ein Übungsleiter, der selbst Wettkampferfahrung hat, ist wünschenswert. Besitzt der Trainer eine Kampflehrer- und/oder Prüferlizenz, dann ist klar, daß er über genügend Regelsicherheit verfügt.
Bei Kampf- und Selbstverteidigungssportarten sind Mattenböden besser geeignet als Holzböden (Verletzungsgefahr). Ein Spiegel zur Selbstkontrolle sollte vorhanden sein.

Aikido Dojo
Silcherstraße 12, 50827 Köln (Bickendorf), Tel.: 02 21 / 5 87 91 91
Kurszeiten: Mo – Sa je nach Kursplan
Preise: Aufnahmegebühr 30,– DM, Monatsbeitrag für die Teilnahme am gesamten Übungsprogramm 90,– DM (ermäßigt 75,– DM). Langfristige Verträge müssen nicht geschlossen werden, es besteht lediglich eine zweimonatige Kündigungsfrist.
Hans-Jürgen Klages (Mitbegründer des Bundesverbandes der Aikido-Schulen) und Dirk Kropp leiten diese 1985 gegründete Schule. Aikido wird hier in einem der schönsten und größten „Dojos" (Übungsräume für Aikido) Europas gelehrt. Der Unterrichtsplan sieht ein Dreistufenmodell vor: In Stufe I geht es um das Erlernen der Grundformen und natürlichen Bewegungen. In Stufe II lernt der Schüler, die

TAI CHI CHUAN
DER AUTHENTISCHE YANG -STIL

Fließende Bewegung - Innere Kraft

Wir informieren Sie gerne über Probestunden und unser Kursprogramm

ITCCA Schule • Andreas Heyden
Neusser Str. 27-29 • 50670 Köln
Tel. 0221 - 7393290

Grundformen in Aikido-typische Dynamik umzusetzen, und in Stufe III bekommen die gelernten Bewegungsabläufe eine spirituelle Form.

ITCCA-Schule Andreas Heyden
Neusser Straße 27 – 29,
50670 Köln (Agnesviertel),
Tel.: 02 21 / 7 39 32 90
Öffnungszeiten:
je nach Kursangebot
Preise: Anmeldegebühr 60,– DM
Monatsbeitrag 100,– DM,
für Schüler, Studenten und Auszubildende 80,– DM

Sportcenter Bushido

DAS SPORTCENTER FÜR DIE GANZE FAMILIE

KINDER UND JUGENDLICHE

- ◆ Ballett ab 4 Jahre ◆
- ◆ Judo ab 6 Jahre ◆
- ◆ Karate ab 10 Jahre ◆

- ◆ Kostenlose ◆
- ◆ Kinderbetreuung ◆
- Mo u.Mi von 10-13.00 Uhr
- zeitgleich: Aerobic

ERWACHSENE (AB 16 JAHRE)

Unsere Budo-Klassiker
- ◆ Judo ◆ Karate ◆ Aikido ◆
- ◆ Ju-Jutsu ◆ Kendo ◆
- ◆ Tai-Chi ◆ Kyu-Do ◆

Außerhalb der Kurse
- ◆ Body-Building ◆
- ◆ freies Training ◆
- ◆ Workshops ◆
- ◆ Sauna ◆ Solarium ◆

Neue Öffnungszeiten
Mo-Fr
6.00-22.30
Sa
9.00-18.00
So
10.00-16.00

Das Tanz und Fitness-Programm
- ◆ Aerobic ◆ Step-Aerobic ◆
- ◆ Jazz-Dance ◆
- ◆ Fitness-Training ◆
- ◆ Damen-Gym ◆ BOP-Gym ◆
- ◆ Wirbelsäulen-Gymnastik ◆

Tip
Lassen Sie doch Ihr Auto stehen! Bei uns fahren die Linien 6,7,9,15 +19 bis vor die Haustüre.

HOHENSTAUFENRING 30-32, 50674 KÖLN
TEL 241976 FAX 2401041

Die ITCCA-Schulen sind international tätige Tai Chi Chuan-Bildungsstätten, die von Großmeister Yang Shou-Chung gegründet wurden. Der Inhaber der Kölner ITCCA-Schule, Andreas Heyden, hat bei Nachfahren des Großmeisters den sogenannten Yang-Stil gelernt und gibt ihn an seine Schüler weiter. Der Yang-Stil ist vor 180 Jahren entstanden und legt großen Wert auf körperliche Gesundheit und geistiges Wohlbefinden. Es werden fortlaufend Anfänger- und Fortgeschrittenenkurse sowie Kurse zum Tai Chi-Lehrer angeboten, auch Einzelunterricht und intensive Wochenendseminare sind möglich.

Sportcenter Bushido
Hohenstaufenring 30 – 32,
50674 Köln, Tel.: 02 21 / 24 19 76
Öffnungszeiten: (je nach Kursangebot) Mo – Fr 10 – 22 Uhr,
Sa 9 – 16 Uhr, So 10 – 14 Uhr
Preise: Aufnahmegebühr 35,– DM,
Monatsbeitrag je Sportart
65,– DM, Schüler und Studenten
55,– DM, Kinderjudo und -karate
45,– DM
„Bushido" bedeutet „Der Weg der Ritter" und steht für den Ehrenkodex der japanischen Samurai: Ehre, Treue, Mut und Selbstkontrolle stecken in dieser Bezeichnung. Im Bushido-Sportcenter werden die sogenannten „Budo-Praktiken" gelehrt, die auf den Prinzipien Fairness und Partnerschaft basierenden Sportarten Aikido, Judo, Karate-Do, Kendo (Schwertkampf) und Kyudo (die Kunst des Bogenschießens). Der Trainings- und Lehrplan umfaßt Techniken, Grundschule, Trainingskampf und Wettkampf. Der Unterricht des 35köpfigen Lehrerteams wird durch drei Bundestrainer koordiniert: Katsuaki Asai – Aikido; Horst Handel – Karate; Wolfgang Hofmann – Judo. Besonders hoch im Kurs steht das Kinderjudo für Kids ab vier Jahren.

Sport-Center Funakoshi
(Sportstudio Aktiv Park)
Christinastraße 46, 50733 Köln (Nippes), Tel.: 02 21 / 73 02 70
Kurszeiten: Mo – Sa, genaue Anfangszeiten müssen erfragt werden
Preise: Aufnahmegebühr 50,– DM,
Monatsbeitrag 70,– DM, Kinder bis zwölf Jahre 60,– DM
Im Angebot: Karate (auch für Kinder), Selbstverteidigung für Frauen, Tai-Kickboxen, Kung-Fu, Jin-Chan, Tai Chi und Shiatsu. „Neulinge" können eine Woche lang kostenloses Probetraining machen. Das Kampfsportstudio ist dem Fitness-Center Aktiv Park angegliedert, daher ist eine Kombination mit dem Fitness-Programm möglich.

Sportschule Dojang
Hültzstraße 6, 50933 Köln (Lindenthal), Tel.: 02 21 / 40 38 52
Öffnungszeiten:
je nach Kursangebot
Preise: Monatsbeitrag 65,– DM
Die Sportschule Dojang befaßt sich ausschließlich mit der korea-

nischen Kampfsportart Taekwon-Do in ihrer traditionellen Form. Der Unterricht wird nach den Regeln der Internationalen Taekwon-Do Federation (ITF) abgehalten, die Gruppen werden leistungsmäßig zusammengestellt. Inhaber und Trainer Stefan Schmitz ist Träger des 6. Dan und damit International Instructor der ITF. In der Regel wird dreimal pro Woche trainiert.

Kinder ab vier Jahren können spielerisch leicht Judo lernen, für Kids ab sieben Jahren wird Karate angeboten. Taekwon-Do ist für Kinder ab zehn Jahren und für Erwachsene im Programm. Als Alternative zum klassischen Kampfsport steht Kickboxen auf dem Kursplan. Außerdem existiert ein kleiner Kraftraum. „Bonbon": Bei Abschluß eines Jahresvertrages erhalten die Mitglieder einen Judo-, Karate- oder Taekwon-Do-Anzug gratis.

Sportschule Ost
Steinrutschweg 21 – 25,
51107 Köln (Ostheim),
Tel.: 02 21 / 89 10 80
Öffnungszeiten:
je nach Kursprogramm
Preise: Anmeldegebühr 30,– DM,
Monatsbeitrag für Kurse von 40,– DM (Kinder) bis 70,– DM (Erwachsene)

Sportschule Shintai
Alteburger Wall 29, 50678 Köln
(Südstadt), Tel.: 02 21 / 37 56 55
Öffnungszeiten:
je nach Kursangebot
Preise: Aufnahmegebühr 30,– DM,
Monatsbeitrag für einen Kurs ab 50,– DM, für alle Kurse ab 70,– DM

Körperbeherrschung, Schnelligkeit und Präzision – Karatekurse in der Sportschule Shintai

Selbstverteidigung für Frauen, Shotokan-Karate (traditionelle Form, auch für Kinder), Tai Chi und Chi-Gong stehen auf dem Kursplan. Inhaber, Trainer und Diplom-Sportlehrer Klaus Fiereck verfügt über den 2. Dan Shotokan-Karate. Neben dem Kampfsportangebot gibt's in der kleinen Schule jede Menge Gymnastik- und Aerobic-Kurse. Die Kurs-Teilnehmerzahl liegt bei 15 – 20 Personen. Saunabenutzung ist inklusive.

Sportschule Silla
Zülpicher Straße 216, 50937 Köln (Sülz), Tel.: 02 21 / 41 17 00
Öffnungszeiten:
je nach Kursangebot
Preise:
Monatsgebühr ab 55,– DM
Die offensive Kampfsportart Kickboxen wird im Voll- und Leichtkontakt für Damen und Herren unterrichtet. Taekwon-Do-Kurse werden von Ex-Europameister Josef Werner gegeben. Etwa 90% der Sportschulbesucher sind Studenten.

W.T. Köln Porz (Wing Tsun)
Kölner Straße 195, 51149 Köln (Porz), Tel.: 0 22 03 / 1 62 79
Öffnungszeiten: keine starren Zeiten, da Kurssystem
Preise: auf Anfrage
Leiter Andreas Geller (der als Leibwächter von Jean Claude Van Damme und Chuck Norris gearbeitet hat) ist mit seiner Schule Mitglied der EWTO, des größten Wing Tsun-Weltverbandes. Der Verband wirbt für seine Selbstverteidigungssportart mit dem Slogan: „Wir haben was gegen Gewalt." Man muß nicht besonders kräftig oder sportlich sein, um Wing Tsun zu erlernen. In der W. T.-Schule Porz wird viel mit Frauen, Kindern und Behinderten gearbeitet. Muskelkraft soll durch Schnelligkeit und Geschicklichkeit ersetzt werden. Der Wettkampf hat trotzdem seinen festen Platz im Ausbildungsplan.

Tanzen

Eine Handvoll Kölner Tanzschulen hat sich nach wie vor der traditionellen Tanzausbildung verschrieben. Rumba, Disco-Walzer und Cha Cha Cha stehen dort in den Übungsplänen ganz oben. Nach dem Motto „Lieber Foxtrott als Alltagstrott" versuchen sie, ihr Publikum zu finden. Weil aber ein großer Teil der jungen Leute nicht mehr auf die althergebrachten Tanzkurse „steht", wird dies immer schwieriger. Deswegen hat selbst in den Standard-Tanzschulen ein Umdenken eingesetzt: Dem Trend folgend, werden auch dort Fitness-Gymnastik, Jazz-Dance, Aerobic und Modern-Dance-Programme angeboten. Gleichzeitig drängten in wenigen Jahren sehr viele „Sparten-Anbieter" in Sachen Tanz auf den Markt: Von Bauchtanz über Square Dance und Step bis zum Flamenco reicht inzwischen das sehr unübersichtliche Angebot. Wer seine Tanz-Ambitionen ausleben will und auf der

Suche nach einem Studio ist, der sollte auf jeden Fall erst einmal eine Probestunde vereinbaren. Denn selbst wenn die Trainer und Lehrer exzellente Tänzer sind, folgt daraus nicht notwendigerweise, daß sie auch pädagogische Fähigkeiten haben. Das läßt sich erst in der Praxis erkennen: Nicht die Show des Lehrers ist wichtig, sondern der eigene Erfolg. Voraussetzungen für eine gute Tanzschule sind auf jeden Fall eine ausreichend große Spiegelwand, frische Luft, eine gute Musikanlage und vor allem: ein guter Schwingboden. Der ist auch für den Laien leicht erkennbar: Der Boden muß mindestens 10 cm hoch sein und darf keinen Kontakt zum Untergrund haben. Manchmal werden flachere Böden mit Gummipads verlegt, die bei häufigem Benutzen für schmerzende Knie sorgen.

Auch zwischen den Bereichen Tanz und Fitness verschwimmen die Grenzen immer mehr, sagt Ulrich Datzer, Leiter des Cologne Dance Centers auf der Venloer Straße. Viele Tanz-Zentren haben inzwischen Fitness-Kurse im Angebot, viele Fitness-Studios bieten Jazz Dance und ähnliches an. Datzer sieht diese Tendenz mit Skepsis, denn die Summe der möglichen Übungen im Bereich Fitness sei doch ziemlich begrenzt, die Kreativität und die Vielfalt beim Tanz hingegen weitaus größer. Die Marktsituation und die Kunden allerdings verlangen, daß neben den Tanz- auch Fitness-Kurse belegt werden können.

Standard-Tanz

Tanz Breuer
Mauritiussteinweg 90 – 92,
50676 Köln (City),
Tel.: 02 21 / 21 61 61
Preisbeispiele: Grundkurs, Fortführender Kurs (je neunmal 120 Minuten) 195,– DM, Rock 'n' Roll, Disco-Fox, Mambo / Salsa (je fünfmal 60 Minuten) 70,– DM, Kinder-Tanzkurse 40,– DM pro Monat, Preisermäßigung für Schüler und Studenten
Die Tanzschule von Ex-Amateur-Weltmeister Karl Breuer veranstaltet neben den „Standard-Kursen" (Grundkurs, Disco-Fox, Rock 'n' Roll, Slow etc.) auch einige Specials: Oktoberfest, Nikolausball, Tanzpartys am Wochenende, Hochzeitskurs, Fitness-Gymnastik. Auch individueller Einzel- oder Paarunterricht kann gebucht werden. Im Kurs „Die Tanzmäuse" werden Kinder an das Tanzen herangeführt.

Tanzschule Pollheim
Bechergasse 2, 50667 Köln (Altstadt), Tel.: 02 21 / 2 58 10 05
Preisbeispiele: Welttanzprogramm und Medaillenkurse (je 9 Doppelstunden) 175,– DM bis 195,– DM, Tanzclub 45,– DM monatlich, Spezialkurse (Disco-Fox, Rock 'n' Roll etc., je viermal 1 Stunde) 55,– DM
Unter dem Motto „Tanzen – das schönste Hobby zu zweit" bieten Gaby und Bernd Pollheim ihr Standard-Kursprogramm an. Neben dem Welttanzprogramm mit „Eins-

zwei-Wiegeschritt" können die Schüler auf dem 250 qm großen Parkett auch Samba, Boogie und Tango lernen. Dreimal im Jahr (Januar / April / September) gibt's neue Terminpläne.

Tanzschule Roos
Richmodstraße 10 (Olivandenhof),
50667 Köln (City),
Tel.: 02 21 / 2 57 83 94
Preisbeispiele: Anfänger Erwachsene (elfmal 75 Minuten) 177,– DM, Anfänger Jugendliche (elfmal 90 Minuten) 193,– DM, Fortgeschrittenen- und Medaillenkurse (achtmal 75 Minuten) 130,– DM, Kindertanzen (zehnmal 60 Minuten) 50,– DM Standard-Programm für Anfänger und Fortgeschrittene. Sonderkurse (sie werden bei Roos „Kultige Tanzkurse" genannt) in Disco-Fox, Salsa / Mambo, Tango Argentino, Rock 'n' Roll sowie „Fun-and-Dance-Kurse" für Jugendliche ab zwölf Jahren. Daneben wird unter dem Titel „Tanz mit Swingie" Kindertanzen angeboten.

Tanzschule Thyssen
Apostelnstraße 14 – 18,
50667 Köln (City),
Tel.: 02 21 / 2 57 82 19
Preisbeispiele: Grundkurse (9 Unterrichtsabende) 195,– DM, weiterführende Kurse (8 Unterrichtsabende) 180,– DM, Schülerkurse (8 Nachmittage) 150,– DM, Seniorentanz (8 Nachmittage) 100,– DM Das Welttanzprogramm steht auf dem Stundenzettel von Thyssen ganz oben. Standard, lateinamerikanische Tänze, Disco-Fox, Mambo, Rock und andere enthält dieses Programm, das für Neueinsteiger gedacht ist. In Crash-Kursen am Wochenende werden einige Specials angeboten (Bauchtanz, Macarena, Salsa, Techno etc.). Außerdem gibt's Privatstunden und Brauttanzunterricht auf Anfrage sowie Senioren- und Kindertanz.

Tanzschule van Hasselt
Karl-Schwering-Platz 4 – 6,
50931 Köln (Lindenthal),
Tel.: 02 21 / 40 19 71
Preisbeispiele: „Start-Card" für Anfänger 69,– DM monatlich, „Club-Card" für Fortgeschrittene 59,– DM monatlich, Tanzspecials (Salsa, Boogie-Woogie etc., dreimal 60 Minuten) 59,– DM bis 69,– DM „Ein Club unter Freunden" nennt die Tanzschule van Hasselt sich selbst. Der Anspruch, der in den Kursen gestellt wird, ist nicht allzu hoch: Das Erlernte soll in jedem Falle anwendbar sein. Im „Start-Programm" werden die acht wichtigsten Tänze aus dem Welttanzprogramm unterrichtet (alle Mitglieder erhalten eine CD mit Songs und ein „Tanz-Booklet" mit der Schrittbeschreibung). Für Fortgeschrittene wird dann die „Club-Card" angeboten. Der Tanzschule angegliedert ist ein eigener Body-Fitness-Club mit Kombinationen aus Gymnastik- und Tanzprogramm. Zusatzangebote: Club-Ausflüge, Saturday-Night-Party, Kindertanz und -ballett.

Tanz-Treff neben dem E-Werk
Schanzenstraße 31,
51063 Köln (Mülheim),
Tel.: 02 21 / 61 06 06
Preisbeispiele:
Grundkurs Erwachsene (12 Unterrichtsstunden) 78,– DM bis 98,– DM, Casino-Tanzen für Fortgeschrittene 58,– DM monatlich, Kindertanzclub 40,– DM monatlich
Der Tanz-Treff bietet eine breite Palette von Jugend-Club bis Senior-Tanzen, von Gesellschaftstanz bis Bauchtanz an. Zusätzlich stehen Gymnastik und Jazz-Dance-Kurse auf dem Stundenplan. Für Kinder ab sechs Jahren gibt's extra Kurse (Tanz und Musical, Hip Hop, moderner künstlerischer Tanz).

Tanz-Zentrum Agne-Franz
Klingerstraße 10 a,
51143 Köln (Porz),
Tel.: 0 22 03 / 5 59 48
Preisbeispiele:
Grund- und Ergänzungskurse (8 Wochen) 189,– DM, Medaillenkurse (8 Wochen) 119,– DM, Sonderkurse (5 Wochen) 70,– DM
Das Tanz-Zentrum verfügt über drei Tanzräume (je 100 qm und 4 m hoch, mit modernen Lichteffekten ausgestattet) und einen Ballettsaal. Im Angebot sind Standards, Latein-Formation, Mambo-Formation, Kindertanz, Jazz Dance sowie Ballett für Kinder ab vier Jahren. Im Fitness-Club können zudem Aerobic-, Gymnastik- und Callanetics-Kurse gebucht werden (48,– DM monatlich).

Ballett / Jazz Dance / Modern Dance / International

Art of Dance Tanzstudio und Ishtar's Bauchtanzschule
Breite Straße 159, 50667 Köln (City), Tel.: 02 21 / 2 57 60 70
Bürozeiten: Mo – Fr 8.30 – 12 Uhr (außer Do), Mo – Do 17 – 21 Uhr
Preisbeispiele: Tages-Workshops 70,– DM bis 110,– DM, Wochenend-Workshops 120,– DM bis 180,– DM, Monatsbeitrag für reguläre Kurse 55,– DM bis 75,– DM
Das Tanzstudio arbeitet sowohl im Kurssystem als auch mit Einzelworkshops. Neben Jazz Dance, Musical-Jazz, Ausdruckstanz, Ballett, Salsa, Tango und Steptanz sind in der angegliederten „Ishtar's Bauchtanzschule" zum Teil sehr originelle Sparten im Programm: Wie wär's zum Beispiel mit dem „Bodentanz" oder mit „Bewegung zu türkischem Pop", mit dem „Tambourintanz", dem „persischen Tanz", dem „Saidi-Stocktanz" oder dem „Tanz mit Zimbeln" (kleine Fingerinstrumente)? Internationale Gastdozenten wie die türkische Tänzerin Nesrin Topkapi geben Workshops (zum Beispiel „Tanzen auf ⅞-Rhythmus" oder „Choreographie auf klassisch-ägyptische Musik"). In einem großen und einem kleinen Saal, jeweils mit Schwingboden, Spiegel und Tageslicht, werden den Schülern die Tanzbewegungen beigebracht. Specials: Der Flamenco-Kurs wird von Live-Gitarren-Musik begleitet.

Bauchtanz-Zentrum Shirin
Kaygasse 1, 50676 Köln (City),
Tel.: 02 21 / 21 70 77
Preise: Bauchtanzkurse 65,– DM
bis 80,– DM monatlich, Kinderkurse 40,– DM, Tages-Workshops
90,– DM, Wochenend-Workshops
195,– DM, Probestunde kostenlos
Bauchtanzlehrerin Shirin arbeitet
seit 15 Jahren in der Tanzausbildung. Der Tanzraum des Studios
ist ca. 100 qm groß, verfügt über
einen Schwingboden und zwei Spiegelwände. Specials: Kurse in Auftritts-Choreographie (komplett mit
Schleier und Trommelsolo). Angeschlossen ist ein Basar, in dem es
alles zu kaufen gibt, was mit orientalischem Tanz zu tun hat.

Zeigt her eure Bäuche – orientalische Tanzkurse sind "in"

Cologne Dance Center
Venloer Straße 41, 50672 Köln
(City), Tel: 02 21 / 52 88 10
Öffnungszeiten: je nach Kursbeginn
Preise: Kurskarten 60,– DM bis
70,– DM monatlich, Preise für die
Workshops sind sehr unterschiedlich, daher besser nachfragen
Seit 1985 gibt es im CDC unter der
Leitung von Ulrich Datzer ein
äußerst umfangreiches Kursprogramm in schönem, hellem Ambiente. Der Tanzraum ist 280 qm
groß mit Doppelschwingboden und
breitflächiger Fenster- bzw. Spiegelfront. Der Gymnastikbereich umfaßt die üblichen Kurse von Step-Aerobic über Callanetics bis
Stretching. Der reguläre Tanz-Stundenplan sieht Jazz-Dance-, Hip
Hop-, Modern-Dance-, Afro-Dance-
und Ballett-Kurse vor. Daneben gibt
es auch eine Vielzahl von Projekten
und Workshops mit international
renommierten Gastdozenten.

Ethno-Dancing Uschi Lenz
Berrenrather Straße 367, 50937
Köln (Sülz), Tel.: 02 21 / 41 72 63
Öffnungszeiten:
abhängig vom Kursangebot
Preise: Grundkurs (zwölfmal 90
Minuten) 315,– DM bis 320,– DM,
nach dem Grundkurs kann monatlich bezahlt werden (viermal 90 Minuten: 110,– DM bis 115,– DM),
Einzel- und Probestunde
(90 Minuten) 30,– DM
Das Studio für ethnische Tänze
und moderne Gymnastik ist noch
jung in der Tanzszene, es wurde
erst 1995 gegründet. Der großzügi-

ge Tanzraum mit Parkettboden und 17 m Spiegelwand ist komplett im maurischem Stil eingerichtet. Leiterin Uschi Lenz hat das Studio mit unzähligen Accessoires, Möbeln und Bildern geschmückt, die sie auf Reisen durch den Orient gesammelt hat. Sogar der Umkleideraum hat orientalisches Flair: Er ist als Haremsraum hergerichtet. Regelmäßig finden Kurse für Anfänger, Fortgeschrittene und Meisterschülerinnen und -schüler statt. Tänze aus 1001 Nacht stehen dabei im Mittelpunkt. Daneben organisiert Ethno-Dancing verschiedene orientalische Veranstaltungen und Reisen mit Tanzmöglichkeit (USA, Türkei, Ägypten).

Kölner Bauchtanz-Studio Uschi Lenz
Schillingstraße 42,
50670 Köln (Agnesviertel),
Tel.: 02 21 / 73 84 81

Öffnungszeiten: abhängig vom Kursplan
Preise: Grundkurse (zwölfmal 90 Minuten) ab 270,– DM, Monatsbeiträge (viermal 90 Minuten) ab 95,– DM, Einzel- und Probestunde (90 Minuten) ab 25,– DM
Das 1984 gegründete Kölner Bauchtanz-Studio ist – neben dem Ethno-Dancing in Sülz – das zweite orientalische Tanzstudio von Uschi Lenz und liegt direkt am Ebertplatz. Die Tanzlehrer und Choreographen Yasmena, Aladin und Ariane bieten Kurse in orientalischem Bauchtanz und Flamenco an. In der angeschlossenen Tanz-Boutique kann alles rund um den Bauchtanz (vom Auftrittskostüm bis Zimbeln) erworben werden.

Moving Arts Institute
Gottesweg 169, 50939 Köln
(Sülz), Tel.: 02 21 / 44 63 63

Öffnungszeiten: je nach Kursangebot
Preise: sehr unterschiedliche Preisgestaltung, besser nachfragen
Moving Arts organisiert Kurse, Workshops, Fort- / Ausbildungen und Sommerakademien in den Bereichen Tanz, Kunst, Therapie, Gesundheit und Prophylaxe. Alle Seminare finden im 170 qm großen Studio mit Eichenschwingboden statt. Geboten wird ein sehr umfangreiches Spektrum an Kursen: Gesundheitsprogramm (in Zusammenarbeit mit Krankenkassen) von Yoga über Rückenschule bis Feldenkrais; Tanzkurse von Neuer Tanz über Tanz- und Bewegungstherapie bis zur Improvisation; Afro-Brazilian-Dance und kreativer Kindertanz. In den Sommerakademien vermitteln internationale Gastdozenten in intensiver Kompaktarbeit moderne Tanztechniken und Performance-Möglichkeiten. Darüber hinaus werden verschiedene außergewöhnliche Projekte gestartet. In „DanceAbility" etwa tanzen Behinderte und Nichtbehinderte zusammen.

Rita Hoppmann – Schule für Ballett, Tanz und Gymnastik
Brücker Mauspfad 568,
51109 Köln (Brück),
Tel.: 02 21 / 84 11 22
Öffnungszeiten: je nach Kursangebot; für Erwachsene vormittags und abends, für Kinder nachmittags
Preise: auf Anfrage
Fast 35 Jahre besteht die Schule von Rita Hoppmann. In hellen, neuen Räumen, die mit Parkettschwingboden ausgestattet sind, werden neben den Klassikern Ballett und Gymnastik (inkl. Ausdauer-Training, Rückenschule, Wirbelsäulen- und Herz-Kreislauf-Training) verschiedene andere Kurse im Bereich Bewegung und Tanz angeboten. Ziel des Unterrichts ist eine sinnvolle, orthopädisch richtige Koordination des Bewegungsablaufs, die Gesundheit und Lebensfreude vermittelt. Bei Kindern und Jugendlichen steht die Entwicklung der Kreativität und des musischen Gefühls im Vordergrund. Jazztanz, Steptanz, Folklore, Yoga und Taijiquan stehen weiterhin auf dem Kurs-Tableau. Außerdem bietet die Schule Wochenend-Workshops an.

Schule für Bewegung, Entspannung, Bauchtanz
Krefelder Wall 50,
50670 Köln (Agnesviertel),
Tel.: 02 21 / 73 76 90
Preise: Monatsbeitrag 85,– DM
Inhaberin und Dozentin Ellen Varamis sieht den von ihr gelehrten Bauchtanz als Möglichkeit, den eigenen Körper besser kennenzulernen, und beruft sich auf seine heilsame und prophylaktische Wirkung. Bauch und Becken werden auf vielfältige Weise trainiert, die Wirbelsäule gewinnt an Elastizität. Wichtig ist ihr auch, daß der Tanz den Stolz auf die Fülle der Weiblichkeit widerspiegelt. Im Angebot sind Einzelstunden, Workshops, Ferienseminare und Kurse.

Step in (Kölner Steptanzschule)
Sudermannstraße 1,
50670 Köln (Agnesviertel),
Tel.: 02 21 / 72 61 41
Preise: Monatsbeitrag 55,– DM
bis 65,– DM
Seit 1983 bietet Ingrid Hawel Steptanzkurse für Anfänger, Fortgeschrittene und Profis an. Gelehrt werden die technischen und rhythmischen Grundlagen für die verschiedenen Stilrichtungen – von „Black American Jazz Tap" mit Improvisationsübungen bis hin zu Musicalchoreographien von Fred Astaire und Gene Kelly. Mehrmals jährlich gibt es Intensiv-Workshops mit international bekannten Stepkünstlern.

Studio 38 – Mashallah
Holbeinstraße 38, 50733 Köln (Nippes), Tel.: 02 21 / 56 20 24
Preisbeispiele: Anfänger / Stunde,– DM 18,–, Fortgeschrittene / Doppelstunde 40,– DM, Wochenend-Workshops 160,– DM
bis 200,– DM
1989 wurde das Studio von den beiden Bauchtänzerinnen Shahrazad und Hayat gegründet. Es werden ausschließlich orientalische Tänze vermittelt. Es wird großen Wert darauf gelegt, daß nicht nur Technik und Ausdruck der Tänze gelernt werden – auch die orientalische Kultur und die Rhythmen gehören dazu. Es gibt wöchentliche Kurse für Anfängerinnen und Fortgeschrittene sowie Workshops (unter anderem mit Hassan Khalil, dem ägyptischen Choreographen und Professor für Schauspiel, Pantomime und Folkloretanz).

Tanzatelier Gabriele Hilla
Feldblumenweg 26,
50858 Köln (Junkersdorf),
Tel.: 02 21 / 48 28 11
Bürozeiten: Mo – Fr 14.30 – 20 Uhr
Preise: keine Aufnahmegebühr, fortlaufende Kurse: einmal pro Woche 60 Minuten 63,– DM, zweimal pro Woche 60 Minuten 110,– DM, Einzelstunden 25,– DM
Gabriele Hilla legt besonderen Wert auf die Ballettarbeit für alle Alters- und Leistungsstufen (ab vier Jahren). Im Tanzbereich werden Modern Jazz Dance, Steptanz und Folklore angeboten. Regelmäßig gibt es Jazz-Workshops mit internationalen Gastdozenten. Der großzügig angelegte Tanzraum ist sehr hell und verfügt über eine große Spiegelwand.

Tanz Bühne Köln
Moltkestr. 79, 50674 Köln (Belgisches Viertel),
Tel.: 02 21 / 51 67 11
Öffnungszeiten: Kindergruppe Mo – Fr 8.30 – 13.30 Uhr, Abendgruppen 17.30 – 22 Uhr
Preise: Monatsbeitrag für alle Kurse 210,– DM, Einzelstunde 21,– DM, Fünferkarte 95,– DM, Zehnerkarte 180,– DM
Die Kurse werden in drei Räumen gegeben: Saal 1 im Erdgeschoß hat 200 qm und ist mit doppeltem Schwingboden aus Holzparkett

Synchrone Bewegungsabläufe beim Ballettunterricht in der Gruppe

ausgestattet, eine Seite ist komplett verspiegelt. Der 100 qm große Saal 2 liegt im Basement und hat einen mit Tanzteppich verlegten Schwingboden. Der kleine Saal 3 (40 qm groß) im Innenhof ist mit Korkboden bedeckt. Das Kursangebot umfaßt Tänzerisches Körpertraining, Ballett, Modern Dance, Modern Jazz, Orientalischen Tanz, Salsa, Pantomime und Meditationstanz. Außerdem gibt es Wochenend-Workshops und Kindergruppen.

Tanzprojekte Köln
Theodor-Babilon-Straße 1 – 3,
50679 Köln (Deutz),
Tel.: 02 21 / 81 87 29
Preise: Kurse (in der Regel
14- bis 16mal 90 Minuten)
280 bis 350,– DM, Kinder-Tanzschule 40,– DM monatlich

Neben Ballett mit Live-Musikbegleitung und Modern Dance liegt ein Schwerpunkt der Tanzprojekte Köln auf afrikanischen Tänzen mit live-Percussion – zum Beispiel mit Germaine Acogny aus dem Senegal, dessen Methode eine Synthese aus den traditionellen Tänzen Westafrikas ist. Das „Body as heart"-Programm soll durch eine Reihe von Bewegungsübungen Koordination, Dehnung und Konzentration fördern. In der „Kitasch" (der Kindertanzschule) werden Kids im Alter von vier bis zwölf Jahren unterrichtet. Auf dem Lehrplan stehen Ballett und Kreativer Tanz.

Tanzraum
Volksgartenstraße 10,
50667 Köln (Südstadt),
Tel.: 02 21 / 32 96 48

Öffnungszeiten:
abhängig vom Kursprogramm
Preise: Monatsbeitrag (60-Minuten-Kurs) 50,– DM bis 60,– DM, Monatsbeitrag (90-Minuten-Kurs) 60,– DM bis 70,– DM, Einzelstunde 18,– DM bis 21,– DM, Kinderklassen 50,– DM monatlich
Der Tanzraum wurde 1982 von Studioleiterin Frau Katharine Sehnert als Studio für modernen Tanz und tänzerische Bewegungsgestaltung eröffnet. Gleichzeitig wird der Tanzraum als Theater- und Produktionsstätte genutzt. Regelmäßig finden Kurse für Anfänger und für Fortgeschrittene in Modern Dance, Improvisation und Körperbewußtseinstraining statt. Ein weiterer Schwerpunkt ist der Butoh-Tanz, eine japanische Tanzform ohne festgeschriebene Technik. Im Vordergrund bei diesem Tanz stehen das dynamische, rhythmische Bewegungstraining, kurz MB genannt (von Mind / Body oder Muscels / Bones), und die „Partnerarbeit am Boden", bei der durch gezielte Berührungen des Körpers der Zugang zu Bereichen ermöglicht werden soll, die durch Angst oder verdrängte Erlebnisse geprägt sind.

Tanzstudio The Dance-Floor
Hahnenstraße 37,
50667 Köln (City),
Tel.: 02 21 / 2 40 95 22
Bürozeiten:
Mo – Fr 16.30 – 20.30 Uhr
Preise: Kurssystem 60 Minuten / Woche 50,– DM bis 65,– DM,
90 Minuten / Woche 60,– DM bis 75,– DM, Kurse für Kinder und Jugendliche 50,– DM monatlich
Das 100 qm große, helle Studio ist mit Holzschwingboden und Tanzteppich sowie Spiegel und Ballettstangen versehen. Inhaberin und Bühnentanzpädagogin Charmaine Pinto bietet ein umfangreiches Programm für Kinder ab drei Jahren, Jugendliche und Erwachsene in verschiedenen Leistungsstufen an. Auf dem Kursprogramm stehen unter anderem Hip Hop, Jazz Dance, Ballett, Afro-Dance und Teeny-Jazz.

Tanzstudio M
Mainzer Str. 24, 50678 Köln,
Tel.: 02 21 / 31 57 31
Öffnungszeiten:
abhängig vom Kursprogramm
Preise: Tanz-Kurs 60,– DM
bis 65,– DM, Fitness-Kurs 40,– DM
bis 45,– DM, Kinder-Kurs 45,– DM
bis 50,– DM
Fitness-Training (Bauch-Beine-Po-Gymnastik, Step-Aerobic und anderes) sowie Tanzkurse (Hip Hop, Jazz Dance, Dance-Fitness, Show-Dance, Ballett) stehen auf dem Kursprogramm.

Werkstatt für kreativen Tanz
Mengenicher Straße 26 (Eingang Schulstraße), 50767 Köln (Pesch),
Tel.: 02 21 / 5 90 55 29
Bürozeiten:
Mo / Mi / Fr 12.30 – 14.30 Uhr
Preise: Anmeldegebühr 35,– DM, Monatsbeitrag 40,– DM (eine Un-

terrichtsstunde in der Woche) oder 70,– DM (zwei Stunden) Auf dem Stundenplan stehen Fitness-Kurse von Aerobic bis Guten-Morgen-Gymnastik und Tanzkurse von Jazz Dance bis Ausdruckstanz. Außerdem: Ballett für Profis und Improvisation. Für Kinder ab vier Jahren wird kreativer Tanz angeboten.

■ **FUSSBALL**

■ **RADFAHREN**

■ **JOGGEN / WALKING**

■ **BEACHVOLLEYBALL**

■ **STREETBALL**

■ **STREETHOCKEY / SKATERHOCKEY**

■ **INLINE-SKATING**

■ **SKATEBOARD / BMX / STUNT-INLINE-SKATING**

■ **ULTIMATE FRISBEE**

■ **BUMERANG**

Umsonst & draußen

Wenn im Frühling die Blätter an den Bäumen sprießen, die Thermometer angenehme Temperaturen anzeigen und die Uhren auf die Sommerzeit umgestellt werden, zieht es die Kölner ins Freie: Raus aus den stickigen Turnhallen und rein in die grünen Parks – Sport an der frischen Luft macht gleich doppelt soviel Spaß. Und wenn's dann noch nicht mal was kostet, kann man sich so richtig austoben. In den Parks, an den Seen und auf den Wegen und Plätzen gibt es etliche Möglichkeiten, „umsonst und draußen" sportlichen Fun zu genießen.

Neben den Sportarten, die schon immer unter freiem Himmel praktiziert wurden, wie Fußball, Radfahren oder Joggen, haben sich in den letzten Jahren auch aus einigen anderen „Volkssportarten" Outdoor-Varianten entwickelt: Aus dem Hallensport Volleyball wurde Beachvolleyball, aus Basketball entwickelte sich Streetball, aus Hallen- und Eishockey entstand Skaterhockey – alles Weiterentwicklungen traditioneller Sportarten. Ebenso wie das Inline-Skating, denn die Idee, sich auf Schuhen mit darunter befestigten Rollen fortzubewegen, ist ja eigentlich nicht neu. Neu aber ist der Geschwindigkeitsrausch, der durch die parallele Anordnung der vier Rollen erreicht werden kann. Ähnlich spektakulär geht's beim Skateboard- und BMX-Fahren zu. Daß man in Kölns Grünanlagen auch ganz außergewöhnlichen Sport betreiben kann, von dem viele überhaupt nicht wissen, daß es ihn gibt, zeigen die Beispiele Ultimate Frisbee und Bumerang.

Fußball

Die Anhänger des Volkssportes Nr. 1 haben's gut: Sie brauchen keine Halle, keine Geräte, keine Netze. Im Prinzip reicht ein freies Feld zum Freizeitkick. Die Tore können zur Not aus Trainingstaschen oder Skistöcken bestehen. Daher ist es eigentlich überall da möglich, Fußball zu spielen, wo es eine grüne Wiese gibt. Dementsprechend sind es vor allem die Parks, in denen die Kölner Freizeitspieler vor den Ball treten. Sehr gute Möglichkeiten bietet zum Beispiel der Äußere Grüngürtel, der sich im Sommer als wahrer Tummelplatz für Fußballer entpuppt. Aber auch der Blücherpark, der Stadtwald, der Innere Grüngürtel (am Fuße des Fernsehturms), die Uni-Vorwiesen, das Ta-

kufeld (Ehrenfeld) usw. eignen sich hervorragend als Spielorte. Besonders stark von Freizeitteams frequentiert sind die Jahnwiesen am Müngersdorfer Stadion. Kein Wunder, denn hier stehen sogar Tore. Die Stadt erteilt Halbjahres-Abos für die Rasenflächen zum Preis von 142,– DM und vermietet die Plätze auch einzeln (30,– DM pro Spiel – Infos: Sport- und Bäderamt, Herr Eichner, Tel.: 02 21 / 49 83 – 2 24). Allerdings ist es schwer, hier einen Platz zu ergattern, da die meisten Gruppen Stammplätze haben. Ebenso verhält es sich mit den Plätzen auf der Vorwiese des Stadions. Trotzdem sollte man sein Glück versuchen. Bessere Möglichkeiten bieten die drei Aschenplätze am Salzburger Weg / Ecke Dürener Straße. Hier gelten dieselben Konditionen wie auf den Jahnwiesen. Auch die Ostkampfbahn und die Westkampfbahn am Stadion sind zu mieten (zum Beispiel für Turniere).
Das beliebteste Fußballareal im Rechtsrheinischen sind die Poller Wiesen direkt am Rheinufer. Vermietet werden die Flächen vom Bezirksamt Porz (Herr Leinert, Tel.: 0 22 03 / 41 – 3 29) für 30,– DM pro Spiel, Tore, Netze und Eckfahnen inklusive. Aber auch hier heißt es: Nur mit Glück können Freizeitteams einen der Plätze bekommen, weil die Stammspieler Vorrang haben. Auf jeden Fall sollte man mindestens einen Monat vorher anfragen. Die Saison für die Halbjahres-Abos geht jeweils vom 1. April bis zum 30. September.

Kleinfeld-Fußballtore
stehen auch auf vielen Freianlagen der Kölner Schulen, unter anderem:
– Gesamtschule Raderthalgürtel 3, 50968 Köln-Zollstock / Raderthal, Tel.: 02 21 / 38 03 91
– Johann-Gottfried-Herder-Gymnasium, Kattowitzer Str. 52, 51065 Köln-Buchheim, Tel.: 02 21 / 69 69 52
– Eichendorf-Realschule, Dechenstraße 1, 50825 Köln-Ehrenfeld, Tel.: 02 21 / 95 56 07 – 0
– Sonderschule, Friedrich-Schmidt-Straße 87, 50933 Köln-Braunsfeld, Tel.: 02 21 / 49 68 97

Fußballmöglichkeiten an Schulen und anderen Orten in Köln
Auskünfte bei den Sportsachbearbeitern der neun Stadtbezirke:
– Bezirk 1 – Innenstadt, Tel.: 02 21 / 53 28
– Bezirk 2 – Rodenkirchen, Tel.: 02 21 / 35 91 – 3 18
– Bezirk 3 – Lindenthal, Tel.: 02 21 / 54 84 – 3 18
– Bezirk 4 – Ehrenfeld, Tel.: 02 21 / 54 88 – 3 18
– Bezirk 5 – Nippes, Tel.: 02 21 / 77 61 – 3 18
– Bezirk 6 – Chorweiler, Tel.: 02 21 / 13 19
– Bezirk 7 – Porz, Tel.: 0 22 03 / 41 – 3 29
– Bezirk 8 – Kalk, Tel.: 02 21 / 82 79 – 3 28

Der Torjubel beim Freizeitfußball ist mindestens so groß wie bei den Profis

– Bezirk 9 – Mülheim,
Tel.: 02 21 / 67 02 – 3 18
Noch ein Tip für Hallenfußballer:
Für Indoor-Fans bietet das Aktiv
Center Rath (Neubrücker Straße
48, 51109 Köln, Tel.: 02 21 /
8 90 20 01) die Möglichkeit, auf
drei umgebauten Badmintonfeldern
(18 x 22 m) zu spielen. Kostenpunkt: 5,– DM pro Person.

Story
Die „Bunte Liga" – Kölns alternative Fußball-Liga

„Zieht den Bayern die Lederhosen aus", dröhnt es aus der Südkurve des Müngersdorfer Stadions, „Ihr seid nur ein Karnevalsverein", schallt es aus der Nordkurve zurück. Bayern München ist zu Gast beim 1. FC Köln, und 50 000 Fußball-Fans, egal ob Bayern oder

Rheinländer, sind sich sicher: An diesem Nachmittag gibt es wirklich großen Fußball zu sehen. Was die meisten nicht wissen: Der wirklich große Fußball wird gerade mal einen Steinwurf weit entfernt vom Stadion zelebriert.
Auch hier, auf den Jahnwiesen an der Junkersdorfer Straße, geht es um Tore, Punkte, Meisterschaft, wenn auch die Kulisse nicht ganz so gewaltig ist. Als die 22 Akteure den Platz betreten, stehen rund 30 Zuschauer an den Seitenlinien, Ersatzspieler eingerechnet. Aber die brauchen ihr Kommen nicht zu bereuen, denn es gibt zehn Tore zu bestaunen, eines schöner als das andere. Und das, obwohl die Namen der beiden Teams nicht auf den ersten Blick auf eine Fußball-Gala schließen lassen: Wenn es „Dr. Rainer Klimke auf Ahlerich" mit „Prinzip Hoffnung" zu tun hat,

denkt man wohl eher an eine Dressurreiter-Equipe, die im „Literarischen Quartett" mitmischt. Aber es sind tatsächlich zwei von über 40 Mannschaften, die an Kölns alternativem Fußball-Betrieb, der Bunten Liga, teilnehmen. Bei einigen Teams können die Gegner nur hoffen, daß der Name nicht Programm ist („Zwietracht Dresch und Flegel", „Zombie Zollstock" oder „Graskloppers"), bei anderen sieht man die deutliche Hochachtung vor italienischen Spielsystemen („Juventus Urin" oder „Hinter Mailand"), und bei manchen Mannschaften fällt es trotz reiflicher Überlegung schwer, einen Sinn in der Namensgebung zu finden („Staus und Behinderungen", „Kräuter der Provence" oder „Knacker Einfach"). Ja gut, es muß ja auch nicht alles Sinn machen – eine Sichtweise, die auch auf die gesamte Bunte Liga zutrifft. Verkrustete Vereinsstrukturen und penibel festgelegte Statuten sind den meisten alternativen Freizeitkickern ein Greuel, so wie damals schon, als die Bunte Liga aus der Taufe gehoben wurde.

Sechs Teams waren dabei, als die Bunte Liga 1988 gegründet wurde, erinnert sich einer aus der Gründergeneration, Rudolf von Schorlemer vom „Roten Hammer": „Wir hatten damals keine eigenen Plätze und spielten meistens auf der grünen Wiese ohne richtige Tore." Es gab nur einen mehr oder weniger unorganisierten Spielbetrieb alternativer Fußballmannschaften, ab und zu traf man sich auf Turnieren oder bei Freundschaftsspielen. Aus den sechs teilnehmenden Bunte-Liga-Teams wurden schnell über 40, und inzwischen werden pro Jahr

Gemeinsame Polonaise nach dem Endspiel der „Graskloppers" gegen „Inter Filos"

etwa 300 Spiele ausgetragen. Spielorte sind neben den Jahnwiesen auch die Poller Wiesen im Rechtsrheinischen. Der Meister wird durch das Endspiel der beiden Gruppenersten in der „Champions-League" ermittelt. Zur Zeit weilt der Lorbeer in Nippes bei „Torpedo Wiesenriesen", die sich im Finale 1996 souverän mit 5:1 gegen „Alcazar" durchsetzten. Je dreimal stehen bislang „Otze mach et" und die „Graskloppers" in der „Hall of Fame" der Bunten Liga. Aber selbst für die jeweils Vorletzten und Letzten lohnt es sich, auch nach den Gruppenspielen weiterzufighten, denn sie können noch die „Goldene Zitrone" erringen.

Auch in den schmerzlichsten Minuten eines Fußballebens stark zu sein – eine der hervorstechendsten Eigenschaften der Bunte-Liga-Kicker.

Eine Eigenschaft, die kaum ein Team besser verkörpert als die Südstadt-Kicker von „Inter Filos". Eigentlich wollten sie 1993 ganz oben aufs imaginäre Siegertreppchen der Bunten Liga, als sie im Finale auf die „Graskloppers" trafen. Nachdem die Sache aber mit 1:2 in die Hose gegangen war, ergaben sich die Hobbykicker keineswegs niedergeschlagen ihrem schweren Schicksal, sondern zelebrierten ein Niederlagen-Fest, das das „Filos" in der Merowinger Straße in seinen Grundmauern erzittern ließ und fast zum kompletten Hausverbot führte. An diesem Tag mußten alle Wetten eingelöst werden, die vor dem Erreichen des Endspiels angeboten wurden. Da wurde auf dem Tresen Lambada getanzt und Bauchtanz dargeboten, da wurde mit Zaziki statt Rasierschaum eine Rasur verpaßt. Gunter Ortlieb, Schütze des einzigen Endspieltores für „Inter Filos", erinnert sich an die heißeste Wette: „Wir hatten exklusiv die Maternus-Sauna angemietet, und einer von uns mußte in der Sauna einen Strip hinlegen – allerdings umgekehrt – und so saß der arme Mann schließlich zehn Minuten im Parka auf der Holzbank."

Seit 1992 spielt „Inter Filos" in der Bunten Liga, mit ständig wechselnder Besetzung: Seitdem haben bereits rund 50 Leute das „heilige blaue Trikot" tragen dürfen. „Allerdings sind davon nur noch acht Stück da", sagt Libero Stephan Mosblech, „die anderen sind irgendwann mal verschwunden. Wahrscheinlich hängen die jetzt ungewaschen bei irgendwelchen weiblichen Fans im Trophäenschrank. Da müssen halt immer zwei Leute im blauen T-Shirt spielen." Den Namen „Inter" trägt die Freizeitmannschaft nicht umsonst, denn im Laufe der Jahre haben Spieler aus den verschiedensten Staaten das blaue Trikot getragen: „Wir hatten schon Griechen, Iraner, Spanier, Armenier und Italiener im Team", sagt Stephan. „Und natürlich Deutsche, Rheinländer und Kölsche", fügt Gunter hinzu. Der 23. Mann hat in der Bunten Liga übrigens einen anderen Stel-

lenwert als in der Bundesliga. Die meisten seiner Entscheidungen werden klaglos akzeptiert. Manchmal fordern die Spieler den Schiri sogar auf, eine Entscheidung zu ihren Ungunsten zu revidieren – Fairneß und Ehrlichkeit sind angesagt. Ganz dem Motto getreu, wie es im „Unwidersprochenen Regelentwurf" der Bunten Liga steht: „Schiedsrichter sind praktisch, aber entbehrlich." Auch andere Attitüden, sagt Gunter, sind bei den Alternativsportlern entbehrlich – im Gegensatz zum Bundesligafußball: „Ich kenne keinen Bunte-Liga-Fußballer, der sich nach dem Spiel die Haare fönt." Und auf weitere interessante Vorfälle in der Bunten Liga angesprochen, sagt der Stürmer: „Meine Bandscheibe, zweimal."
Weitere Infos:
– Rudolf von Schorlemer, Mitbegründer und Organisator der Bunten Liga Köln,
  Tel.: 0 22 02 / 4 25 41
– Bunte Liga im internet:
  http.\\members.aol.com\bunteliga\buntlig.htm

Radfahren

Bahnrennen / Radpolo / Kunstradfahren

Normalerweise bleibt die neugebaute Albert-Richter-Radrennbahn in Müngersdorf den Vereinsfahrern vorbehalten, aber der Bund Deutscher Radfahrer (BDR) bietet auch Hobbyfahrern die Möglichkeit, das Bahnradfahren einmal auszuprobieren. Für diesen Zweck stellt der BDR zehn Rennräder (inkl. Helm) zur Verfügung, die gegen eine Gebühr von 5,– DM (für anfallende Reparaturen) von jedermann beim Hausmeister der Müngersdorfer Radrennbahn ausgeliehen werden können. Da kann jeder mal prüfen, wie sich der Kölner Olympiasieger Jens Fiedler oder die Sechstage-Fahrer fühlen, wenn sie die Steilkurven des Holzovales entlangbrettern. Weitere Infos beim Vorsitzenden des BDR, Manfred Polch, Tel.: 02 21 / 8 30 73. Im Winter wird zudem ein Hallentraining für Breitensportler angeboten und im Sommer ein spezielles Straßentraining, bei dem man zum Beispiel Tricks zum richtigen Schalten auf dem Rennrad gezeigt bekommt oder wie man ruhig auf dem Sattel sitzen bleibt. Die Termine für das Training hängen jeweils im Radstadion aus. Außerdem veranstaltet der BDR jährlich rund 35 Radwandertouren. Infos dazu gibt's bei Peter Zimmer, Tel.: 02 21 / 55 27 35. Wer schon immer mal Kunstradfahren oder Radpolo versuchen wollte, kann sich an Herbert Schallenberg wenden, Tel.: 0 22 05 / 17 22.

Fahrradtouren des ADFC

Der Allgemeine Deutsche Fahrrad-Club (ADFC) veranstaltet jede Menge Radtouren verschiedenster Länge und Schwierigkeitsgrade. Von kurzen Trips mit maximal 50 km in flachem Gelände (zum Beispiel „Bergische Kaffeetour") über Fahrten für Radler, die regelmäßig fahren (bis zu 80 km, auch schon mal bergauf, zum Beispiel an die Ahr), bis zur Tour für Radsportler, die gerne auch mal mit flottem Tempo fahren und kräftige Steigungen meistern können (deutlich über 100 km, zum Beispiel in die Kroppacher Schweiz). Die Touren werden meist am Wochenende angeboten, aber auch unter der Woche gibt es Möglichkeiten, gemeinsam zu strampeln. Der ADFC verlangt einen kleinen Unkostenbeitrag (je nach Länge der Tour zwischen 2,– DM und 15,– DM für Nichtmitglieder). Genaue Angaben zu den Ausflügen sind der Broschüre „Fahr Rad" zu entnehmen, die der ADFC regelmäßig herausbringt.

Weitere Infos:
– ADFC, Kreisverband Köln und Umgebung e.V., Axel Taeger, Im Sionstal 8, Postfach 27 03 64, 50509 Köln,
Tel.: 02 21 / 32 39 19
Bürozeiten: Di 17 – 19 Uhr,
Fr 16 – 18 Uhr, Sa 10 – 13 Uhr

Liegeräder
Wer aufmerksam durchs Leben geht, wird sie schon des öfteren gesehen haben: Liegeräder sind im Kommen. Der Begriff allerdings ist etwas irreführend, denn der Fahrer sitzt mehr, als daß er liegt. Der Hauptunterschied zum herkömmlichen Fahrrad besteht darin, daß nicht nach unten, sondern nach vorne getreten wird. Spezialisten unterscheiden Alltagsliegeräder, Tourenliegeräder und Rennliegeräder. Für die Cracks gibt es 1997 einen besonderen Leckerbissen: Die Weltmeisterschaft im HPV („Human Powered Vehicle" = Liegerad) findet in Köln statt (25. 7. – 3. 8., Infos unter Tel.: 0 22 34 / 96 71 31);

LOWRIDER

Rainer Oertel
Starenweg 3
Königsdorf
50226 Frechen
Tel. 02234/967131

Liegeräder
Touren
Treffs
Gebrauchte
Verleih
Centurion MTB's
Tandems
Anhänger
Tretroller
Transporträder

Geschicklichkeit ist gefragt beim Querfeldein über Stock und Stein

dort gibt es Wettbewerbe vom Sprint bis zur Langstreckenkonkurrenz. Aber es muß nicht gleich der Geschwindigkeitsrausch bei der WM sein – Liegeräder eignen sich auch hervorragend als Alltags- und Tourenfahrzeuge. Man sitzt bequemer auf dem Rad, die Liebhaber sprechen von einer entspannteren Fahrweise, weil man den Oberkörper nicht abzustützen braucht. Sitzbeschwerden und Schmerzen im Rücken treten auch bei längeren Strecken nicht auf, die Handgelenke werden nicht so strapaziert. Wer mal ein Liegerad ausprobieren möchte, kann das bei „Lowrider" in Frechen-Königsdorf tun. Inhaber Rainer Oertel ist selbst begeisterter Liegeradfahrer und organisiert regelmäßige Treffs (alle vier Wochen samstags, genauere Termine können telefonisch erfragt werden unter 0 22 34 / 96 71 31). Dort werden Erfahrungen ausgetauscht und Videos gezeigt. Auch kleinere Touren in die Umgebung werden veranstaltet.

Die Fortgeschrittenen treffen sich montags jeweils von 18–21 Uhr auf der Kölner Radrennbahn in Müngersdorf (Alfred-Richter-Bahn). Hierzu muß man allerdings über ein entsprechendes Profi-Rad verfügen. Ansonsten kann mit dem Liegerad überall gefahren werden, wo auch „normale" Räder anzutreffen sind.
Weitere Infos:
– Rainer Oertel, „Lowrider",
 Frechen-Königsdorf,
 Tel.: 0 22 34 / 96 71 31

Mountain-Bike
Mountain-Bike-Fahren war 1996 in Atlanta erstmals olympische Disziplin. Dieser Erfolg hat der Sportart zu weiterer Popularität verholfen. In Köln und Umgebung geben die Wälder und Hügel genügend Möglichkeiten, Mountain-Bike zu fahren. Wer's lieber in der Gruppe macht, der kann sich Mountain-Bike-Touren anschließen. Frank Güssgen, Inhaber zweier Radsportläden, organisiert unentgeltlich solche Fahrten für Hobbysportler. Teilnehmen kann jeder, der einen Helm hat und nicht der totale Radsportanfänger ist. Die Touren gehen ins Kölner Umland (Königsforst, Drachenfels, Eifel, Altenberg) und starten jeweils donnerstags (etwa zwei Stunden lang, 20 km) und samstags (schon heftiger: vier Stunden lang, 40 km). Außerdem werden Hobbyrennen organisiert (nach Absprache, keine festen Termine). Auch hier kann im Prinzip jeder teilnehmen. Es gibt Cross-Country-Rennen (querfeldein), Down-Hill-Rennen (bergab im Affenzahn) und Parallelslalom-Rennen, die jeweils unweit von Köln stattfinden. Wenn's mal weiter weg geht, dann wird ein Bus zum Transport der Teilnehmer und Räder gestellt.
Weitere Infos:
– Frank Güssgen, „Kölner Fahrrad-Discount", Aachener Straße 90, 50674 Köln,
 Tel.: 02 21 / 5 10 43 04

Radtouristik
Radtouristik-Fahrten sind Touren für jedermann und werden in der Saison zwischen Mitte März und Mitte Oktober angeboten – in Nordrhein-Westfalen alleine 280 pro Jahr. Eine genaue Übersicht gibt der Breitensportkalender, der beim Bund Deutscher Radfahrer in Frankfurt zu beziehen ist (Franz Keller, Tel.: 0 69 / 9 67 80 00, Preis: 7,– DM). In Köln veranstaltet unter anderem der TSV Immendorf solche Radtouristik-Touren. Los geht's jeweils in Godorf, Ziele sind zum Beispiel die Eifel oder das Vorgebirge. Je nach Schwierigkeitsgrad sind die Rundkurse zwischen 40 und 200 km lang. Die Fahrten werden am Wochenende oder an Feiertagen veranstaltet. Die Trimmfahrer bekommen nach der Anmeldung ihre Startkarte, die sie bei verschiedenen Streckenposten abstempeln müssen.
Weitere Infos:
– TSV Immendorf 1968, Wera Fohrn,
 Tel.: 0 22 36 / 4 62 62

Kölner Radwegenetz

Hier noch ein Tip für die, die sich ihre eigene Radtour zusammenstellen wollen: Ein Radwegenetzverzeichnis für das Kölner Stadtgebiet ist erhältlich beim Stadtplanungsamt, Tel.: 02 21 / 28 13.

Joggen / Walking

Lauftreffs

Natürlich sind es in erster Linie die Grünanlagen und Parks, die ideale Möglichkeiten für Jogger bieten. Im Prinzip sucht sich jeder seine Lieblingsstrecke aus. Für diejenigen, die lieber in Gesellschaft laufen, hier einige Lauftreffs für jedermann, die von den Kölner Vereinen angeboten werden. Das Mitjoggen ist kostenlos.

Dünnwald
Di und Fr 18 Uhr, Treffpunkt Dünnwalder Schützenhalle am Dünnwalder Mauspfad / Ecke Am Jungholz
Für Anfänger gibt's eine Warmlaufrunde von 1,5 km Länge (individuell auch weniger), Fortgeschrittene laufen rund 4,5 km durch den Wald, Profis länger. Dazu bietet der Lauftreff eine eigene Bibliothek mit ca. 100 Büchern rund um den Laufsport (von Ernährung bis Psyche des Laufens) sowie Produktinformationen zum Lauf-Equipment an.
Weitere Infos:
– TV Dünnwald, Erich Tomzig, Tel.: 02 21 / 60 74 87

Fühlingen
Sa 8.15 Uhr, Treffpunkt St.-Marien-Kirche
Gelaufen wird eine 5-km-Strecke an der Regattastrecke am Fühlinger See entlang, teils asphaltiert, teils Lehmboden, teils Wanderweg.
Weitere Infos:
– SV Fühlingen-Chorweiler, Georg Hensel, Tel.: 02 21 / 7 12 54 05

Höhenberg
Mi 18 Uhr, Treffpunkt am Höhenberger Sportpark, Vereinsheim des TuS Köln rrh., Merheimer Heide
Die Laufstrecken in der Merheimer Heide sind zwischen 3,5 und 13 km lang (genau vermessen, weil zweimal jährlich dort Volksläufe organisiert werden). Für die Anfänger, die mit Gehpausen laufen, gibt es Einzelbetreuung. Im Schnitt nehmen 30 Personen in fünf Gruppen am Lauftreff teil. Dabei sind auch Walker (forsches Gehen) und Marathonläufer, denen man sich ohne weiteres anschließen kann.
Weitere Infos:
– TuS Köln rrh.,
  Tel.: 02 21 / 89 73 99,
  Gertrud Korczak,
  Tel.: 02 21 / 89 15 74

Höhenhaus
Mi 18.30 Uhr, Treffpunkt an der Gesamtschule Höhenhaus, Im Weidenbruch
Die Strecken führen durch ein Waldgebiet zwischen Höhenhaus und Dünnwald und sind auch für ganze Familien geeignet (auch Ge-

hen, Wandern, Radfahren). Je nach Leistungsgruppen gibt es unterschiedliche Streckenlängen.
Weitere Infos:
- Höhenhauser TV, Wolfgang Treun, Tel.: 02 21 / 6 31 07 57

Königsforst
Do 18 Uhr, Treffpunkt am Königsforster Forsthaus auf der Forststraße
Die Routen gehen durch den Königsforst, ausschließlich auf Waldwegen. Es gibt unterschiedliche Streckenlängen, die je nach Erfahrung und Leistungsstand zwischen 4 und 12 km betragen.
Weitere Infos:
- ESV Gremberghoven, Georg Stock, Tel.: 0 22 03 / 5 47 38

Müngersdorf
So 10 Uhr, Treffpunkt auf den Jahnwiesen am Müngersdorfer Stadion
Nach einer Einführungs- und Warmmachrunde um den kleinen Adenauerweiher gibt es im Bedarfsfall größere Laufstrecken, differenziert nach Leistungsstärke.
Weitere Infos:
- Sportfreunde Weiden, Annette Scheicht, Tel.: 0 22 34 / 7 56 94

Niehl / Longerich / Weidenpesch
Sa 10 Uhr, So 10 Uhr und wochentags je nach Absprache, Treffpunkt Neusser Landstraße / Ecke Geestemünder Straße
Je nach Leistungsstärke beträgt der Streckenverlauf 3 bis 25 km.

Egal ob die Sonne lacht oder der Himmel weint: Joggen macht Spaß

Gelaufen wird im Kölner Norden (zwischen Longerich und Fühlinger See), teils auf asphaltierten Wegen, teils auf Feldwegen.
Weitere Infos:
- LLG Nordpark, Hajo Fetten, Tel.: 02 21 / 5 99 11 30

Porz
Mo 18 Uhr, Treffpunkt am Sportplatz Poller Wiesen an der Alfred-Schütte-Allee
Anfänger laufen zunächst um den Sportplatz, Fortgeschrittene und Profis bis zu 10 km weit am Rhein entlang (asphaltiert, aber verkehrsberuhigt).
Weitere Infos:
- Marathon Köln, Rainer Joigsten, Tel.: 0 22 03 / 29 17 75

Rodenkirchen

Mo 18 Uhr und Do 18 Uhr, Treffpunkt auf dem Parkplatz Forstbotanischer Garten

Der Lauftreff eignet sich für Neulinge ebenso wie für „alte Hasen", da individuell auf die Leistungsfähigkeit des einzelnen eingegangen wird. Die Strecke führt auf Waldwegen am Forstbotanischen Garten entlang (nicht im Wald, weil dort Joggen verboten ist!). Trim-Trab für Anfänger, zwischen 5 km (die Hälfte davon Gehpausen) und 10 km (Fortgeschrittene). Es wird zu jeder Jahreszeit und bei jedem Wetter gelaufen, denn, wie es Lauftreff-Organisator Willi Grünsfelder formuliert: „Es gibt kein schlechtes Wetter, es gibt nur schlechte Kleidung."

Weitere Infos:
– TV Rodenkirchen, Willi Grünsfelder, Tel.: 02 21 / 83 59 61

Weitere Lauftreff-Infos:
Kölner Sport- und Bäderamt, Tel.: 02 21 / 49 83 – 1

Städtische Laufwege

Für Einzeljogger bieten sich einige abgemessene Strecken auf städtischen Laufwegen an.

Stadtwald / Äußerer Grüngürtel

Lindenthal / Adenauerweiher
Zu jeder Jahreszeit, bei Wind und Wetter treffen sich hier die Läufer von nah und fern, um auf dem exzellenten Geläuf ihre Runden im Grün zu drehen (unter anderem ist dort regelmäßig Regierungspräsident Franz-Josef Antwerpes anzutreffen). Die von der Stadt abgemessenen Fitness-Bahnen haben drei verschiedene Streckenlängen: 12,9 km, 2,8 km und 1,7 km. Ausgangspunkt ist jeweils der Parkplatz an den Jahnwiesen vor dem Müngersdorfer Stadion.

Forstbotanischer Garten

Rodenkirchen, Schillingsrotter Straße
Im Forstbotanischen Garten selbst ist das Laufen verboten, aber drumherum gibt es einen Rundweg, der auch für Anfänger gut geeignet ist. Er weist eine Länge von etwas über 3 km aus.

Königsforst

Rösrather Straße / Rather Mauspfad
Im Königsforst gibt's gleich mehrere abgemessene Strecken: Zwischen 4 und 12 km Länge sind im Angebot – für jeden ist etwas dabei. Startpunkt ist jeweils der Höhenberger Sportpark an der Frankfurter Straße. Der Forst ist auch Treffpunkt von Lauftreffs (siehe oben).

Marathon

Köln wird am 5. Oktober 1997 erstmalig Austragungsort eines Marathonereignisses sein. Die 42,2 km lange Laufstrecke startet am Ottoplatz in Deutz, führt entlang des Rheins, vorbei an Museen und Kirchen, mitten durch historische Stadtteile und die schönsten innerstädtischen Grünanlagen und endet schließlich am Kölner Dom. Köln wird sich mit dieser sportlichen Großveranstaltung in die Reihe großer Marathonstädte eingliedern. Erwartet werden nicht nur Teilnehmerinnen und Teilnehmer aus dem gesamten Bundesgebiet, sondern auch viele Läuferinnen und Läufer aus dem benachbarten Ausland. Rund um den Marathon wird es außerdem eine Lauf- und Marathonmesse sowie einen Laufkongreß der Deutschen Sporthochschule geben.

Beachvolleyball

Nicht erst seitdem Beachvolleyball bei den Spielen von Atlanta olympisch wurde, ist diese Sportart höchst populär. Kein Wunder, denn das kraftraubende Spiel „zwei gegen zwei auf Sand" ist actionreich und spektakulär. Einmal im Jahr gibt's auf dem Neumarkt ein großes Turnier, auf dem man die Profis unter den Beachvolleyballern bewundern kann. Wer selbst nicht bis zum nächsten Strandurlaub warten möchte, kann auf einigen Plätzen in und um Köln auf Sand schmettern und baggern.

Forstbotanischer Garten
Schillingsrotter Weg / Rondorfer Straße, 50968 Köln (Rodenkirchen), Tel.: 02 21 / 35 43 25
Der Forstbotanische Garten ist Treffpunkt der Profis. Dort besteht die Möglichkeit, auf freier Sandfläche Beachvolleyball zu spielen. Platz ist für sieben bis acht Felder, allerdings müssen sie selbst abgesteckt und aufgebaut werden.

Fühlinger See
Oranjehofstraße 105, 50769 Köln, Infos bei: Verwaltung Fühlinger See, Herr Pohl, Tel.: 0221/1415
Das Sandfeld liegt an der Regattabahn am Fühlinger See. Von der City der Hinweisbeschilderung „Regattabahn" folgen bis zum Hauptparkplatz (P 1). Hinter den Bootshäusern auf der linken Seite liegt die Wiese, auf der das Feld aufgeschüttet ist. Stangen, an denen ein Netz befestigt werden kann, sind vorhanden, ein Netz oder eine Leine muß mitgebracht werden. Der Platz ist immer bespielbar, im Sommer aber stark frequentiert.

Kinder- und Jugendhaus Neubrück
Stresemannstraße 30, 51109 Köln (Neubrück), Tel.: 02 21 / 89 17 36
Info: DJK Neubrück, Frau Maus, Tel.: 02 21 / 89 48 28
Das Kinder- und Jugendhaus Neubrück ist im städtischen Jugendzentrum am Neubrücker Baggerloch gelegen. Es stehen zwei Plätze zur Verfügung, die in der Verantwortung der DJK Neubrück errichtet wurden. Die Benutzung ist möglich, es muß aber unbedingt nachgefragt werden.

Internationale Stars beim Beachvolleyball-Turnier auf dem Neumarkt

Deutsche Sporthochschule
Carl-Diem-Weg 6,
50933 Köln (Junkersdorf),
Tel.: 02 21 / 4 98 26 06
Auf der Freianlage der Sporthochschule sind auf einem großen Sandterrain seit 1995 zwei Felder installiert. Die Plätze sind für Studenten eingerichtet worden, die ihren Studienschwerpunkt im Bereich Beachvolleyball haben, können aber auch in der Freizeit genutzt werden.

Zieselsmaar
Badesee, bei Kerpen-Brüggen an der Stadtgrenze zu Hürth gelegen, nördlich von Erftstadt-Kierdorf,
Tel.: 0 22 37 / 86 32
(Pächter des Freibades)

Direkt am See gelegen befindet sich ein Sandfeld, auf dem Beachvolleyball gespielt werden kann.

Sportpark Hahnwald
Emil-Hoffmann-Straße 35,
50996 Köln (Hahnwald),
Tel.: 0 22 36 / 66 50 33
Die Sportanlage verfügt über ein großes Beachvolleyballfeld, das in den Sommermonaten von den Gästen gegen geringes Entgelt benutzt werden kann.

Weitere Infos:
Beachvolleyball-Verband
Nordrhein-Westfalen,
Michael Wollschläger,
Tel.: 02 51 / 61 91 71

Streetball

Die schnelle, freie und lässige Variante des Basketball hat sich bei den Kids immer mehr zum Freizeitspaß erster Güte entwickelt. Die Regeln sind einfach, ein Schiedsrichter wird nicht benötigt, und man braucht nur wenig Platz, um das Spiel „drei gegen drei" im Freien zu zelebrieren. Das Korbbrett ist das einzige Utensil, das unabdingbar ist. Dementsprechend wird Streetball oft und gerne in Hinterhöfen und auf Privatparkplätzen gespielt. Immer größerer Beliebtheit erfreuen sich auch die Streetball-Competitions, die zumeist von Krankenkassen oder Sportartikel-Herstellern organisiert werden. Nicht selten wird an einem Wochenende ein Teilnehmerfeld mit bis zu 2000 Aktiven auf die Beine gestellt.

Öffentliche Streetball-Plätze sind in Köln leider noch eine Seltenheit. Stark frequentiert ist der „Urban Djungle Court" im Grüngürtel zwischen Venloer und Vogelsanger Straße. Dieser 1995 eröffnete Streetball-Platz besteht aus einem Recycling-Belag aus geshredderten Sportschuhen. Zur Einweihung war sogar die NBA-Legende Scottie Pippen da und zeigte ein paar Tricks aus seinem Weltklasse-Repertoire. Die Rettung für Streetball-Begeisterte kann oft der gute alte Schulhof sein. Auf zahlreichen Freianlagen der Kölner Erziehungsanstalten sind Basketball-Korbbretter an Wandgerüsten oder Ständern installiert, die von den Schülern benutzt werden können. Eine Auswahl:

- Dreikönigs-Gymnasium, Escher Straße 245, 50739 Köln-Bilderstöckchen,
  Tel.: 02 21 / 17 65 65
- Hildegard-von-Bingen-Gymnasium, Leybergstraße 1,
  50939 Köln-Sülz,
  Tel.: 02 21 / 9 41 57 12
- Johann-Bendel-Realschule,
  Danzierstraße 146 a,
  51063 Köln-Mülheim,
  Tel.: 02 21 / 67 02 – 4 26
- Johann-Gottfried-Herder-Gymnasium, Kattowitzer Straße 52,
  51065 Köln-Buchheim,
  Tel.: 02 21 / 69 69 52
- Käthe-Kollwitz-Realschule, Petersenstraße 7, 51109 Köln-Brück,
  Tel.: 02 21 / 84 14 23
- Kath. Grundschule Berrenrather Straße, Berrenrather Straße 179,
  50937 Köln-Sülz,
  Tel.: 02 21 / 97 13
- Kath. Grundschule Fußfallstraße, Fußfallstraße 55, 51109 Köln-Merheim, Tel.: 02 21 / 69 49 37
- Maximilian-Kolbe-Gymnasium, Nachtigallenstraße 19,
  51147 Köln-Porz,
  Tel.: 0 22 03 / 6 10 51
- Sonderschule Augustraße,
  Augustraße 1,
  50733 Köln-Nippes,
  Tel.: 02 21 / 7 32 56 89
- Willy-Brandt-Gesamtschule,
  Im Weidenbruch 214,
  51061 Köln-Höhenhaus,
  Tel.: 02 21 / 63 40 31

Streethockey / Skaterhockey

Seit Anfang der 80er Jahre ist dieser schnelle Rollen-Sport populär. Zunächst auf „normalen" Rollschuhen (Rollerskates) gespielt, kommen auch beim Streethockey immer mehr die Inline-Skates in Mode (erlaubt ist aber, was gefällt). Gespielt wird diese rasante Ballsportart mit einer Art Eishockey-Ausrüstung. In Köln treffen sich die Streethockey-Jünger vor allem auf dem Parkplatz vor dem Eisstadion an der Lentstraße, auf den Freiflächen am Müngersdorfer Stadion und auf dem Wilhelmplatz in Nippes. Auch in der Halle wird der Sport zelebriert, dort aber unter dem Namen Skaterhockey. Köln hat gleich drei Bundesligisten: die Skater-Union Cöln, den HC Köln-West und den Kölner Sport-Club.
Weitere Infos:
– IG Rollsport und Biking, Ertan Benzes, Tel.: 02 21 / 9 80 83 61

Inline-Skating

Zwei amerikanischen Eishockeyspielern ist es zu verdanken, daß aus den guten alten Rollschuhen Inline-Skates wurden. Sie brauchten für ihr Sommertraining Ersatz für ihre Schlittschuhe und fanden Rollschuhe zu langsam. Also ersetzten sie die Schienen der Schlittschuhe durch Rollschienen – und fertig waren die Inline-Skates, mit denen sie bis zu 50 Stundenkilometer schnell fahren konnten. Das war im Jahre 1981. Inzwischen ist Inline-Skating auch hierzulande Kultsport geworden, daran führt kein Weg vorbei. Acht schnurstracks hintereinander angebrachte Rollen, jeweils vier unter jedem Schuh, sorgen für ein halsbrecherisches Tempo. Ob Anfänger oder Fortgeschrittener: Die Sturzgefahr ist nicht gerade gering. Daher sollte unbedingt Schutzkleidung getragen werden: Knie-, Ellenbogen-, Handgelenk-Schoner und Helm sollten's schon sein. Die Sportabteilungen der Warenhäuser und die Sportshops kommen kaum nach mit dem Angebot, so groß ist die Nachfrage. Vermeiden sollte der Einsteiger sogenannte „Billig-Skates". Schlechte Qualität bedeutet meist auch größeres Risiko. Ab 200,– DM aufwärts bekommt man solide Beginner-Skates. Längst sind es nicht mehr nur Kids, die auf den schnellen Rollschuhen durch Köln rasen. Menschen jeder Altersstufe sind gepackt vom Inline-Fieber, fahren mit Aktentasche unterm Arm zur Arbeit, zur Schule oder einfach nur am Rheinufer entlang. Wie überall in Deutschland benutzen die Inline-Skater praktisch jede einigermaßen freie Fläche, um sich ihren täglichen „Kick" zu holen: Ob Fußgängerzone, Einkaufszentrum, Uferpromenade oder Marktplatz – kaum ein Ort ist ungeeignet, ihn mit Kunststoffrollen zu traktieren.

Treffpunkte für Inline-Skater

Domplatte / Roncalliplatz
Der wohl bekannteste Treffpunkt für Inliner, Skatboarder und BMX-Fahrer (Flatland-Fahrer). Sie sind hier en masse anzutreffen. Die Platte selbst, aber auch Stufen, Geländer und Marmorbänke werden immer wieder gerne für rasante Fahrten genutzt. Teilweise werden auch Streethockey- oder Rollerhockey-Spiele veranstaltet. Hier sieht man Profis und Anfänger, die in friedlicher Koexistenz nebeneinander herfahren. Es werden Tricks gezeigt und verraten, gefährliche „Grinds" (quer zur Fahrtrichtung am Geländer entlangrutschen) gewagt und spektakuläre Stunts auf den „hot wheels" vollführt.

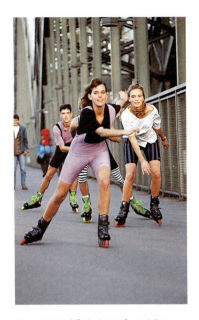

Das „rollende" Freizeitvergnügen: Inline-Skating als Volkssport

Kitschburger Straße
Das Teilstück zwischen Dürener Straße und Friedrich-Schmidt-Straße eignet sich am Wochenende hervorragend als Übungsplatz, weil es für den Autoverkehr in dieser Zeit gesperrt ist.

Müngersdorfer Stadion
Rund um das Stadion gibt es einige asphaltierte Parkplatzflächen, auf denen sich Inline-Skater treffen. Grind-Möglichkeiten und Treppen sind vorhanden.

Rheinufer
Die Rheinterrassen am Rheinpark sind auch für Anfänger geeignet, weil die Treppen flach sind. Das Rheinufer bietet auf beiden Seiten hervorragende Möglichkeiten, einfach nur zu rollen. Gesehen und gesehen werden lautet hier die Devise. Das passende Outfit sollte es schon sein, ansonsten fällt man auf unter all den toll gestylten Skatern. Aber nicht nur für „Schönwetter-Roller", auch für Fortgeschrittene und Profis gibt es am Rhein genügend Gelegenheiten, ihr Können auszuprobieren (Geländer, Blumenkübel etc.). Am Wochenende müßten eigentlich Polizisten den Skater-Verkehr regeln, denn an diesen Tagen scheint sich alles, was acht Rollen unter den Stiefeln hat, am Rhein zum Auslaufen zu treffen. Ein weiterer beliebter Skater-Treffpunkt ist die „North-Brigade"-Anlage

in Weidenpesch (siehe Bezirkssportanlage Weidenpesch, Seite 67)

Inline-Skating-Kurse

Ascot Fitness & Health Club u. Vitalis Fitness-team
Ascot: Hohenzollernring 95–97, 50672 Köln, Tel.: 02 21 / 51 83 25
Vitalis: Steyler Straße 11, 51067 Köln,
Tel.: 02 21 / 9 63 61 28
Die beiden Fitness-Clubs bieten gemeinsam Workshops für Anfänger und Fortgeschrittene an, die ab 50,– DM kosten. An den Kursen nehmen 10 bis 15 Leute teil. Im ca. dreistündigen Anfängerkurs werden die Grundlagen wie Materialgewöhnung, Aufstellung, das Hinfallen und das Fahren über verschiedene Beläge geübt. Alles passiert draußen. Ort der Workshops ist der Rheinpark in Deutz, Treffpunkt ist unter der Zoobrücke. Von dort aus machen die Fortgeschrittenen ihre Rundfahrten entlang des Rheins.

Workout Aerobic Studio
Follerstraße 68–70, 50676 Köln, Tel.: 02 21 / 23 81 16
Die Inhaber Petra und Klaus Brück geben schon seit längerer Zeit Inline-Skater-Kurse. Petra spielte Damen-Eishockey in der 1. Liga in Köln und war Trainerassistentin. Klaus ist Trainer der Deutschen Eislauf-Union und war zehn Jahre lang Eiskunstlauf-Leistungssportler. Neben den normalen Kursen kann man sich in Seminaren selbst zum Inline-Skate-Instructor (Trainer) ausbilden lassen. Einmal jährlich wird ein „Volks-Inline-Skate-Tag" veranstaltet, an dem Laien kleine Tricks und Kniffe zum Fahren und Stoppen gezeigt werden.

Skateboard / BMX / Stunt-Inline-Skating

In den 70er Jahren eroberten die kleinen BMX-Fahrräder (Bicycle Moto-Cross) die USA, Anfang der 80er traten sie dann ihren Siegeszug in Europa an. Seitdem setzen die tollkühnen Sportler auf ihren fliegenden Kisten auch in Deutschland die Gesetze der Physik außer Kraft. Köln entwickelte sich zur deutschen Hochburg in Sachen BMX. Nicht von ungefähr kommt mit Stefan Prantl einer der weltbesten BMX-Fahrer aus Köln. Es gibt die Disziplinen Flatland (auf ebener Erde werden Tricks gefahren), Streetstyle (auf einem Parcours stehen verschiedene Rampen, die für Sprünge und Kunststücke genutzt werden) und Halfpipe (die Königsdisziplin, eine u-förmige Rinne, in der man hin- und herfährt).
Zunächst trafen sich BMXer, wie auch die Skateboarder, auf der Domplatte, um ihre Fahrmanöver zu verfeinern (siehe auch Inline-Skater). Heute trifft sich die BMX- und Skateboard-Szene vorwiegend auf dem Gelände des Skaterclubs „North Brigade" in Weidenpesch.

Bezirkssportanlage Weidenpesch
Scheibenstraße 13 a (gegenüber der Galopprennbahn in Weidenpesch), 50737 Köln,
Tel.: 02 21 / 74 32 95
Öffnungszeiten: täglich ab 13 Uhr bis Sonnenuntergang
Preise: 4,– DM pro Tag
Während es auf den meisten öffentlichen Plätzen und Straßen schon mal zu Streßsituationen zwischen Fahrern und Fußgängern kommt, bietet diese Anlage eine konfliktfreie Zone für BMX-Fahrer, Skateboarder und Inline-Skater, weil die Kids hier unter sich sind. Die Güte der Anlage läßt sich schon daran erkennen, daß sie bereits zu Weltmeisterschaftsehren gekommen ist (BMX-WM 1994). Außerdem gab's und gibt's zahlreiche andere international bedeutende Wettbewerbe; unter anderem wird seit 1991 jährlich der „KÖLLEfornia-Cup" (Skateboard und BMX) ausgetragen. Das „Eldorado für Trendsportarten" ist die größte Anlage dieser Art in Europa und hält auf rund 7000 qm Gesamtfläche (2700 qm asphaltierte Fahrfläche) fast alles bereit, was das Herz höher schlagen läßt: mehrere Rampen, unter anderem die „Halfpipe", die 3,50 m hoch und 12 m lang ist, und die „Fun Pipe" (etwas kleiner), 150 m sogenannte „California Banks" (Betonhügel, auf denen akrobatische Kunststücke gezeigt werden), die siebeneckige „Fun-Box" und Eisenstangen zum Gleiten („Grinding") sowie „Spin-Ramps" und „Jump-Ramps" (Schanzen für Sprünge).
Aus Sicherheitsgründen müssen Inline-Skater volle Schutzkleidung tragen, und mehr als 25 Fahrer dürfen nicht gleichzeitig auf der Bahn sein.
Außer auf der Domplatte und dem „North Brigade"-Gelände treffen sich Skateboarder, BMX-Fahrer und Inline-Skater auch vor den Justizgebäuden und am ADAC an der Luxemburger Straße (Wände mit Rundungen) sowie im Jugendpark in Deutz unter der Zoobrücke (Rollschuhbahn, Minirampe).
Weitere Infos:
– Skaterclub „North Brigade", Dieter Ortsiefer, Tel.: 02 21 / 74 15 92
– BMX-Magazin „Freedom", Kai Klauberg und Klaus Dyba, Tel.: 02 12 / 2 33 12 40

Ultimate Frisbee

Frisbee ist nicht nur eine abwechslungsreiche Möglichkeit, seine Freizeit im Park zu verbringen; die runde Scheibe kann auch benutzt werden, um Wettkampfsport zu betreiben. „Ultimate Frisbee" heißt es dann und ist der einzige Mannschaftssport, der ohne Schiedsrichter auskommt. Seit den 60er Jahren in den USA bekannt, gibt es auch in unseren Breitengraden einige aktive Teams. Je sieben Spieler (in der Halle fünf) pro Team versuchen, das ca. 170 Gramm schwere Spielgerät in den eigenen Reihen zu halten. Ziel ist es letztlich, die

Frisbee-Scheibe in der gegnerischen Endzone zu fangen. Das Spielfeld ist etwa so lang wie ein Fußballplatz, aber nur halb so breit. Ultimate Frisbee ist ein Spiel, bei dem gute Kondition gefragt ist. „It's a running game", sagen die Amerikaner, ein Spiel, bei dem es aufs Laufen ankommt.

Die lockere Spielvereinigung „Ultimate Harmony Movement" trifft sich jeweils samstags und sonntags um 14 Uhr im Inneren Grüngürtel auf der Wiese unter dem Colonius (im Sommer auch donnerstags um 19 Uhr). Zwar nimmt der Club auch an Turnieren teil (zum Beispiel in Leipzig, einer der Hochburgen dieses Sports), der Spaß ist den Leuten aber wichtiger als die Leistung. Ein Mitgliedsbeitrag muß nicht bezahlt werden. Jeder, ob Mann oder Frau, ob jung oder alt, ob dick oder dünn, ob erfahren oder unerfahren, ist willkommen. Neben Spielern, die bereits im Ultimate-Frisbee-Nationalteam gestanden haben, spielen Leute, die erst zweimal eine Frisbee-Scheibe in der Hand hatten.

Weitere Infos:
- „Ultimate Harmony Movement", Markus Richter, Gerolsteiner Straße 16, 50937 Köln, Tel.: 02 21 / 42 15 86 oder 97 30 69 – 18

Bumerang

Im Gegensatz zu manch moderner Trendsportart schaut das Bumerang-Werfen auf eine etwas längere Tradition zurück. Fundstücke belegen, daß bereits vor rund 23 000 Jahren mit dem Wurfholz hantiert wurde. Damals allerdings nicht zum sportlichen Vergnügen, sondern zur Jagd nach Beutetieren, als Rhythmusinstrument, als Hacke oder Schaufel. Als Ursprungsland des Bumerangs wird Australien vermutet, das Wort leitet sich von der Aborigines-Vokabel „Boomori" (der Wind) ab. Heute wird der Bumerang tatsächlich zum sportlichen Wettkampf benutzt. Man braucht eine freie Fläche, damit der Bumerang frei geworfen werden kann und nichts beschädigt wird, am besten eignet sich eine Wiese. Windstille oder leichte Brise sind ideale äußere Bedingungen. Seit 1980 finden regelmäßig Deutsche Meisterschaften statt, der DBC (Deutscher Bumerang Club) hat rund 600 Mitglieder. Die Aktiven stellen ihre Wurfgeräte – zum Teil nach Vorbildern anderer Modelle – oft selber her. Die verschiedenen Wettbewerbsdisziplinen erfordern unterschiedliche Wurftechniken und Bumerang-Eigenschaften. Es gibt das Genauigkeits- und Ausdauererwerfen, das Fast-Catchen und das Trickfangen. In Dormagen findet einmal im Jahr der sogenannte „Tapir-Cup" statt, bei dem sich Weltklasse-Bumerangwerfer aus Europa und Übersee treffen. Im Dormagener Heide-Stadion wird aber auch trainiert, und es werden Anfängerkurse angeboten.

Auch in Düren befindet sich eine Hochburg des Bumerang-Sports: Im Sportstadion der Viktoria Birkesdorf treffen sich jeden Montag ab 17 Uhr einige Leute zum Werfer-Treff. Obwohl es für Bumerang-Sportler schwer ist, in die Stadien zu kommen, haben sie es in Düren geschafft. Organisator Heinz-Willi Dammers (Mitglied des Deutschen Nationalteams, das 1996 in Neuseeland Weltmeister wurde) hat mit seinen Kollegen kurzerhand eine Unterabteilung bei Viktoria Birkesdorf gegründet und darf deswegen das Stadion benutzen.

Nähere Informationen:
- Günter Möller, Dormagen, Tel.: 0 21 33 / 4 05 23
- Heinz-Willi Dammers, Vorsitzender der Abteilung Bumerang bei Viktoria Birkesdorf in Düren, Tel.: 0 24 21 / 68 00 63

BADESEEN

SCHWIMMBÄDER

TAUCHSPORT

UNTERWASSER-RUGBY

SURF-, SEGEL- UND
MOTORBOOTSPORT

RUDERN

BÖTCHENFAHREN

WASSERSKI

Ein nasses Vergnügen

Wenn die Luft auf dem Straßenasphalt flimmert, wenn die Eisverkäufer ihren höchsten Umsatz machen und wenn das hervorstechendste Geräusch in den Büroräumen das Summen der Ventilatoren ist – dann spätestens ist Ganzkörperabkühlung angesagt: Die Kölner zieht's ans Wasser. Und weil Nordsee und Adria ein bißchen zu weit weg sind, müssen die Wasserhungrigen mit den Badestränden in und um Köln vorlieb nehmen. Kein Problem, denn auch unsere Region hat einiges zu bieten. Die zahlreichen Seen und die Freibäder lassen die Sehnsucht nach Meeresbrise schnell verfliegen. Und nicht nur Sonnenanbeter, Strandlieger, Schwimmer und Planscher kommen auf ihre Kosten. Auch wer lieber surft oder segelt, wer gerne Wasserski fährt oder rudert, wird in der näheren Umgebung ausreichend bedient. „Der große Sportführer" beschreibt die Badeseen und Freibäder, nennt Öffnungszeiten, Sportmöglichkeiten und Eintrittspreise. Aber die Töchter und Söhne des Wassers müssen nicht bis zum Hochsommer warten, um in ihr Element eintauchen zu können. Die Hallen- und Kombibäder Kölns bieten auch in den restlichen Jahreszeiten wohltemperierte Möglichkeiten zur sportlichen Betätigung in, auf und unter dem Wasser: von der Riesenrutsche bis zum Aquajogging, vom 10-m-Sprungturm bis zur Fitness für Frühaufsteher.

Die reizvolle und faszinierende Welt unter Wasser können die Kölner Wassersportfreunde in zahlreichen Tauchschulen kennenlernen. Die Kurse beginnen meist in den blau gekachelten und überschaubaren Becken der Hallenbäder und werden dann in den grau-trüben und unwegbareren Gewässern der heimischen Seen weitergeführt. Wir zeigen, wo man in Köln mit Taucherflossen und Sauerstoffgerät das Erbe von Hans Hass und Jacques-Yves Cousteau antreten kann.

Egal ob mit Taucherbrille, Surfbrett oder Einmastsegel – eines haben viele Wassersportler gemeinsam: Sie verlassen auch ganz gerne mal die heimischen Gefilde, um in der großen weiten Welt ihrem Sport nachzugehen. Ob beim faszinierenden Tauchtrip im ägyptischen Korallenriff, beim spritzigen Segeltörn auf Elba oder bei der gemütlichen Ruderwandertour auf der Lahn: Sport-Ferienreisen sind in. „Der große Sportführer" gibt Tips, wer in Köln wassersportliche Trips und Kurse organisiert.

Badeseen

Offene Badeseen in Köln

Köln verfügt über drei offene Seen, an denen die Stadt das Schwimmen erlaubt und entsprechende Freibäder eingerichtet hat.

Fühlinger See
Fühlingen, im Dreieck zwischen Industriestraße, Oranjehofstraße und Neusser Landstraße
Tel. (Naturfreibad):
02 21 / 7 08 78 43
Öffnungszeiten: an sonnigen Tagen Mo – Fr 11 – 19 Uhr, Sa / So / Feiertag 10 – 19 Uhr
Eintritt: 3,80 DM / erm. 3,– DM
Das familienfreundliche Naturfreibad an Kölns größtem See (ca. 200 ha) bietet einen langen Sandstrand und ausgedehnte Liegewiesen. Wahrlich kein Geheimtip, denn im Hochsommer wird der künstlich angelegte See von unzähligen Sonnenanbetern besucht, und das, obwohl das Ambiente mit den nahegelegenen Industrieanlagen von Ford und Bayer nicht gerade als besonders idyllisch zu bezeichnen ist. Zu bieten hat das Naturfreibad neben Strand und Wasser noch einige weitere Annehmlichkeiten: Biergarten, Kiosk, schwimmende Inseln, Kinderrutsche und Tischtennisplatten.
Weitere Wassersportmöglichkeiten bieten andere Seeteile: Es gibt einen speziellen Surfsee, ein Tauchrevier, einen Angelsee und die Regattastrecke für Kanu, Kajak und Ruderboote (Informationen über die Wassersportvereine am Fühlinger See gibt's beim Stadtsportbund, Tel.: 02 21 / 92 13 00 22).

Escher See
Esch, Am Baggerfeld
Tel. (Freibad): 02 21 / 5 90 63 63
Öffnungszeiten: an sonnigen Tagen Mo – Fr 11 – 19 Uhr, Sa / So / Feiertag 10 – 19 Uhr
Eintritt: frei
Der Escher See ist aus einem Baggerloch entstanden. Trotz des freien Eintritts gibt es eine beaufsichtigte Badestelle mit Schwimm- und Nichtschwimmer-Bereich (kindergeeignet). Der Strand besteht aus (mehr oder weniger) grüner Wiese, teilweise auch Sandstrand. Kleiner Kiosk mit Getränkeverkauf, Toilettenwagen.

Vingster See
Vingst, Vingster Ring
Tel. (Naturfreibad): 02 21 / 87 18 22
Öffnungszeiten: an sonnigen Tagen Mo – Fr 11 – 19 Uhr, Sa / So / Feiertag / Ferien 10 – 19 Uhr
Eintritt: 3,80 DM / erm. 3,– DM
Kleiner, schöner ehemaliger Baggersee mit Wildpflanzen, sanften Wiesenhängen und Schattenplätzen unter altem Baumbestand. Zwei Grillplätze, eine schwimmende Insel und ein Bolzplatz zum Kicken sind vorhanden; Schlauchbootfahren ist erlaubt. Ein Kiosk verkauft eine kleine Auswahl an Speisen und Getränken.

Der Heider Bergsee mit dem Charakter eines norwegischen Fjords bietet im Sommer viel Badespaß

Badeseen im Kölner Umland: Die Ville-Seen-Platte

Im Erftkreis, zwischen den Städten Hürth, Brühl und Erftstadt-Liblar, liegt eine ca. 50 qkm große Waldlandschaft mit ca. 40 Seen in der Größe zwischen 0,5 und 70 ha. Die Ville-Seen-Platte ist als künstliche Landschaft aus dem früheren Braunkohletagebau entstanden. Deshalb erinnern auch viele Seenamen an die Pionierzeit des Tagebaus: So wurden der Bleibtreusee und der Otto-Maigler-See nach Bergwerksbesitzern benannt. Ende der 60er Jahre war die Ville-Seen-Platte vollständig ausgekohlt. Durch die Auffüllung der Gruben mit Aschen und Schlacken entstanden Restlöcher, in denen sich Grundwasser sammelte. Seit über 20 Jahren ist die Ville-Seen-Platte Landschaftsschutzgebiet; die Seen bilden wichtige Lebensräume für zahlreiche Vogel- und Insektenarten. Daher sind die meisten von ihnen aus ökologischen Gründen für den Wassersport ungeeignet. Dennoch bieten einige Seen auch für den Menschen Erholungs- und Sportmöglichkeiten. An fünf von ihnen ist Wassersport erlaubt. Durch die geringe Entfernung und die gute Verkehrsanbindung werden diese Gewässer an heißen Tagen zum Badezimmer der Kölner.

Bleibtreusee

Westlich von Brühl, direkt an der Luxemburger Straße
Anfahrt: Die Luxemburger Straße (B 265) stadtauswärts durch Hürth hindurch, hinter Brühl-Heide rechts ab auf den großen Parkplatz (ge-

bührenpflichtig). Oder mit der KVB-Linie 18 bis Hürth-Hermülheim, dort in den Bus 979 Richtung Lechenich bis „Brühl-Heide".
Tel.: 02 21 / 23 26 47
oder an heißen Tagen am See
0 22 32 / 2 26 81
Öffnungszeiten: rund um die Uhr
Eintritt: frei
Mit 71 ha der größte See der Ville-Seen-Platte mit feinem Sandstrand. Tiefste Stelle: ca. 15 m. Ein Kiosk am Badestrand verkauft einiges gegen Hunger und Durst. Da die Schlange der Wartenden allerdings recht lang werden kann, ist es empfehlenswert, sich aus der guten alten Kühltasche selbst zu versorgen (aber nicht vergessen, den Müll wieder mitzunehmen!).
Sportmöglichkeiten:
- Schwimmen: Öffentlicher Badestrand in kleinem Bereich an der nördlichen Spitze des Sees, ansonsten wird (verbotenerweise) auch an vielen anderen Stellen gebadet.
- Segeln mit Booten bis 6 qm Segelfläche
- Windsurfen
- Kanufahren möglich
- Schlauchbootfahren erlaubt

Heider Bergsee
Südlich von Brühl-Heide
Anfahrt: Die Luxemburger Straße (B 265) von Köln stadtauswärts durch Hürth hindurch, kurz hinter Brühl-Heide (Bleibtreusee) links ab bis zum kostenlosen großen Parkplatz. Oder KVB-Linie 18 bis Station „Brühl-Mitte", dann mit dem Bus 704 bis „Akademie".
Tel. (Camping-Platz):
0 22 32 / 2 70 40
Öffnungszeiten: bei gutem Wetter täglich von 9 – 19 Uhr
Eintritt für das Freibad: 3,– DM / erm. 2,– DM
Mit seinen ca. 35 ha und seinem sehr sauberen Wasser ist der Heider Bergsee einer der ältesten Wassersportseen in der Region. Landschaftlich ist er sehr idyllisch gelegen.
Ausstattung und Sportmöglichkeiten:
- Öffentliches Freibad mit markiertem Schwimmbereich
- Schlauchboote erlaubt
- Segeln und Kanufahren unter Benutzung der vorhandenen Clubanlagen ist gegen Lösung einer Tageskarte möglich
- Joggen: Eine landschaftlich reizvolle Runde um den See beträgt ca. 5 km.
- Kinderspielplatz
- Campingplatz mit Gastronomie

Liblarer See
Ca. 20 km südwestlich von Köln in Erftstadt-Liblar
Anfahrt: Die Luxemburger Straße (B 265) von Köln stadtauswärts durch Hürth, an Brühl vorbei, etwa 4 km hinter dem Bleibtreusee auf der linken Seite. Kostenpflichtiger Parkplatz. Oder mit der KVB-Linie 18 bis „Hürth-Hermülheim", dann mit dem Bus 979 in Richtung Lechenich bis Station „Liblarer See".

Tel. (Camping-Platz):
0 22 35 / 38 99
Öffnungszeiten: bei gutem Wetter täglich von 8 – 20 Uhr
Eintritt für das Freibad: 4,– DM / erm. 2,– DM
Der landschaftlich sehr schön gelegene See ist ca. 53,5 ha groß und an seiner tiefsten Stelle ca. 10 m tief.
Ausstattung und Sportmöglichkeiten:
– Schönes, großes öffentliches Freibad
– Segeln (sportliches Jollensegeln), Info: Segel-Club Ville e.V. Erftstadt: 0 22 35 / 4 58 56
– Kanu, Segeln und Rudern unter Benutzung der vorhandenen Clubanlagen ist gegen Lösen einer Tageskarte möglich.
– Tischtennisplatten
– Wandern / Spazieren: Eine herrliche Runde, immer mit Blick auf den See, dauert ca. 1 Stunde.
– Campingplatz mit Gastronomie
– Kiosk
– Kinderspielplatz

Otto-Maigler-See
Westlich von Hürth-Altstätten
Anfahrt: Die Berrenrather Straße stadtauswärts bis Hürth-Gleuel oder über die Luxemburger Straße bis Hürth; der weitere Weg ist ausgeschildert. Oder mit der KVB-Linie 18 bis Hürth-Hermülheim, dann mit dem Bus 711 oder 715 Richtung Bergheim (außer So) bis Haltestelle „Burbach", ab hier ca. zehn Minuten Fußweg.
Tel. (Betreiber des Strandbades, Herr Hausmann): 0 22 33 / 3 42 43
Öffnungszeiten: bei gutem Wetter täglich von 9 – 20 Uhr
Eintritt für das Strandbad: 5,– DM / erm. 2,– DM
Der jüngste See der Ville-Seen-Platte (1977) ist ca. 50,5 ha groß und hat einen weißen Sandstrand.
Ausstattung und Sportmöglichkeiten:
– Schwimmen möglich im großen Freibad am See (mit Restauration)
– Weichbootfahren (Schlauchboot) im Badebereich erlaubt
– Segeln, Surfen, Angeln, Rudern ist in Absprache mit den Vereinen oder dem Kölner Regatta- und Ruderverband möglich.
– Restaurant mit großem Biergarten
– Kiosk
– Vermietung von Sonnenschirmen und Liegen

Zieselsmaar
Bei Kerpen-Brüggen, an der Stadtgrenze zu Hürth, nördlich von Erftstadt-Kierdorf
Anfahrt: Die A 1 Richtung Koblenz, Abfahrt Hürth-Knapsack, dann Richtung Erftstadt-Kierdorf.
Tel. (Pächter des Freibades):
0 22 37 / 86 32
Öffnungszeiten: täglich von Sonnenaufgang bis Sonnenuntergang
Eintritt: 5,– DM / erm. 1,– DM
Kleiner FKK-See mit ca. 5 ha Größe und einem teilweise unter Bäumen gelegenen Gras- und Sandstrand. Pächter ist der Familiensportbund Erftland-Ville e.V. Kleiner Kiosk.

Sportmöglichkeiten:
- Schwimmen
- Felder für Beachvolleyball
- Tischtennisplatten

Weitere Informationen zu den Seen der Ville-Seen-Platte gibt's beim Zweckverband Naturpark Kottenforst-Ville im Bergheimer Kreishaus, Tel.: 0 22 71 / 83 – 0.

Schwimmbäder

Freibäder

Freibad Stadion
Aachener Straße / Müngersdorfer Stadion,
50858 Köln (Müngersdorf),
Tel.: 02 21 / 49 83 – 2 59
Öffnungszeiten: Mitte Mai bis Anfang September Mo – Fr 11 – 20 Uhr (in den Ferien ab 10 Uhr),
Sa / So / Feiertag 9 – 20 Uhr
Eintritt: 5,– DM / erm. 4,– DM
Deutschlands größtes Beckenfreibad ist von weitläufigen Liegewiesen und Terrassenbänken umgeben. Alter Baumbestand (Linden und Kastanien) spenden an heißen Tagen Schatten. Das Freibad ist in mehrere, verschieden große Bassins unterteilt.
Ausstattung und Sportmöglichkeiten:
- Acht verschiedene Becken
- Zwei Riesenrutschen
- Kölns einziger 10-m-Sprungturm unter freiem Himmel
- Sand-Wasser-Spielplatz
- Beachvolleyball-Platz
- Tischtennisplatten
- 50-m-Becken
- Kiosk

Schwimmstadion Lentstraße
Lentstraße 30 (Nähe Kölner Zoo, direkt am Eisstadion),
50670 Köln (Agnesviertel),
Tel.: 02 21 / 72 60 26
Öffnungszeiten: Mo – Sa 7 – 20 Uhr, So / Feiertag 7 – 19.30 Uhr
Eintritt: 7,– DM / erm. 5,– DM
Nichtstädtisches Freibad, wird von der Kölner Sportstätten GmbH geführt (Tel.: 02 21 / 88 20 31). Durch die City-Nähe und den damit verbundenen kurzen Anfahrtsweg besonders von Innenstädtern gern und oft besucht.
Ausstattung und Sportmöglichkeiten:
- Großes, beheiztes Schwimmbecken (50 x 20 m)
- 61-m-Wasserrutsche mit fünffacher Richtungsänderung
- 1-m- und 3-m-Sprungbrett
- Massage-Sprudelpilz
- 5000 qm Liegewiese mit altem Baumbestand
- Kinderspielplatz mit 12 Geräten
- Terrasse mit Sonnenliegen
- Tischtennisplatten
- Restaurant
- Kiosk

Waldbad Dünnwald
Peter-Baum-Weg,
51069 Köln (Dünnwald)
Tel. (Camping Platz):
02 21 / 60 33 15

Öffnungszeiten: bei gutem Wetter täglich 9 – 19 Uhr
Eintritt: 5,– DM / erm. 2,50 DM
Nichtstädtisches Freibad unter der Regie des „Freien Ortskartells Köln-Dünnwald". Das beheizte Bad liegt mitten im Wald. Eine 40-m-Rutsche bringt die Kids ordentlich in Fahrt, ein Baby-Schwimmbecken ist für die ganz Kleinen da. Außerdem kann man sich am Kiosk und in einer griechischen Gaststätte mit dem Nötigsten für einen langen Badetag versorgen. Und für die, die vom Wasser die Nase voll haben, gibt's nebenan einen Minigolfplatz.

Kombibäder

Kombibad Höhenberg
Schwarzburger Straße 4,
51103 Köln (Höhenberg),
Tel.: 02 21 / 87 49 40
Öffnungszeiten: Mo / Mi 11 – 20 Uhr, Di / Do / Fr 6.30 – 20 Uhr, Sa / So / Feiertag 8 – 20 Uhr
Eintritt: 5,50 DM / erm. 4,30 DM
Modernes Bad mit großer Liegewiese.
Ausstattung und Sportmöglichkeiten:
– Riesenwasserrutsche in der Halle (83 m)
– Außenbecken (Nichtschwimmer- und Planschbecken)
– Lehrschwimmbecken
– Aquajogging
– Tauchkurse
– Tischtennisplatten
– Kinderspielplatz
– Snack-Bar (Kiosk)

Kombibad Zollstock
Raderthalgürtel 8 – 10,
50968 Köln (Zollstock),
Tel.: 02 21 / 38 18 35
Öffnungszeiten: Mo / Di / Do 6.30 – 20 Uhr, Mi / Fr 11 – 20 Uhr, Sa / So / Feiertag 8 – 20 Uhr
Eintritt: 5,– DM / erm. 3,80 DM
Citynahes Familienbad.
Ausstattung und Sportmöglichkeiten:
– Finnische Sauna, Solarien
– Sprungbrett in der Halle, Kinderwasserrutsche
– Außenbecken (25 x 20 m), Lehrschwimmbecken
– Aquajogging, Fitness für Frühaufsteher
– Tauchkurse
– Massagedüsen und Geysirsprudel
– Liegewiese
– Sommercafé
– Kiosk

Kombibad Zündorf
Trankgasse / Groov,
51143 Köln (Zündorf),
Tel: 0 22 03 / 8 13 22
Öffnungszeiten: Mo 6.30 – 8 und 11 – 20 Uhr, Di / Do / Fr 6.30 – 21 Uhr, Sa / So 8 – 20 Uhr
Eintritt: 5,– DM / erm. 3,50 DM
Vielseitiges Freizeitbad an der Zündorfer Bucht, direkt neben der Freizeitinsel „Groov".
Ausstattung und Sportmöglichkeiten:
– 25 x 25-m-Schwimmbecken in der Halle, Kinderplanschbecken
– Außenanlage mit Becken
– Gegenstromanlage mit Massagedüsen

- Schwimminsel mit Sprungzone
- Finnische Sauna, Solarien
- Aquajogging
- Tauchkurse
- Sand-Wasser-Spielplatz
- Tischtennisplatten, Großschach, Kleinfeldfußball
- Restaurant

Aqualand
Merianstraße 1
50769 Köln (Chorweiler)
Tel.: 02 21 / 70 28 – 0
Öffnungszeiten:
So – Do 10 – 23 Uhr,
Fr / Sa 10 – 24 Uhr
Eintritt: Tageskarte Mo – Fr 27,– DM,
Sa / So / Feiertag 32,– DM,
Abendtarif täglich ab 20.30 Uhr
22,– DM, Kinder bis 14 Jahre
14,– DM, Kinder bis vier Jahre frei
Sportangebot und Ausstattung:
- Innen- und Außenbecken
- Lagunenlandschaft mit subtropischer Vegetation
- Insgesamt 1700 qm Wasserfläche, Wassertemperatur 30 Grad
- Zwei 125-m-Röhrenrutschen
- Wasserkanonen, Massagedüsen, Bodensprudler, Jet-Streams, Heißwassergrotte
- große Sauna-Landschaft, Whirlpools, Tauchbecken, Außenpool, Eisgrotte, Dampfbad, Außensaunen
- Fitness-Studio, Sonnenbänke
- kostenlose Kinderbetreuung (täglich 12 – 18 Uhr)
- Wickelraum
- Restaurant

Hallenbäder

Eintrittspreise für alle städtischen Hallenbäder: Einzelkarte 4,50 DM / erm. 3,50 DM; Zehnerkarte 36,– DM / erm. 27,– DM; Warmbadezuschlag 1,– DM / erm. 0,50 DM

Agrippabad
Kämmergasse 1, 50676 Köln (Innenstadt),
Tel.: 02 21 / 2 21 – 33 05 / 07
Öffnungszeiten: Di 6.30 – 8 Uhr,
Mi / Fr 6.30 – 21.30 Uhr, Do 6.30 – 17 Uhr, Sa / So 8 – 16 Uhr
Ausstattung und Sportmöglichkeiten:
- Schwimmbecken, Lehrschwimmbecken
- Sprungbecken mit 10-m-Sprungturm
- Finnische Sauna mit Kneippanlage, Dampfbad, Massage
- Solarien
- Tauchkurse
- Gaststätte

Hallenbad Bickendorf
Venloer Straße 569,
50827 Köln (Bickendorf),
Tel.: 02 21 / 58 57 56
Öffnungszeiten: Di / Do 6.30 – 21.30 Uhr, Mi 6.30 – 8 Uhr,
Fr 6.30 – 8 und 14 – 21.30 Uhr,
Sa 8 – 16.30 Uhr, So 8 – 12.30 Uhr
Ausstattung und Sportmöglichkeiten:
- Mehrzweckbecken
- 1-m- und 3-m-Sprungbrett
- Lehrschwimmbecken
- Wassergymnastik, Aquajogging

- Tauchkurse
- Solarien
- Warmbadetag Do 6.30 – 21.30 Uhr (30 Grad Wassertemperatur)

Hallenbad Chorweiler
Liller Straße, 50765 Köln (Chorweiler), Tel.: 02 21 / 2 21 – 14 26
Öffnungszeiten: Mo 6.30 – 8 und 15 – 21.30 Uhr, Di / Mi / Fr 6.30 – 21.30 Uhr, Do 6.30 – 8 Uhr, Sa / So 8 – 15 Uhr
Ausstattung und Sportmöglichkeiten:
- Sportbecken, Lehrschwimmbecken, Freizeitbecken
- Sprungbecken mit 1-m- und 3-m-Sprungbrett
- Massagedüsen, Gegenstromanlage
- Behindertengerecht gestaltet mit Aufzügen, Rampen und entsprechenden Umkleideräumen
- Wassergymnastik

- Tauchkurse
- Warmbadetag Di / Mi 6.30 – 21.30 Uhr (31 Grad Wassertemperatur)

Claudius Therme
Sachsenbergstraße 1, 50679 Köln (Deutz), Tel.: 02 21 / 98 14 40
Öffnungszeiten: täglich 9 – 23 Uhr
Eintritt: zwei Stunden (nur Badebereich) 16,– DM, vier Stunden (inkl. Saunabereich) 26,– DM, Tageskarte (inkl. Saunabereich) 36,– DM.
Abos: Elferkarte Zwei-Stunden-Eintritt 160,– DM, Elferkarte Vier-Stunden-Eintritt 260,– DM und Elferkarte Ganztages-Eintritt 360,– DM
Das im Rheinpark gelegene, privat betriebene Thermalbad wurde erst 1995 nach langjährigen Renovierungsarbeiten wiedereröffnet. Die verschiedenen Bäder werden von einer natürlichen Thermal- und Mineralquelle (anerkanntes Heilwas-

Blick von oben in das Thermalbecken der Deutzer Claudius Therme

ser) gespeist. Das gesamte Bad ist in Baustil und Einrichtung an die römische Badekultur angelehnt.

Ausstattung:
- Heilwasser-Badebecken innen und außen
- Bewegungsbecken (32 Grad)
- Massagedüsen, Sprudelliegen, Luftsprudler, Luftexplosionen, Wasserfälle, Nackenduschen, Strömungsbecken
- Solarien
- Inhalationsraum
- Heilwasser-Sitzbecken
- Heiß-Kalt-Grotte (36 Grad / 20 Grad)
- Ruheräume, Sonnenterrasse, Liegewiese (Domblick!)
- Massagepraxis
- Gastronomie (hervorragender Vorspeisenteller)
- Saunabereich mit Blockbohlen-Saunen, Duschgrotte, Whirlpool, Osmanischem Dampfbad, Serailbad (siehe Story im Kapitel „Fitness & Co"), Laconium, Tauchbecken, Kaminbar, Sonnenterrasse und Hydro-Jet

Genovevabad
Bergisch Gladbacher Straße 67,
51065 Köln (Mülheim),
Tel.: 02 21 / 61 32 91
Öffnungszeiten: Mo / Mi 6.30 –
21.30 Uhr, Fr. 6.30 – 8 und
15 – 21.30 Uhr, Sa 8 – 16.30 Uhr,
So 8 – 12.30 Uhr
Nach gründlicher technischer Sanierung 1994 wiedereröffnet.
Ausstattung und Sportmöglichkeiten:
- Mehrzweckbecken, Lehrschwimmbecken
- 1-m- und 3-m-Sprungbrett
- Tauchkurse
- Aquajogging, Wassergymnastik, Aquafit für Schwangere
- Baby-Schwimmen
- Senioren-Wassergymnastik
- Solarien

Hallenbad Nippes
Friedrich-Karl-Straße 64,
50737 Köln, Tel.: 02 21 / 74 40 70
Öffnungszeiten: Di / Do 6.30 –
21.30 Uhr, Mi 6.30 – 8 Uhr,
Fr 6.30 – 8 und 14 – 21.30 Uhr,
Sa 8 – 16.30 Uhr, So 8 – 12.30 Uhr
Ausstattung und Sportmöglichkeiten:
- Mehrzweckbecken, Lehrschwimmbecken
- Aquapower, Aquajogging, Wassergymnastik für jedermann
- Bewegungstraining für Schwangere
- Kindergeburtstagsfeiern
- Solarien
- Außenliegeplätze

Hallenbad Rodenkirchen
Mainstraße, 50996 Köln,
Tel.: 02 21 / 39 26 80
Öffnungszeiten: Mi / Fr 6.30 –
21.30 Uhr, Di 6.30 – 8 und
15 – 21.30 Uhr, Do 6.30 – 8 Uhr,
Sa 8 – 16.30 Uhr, So 8 – 12.30 Uhr
Ausstattung und Sportmöglichkeiten:
- Lehrschwimmbecken
- 1-m- und 3-m-Sprungbrett
- Wassergymnastik, Senioren-Wassergymnastik

- Walking & Schwimmen
- Kanu-Wasserabenteuer
- Bewegungstraining für Schwangere
- Spielnachmittag für Kinder:
  Sa 14 – 16 Uhr
- Warmbadetage: Fr 6.30 – 21.30
  Uhr und Sa 8 – 16 Uhr (30 Grad)

Hallenbad Wahn
Albert-Schweitzer-Straße,
51147 Köln-Porz,
Tel.: 0 22 03 / 8 13 22
Öffnungszeiten: Di / Mi / Fr
6.30 – 21.30 Uhr, Do 6.30 – 8 Uhr,
Sa 8 – 16.30 Uhr, So 8 – 13.30 Uhr

Ausstattung und Sportmöglichkeiten:
- Schwimmbecken mit Massagedüsen und Bodensprudlern
- Sprungbrett- bzw. Plattform
- Planschbecken, Lehrschwimmbecken
- Kraftraum
- Finnische Sauna mit „Funaufguß" und Saunagarten
- Liegeflächen im Außenbereich
- Solarien
- Wassergymnastik
- Warmbadetag Fr 6.30 – 21.30 Uhr
  (30 Grad)
- Cafeteria

Saunapark - Oase

am Familienbad De Bütt
50354 Hürth, Sudetenstraße 91
Telefon: 0 22 33 / 7 40 08

Öffnungszeiten:

Mo (Damensauna)	12.00 – 22.30 Uhr
Di – Fr	11.00 – 22.30 Uhr
Sa, So + Feiert.	10.00 – 20.30 Uhr

Preisliste

Studenten/innen und sonstige Berechtigte

	5 Std. Karte	Tageskarte
Einzelkarte	16,00 DM	18,00 DM
10er Karte	140,00 DM	160,00 DM

Erwachsene

Einzelkarte	18,00 DM	21,00 DM
10er Karte	150,00 DM	180,00 DM

Der Eintrittspreis beinhaltet die Mitbenutzung des Spaßbades De Bütt.
FKK-Sonnenbaden, Sonnenschirme und Sonnenliege kostenlos.

Hallenbad Weiden
Ostlandstraße 39, 50858 Köln,
Tel.: 0 22 34 / 40 96 – 68 / 69
Öffnungszeiten: Mo / Mi / Fr
6.30 – 21.30 Uhr, Di 6.30 – 8 und
15 – 21.30 Uhr, Do 6.30 – 8 Uhr,
Sa / So 8 – 15 Uhr
Ausstattung und Sportmöglichkeiten:
- Schwimm-, Sprung-, Plansch- und Nichtschwimmerbecken
- Aquajogging, Wassergymnastik
- Tauchkurse
- Liegefläche im Außenbereich
- Kindernachmittag:
  Mo 13 – 16 Uhr
- Solarien
- Kiosk

Weitere Infos zum Angebot in den städtischen Bädern mit insgesamt 170 Kursen pro Woche gibt das Sport- und Bäderamt, Tel.: 02 21 / 49 83 – 1 24 oder 49 83 – 1. Informationen zu den Kölner Schwimm- und Tauchvereinen sind beim Stadtsportbund erhältlich, Tel.: 02 21 / 92 13 00 22.

Story
**Alter schützt vor Leistung nicht –
Gertrud Wittneben,
Seriensiegerin bei den Seniorenmeisterschaften im Kunst- und Turmspringen**

Ein diesiger Novembermorgen in Köln. Es ist Montag, das Wochenende ist gerade vorbei, und für die meisten beginnt damit wieder die übliche Alltagshektik. Nicht für Gertrud Wittneben, denn in ihrem Alter sieht man vieles gelassener. Sie dreht im Wasser des Schwimmbades gemütlich ihre Runden. Und die planschenden Kinder, die sich zum Schulschwimmen getroffen haben, ahnen nicht, daß sie sich mit einer amtierenden Weltmeisterin das Schwimmbecken teilen. Kein Wunder, eine Weltmeisterin stellt man sich eben ein bißchen anders vor – jünger vor allem.
Gertrud Wittneben ist 77. Wenn sie die Kinder heute sieht, denkt sie vielleicht an die Zeit zurück, als sie mit ihrer Mutter oft das Viktoriabad am Koblenzer Tor in ihrer Geburtsstadt Bonn besuchte. Damals, Anfang der 20er Jahre, wagt sie als Vierjährige ihre ersten Sprünge. Erst vom Beckenrand, später vom Ein-Meter-Brett. Und bald lernt sie im Verein die richtige Sprungtechnik und nimmt an ersten Wettkämpfen teil. „Ich bin bei ‚Salamander Bonn' eingetreten. Wir hatten noch richtig tolle Badeanzüge, ganz in Schwarz mit einem leuchtend gelben Salamander auf der Brust. Sowas gibt's heute gar nicht mehr", erinnert sie sich. Aber nicht nur die Mode hat sich geändert: „Es wäre wirklich mein allergrößter Wunsch, noch einmal im Rhein zu schwimmen, im strömenden Fluß, das war so herrlich. Aber das werden wir leider niemals mehr haben." In den Badeanstalten mitten auf dem Rhein schwammen damals große Kästen, und es

gab für Gertrud Wittneben nichts Schöneres, als sich von oben in die Fluten zu stürzen. Was sie schon in ihrer Kindheit dazu antrieb, immer und immer wieder in das erfrischende Naß zu springen, beschreibt sie heute so: "Es ist ein Hochgefühl, ins Wasser einzutauchen, wie ein Delphin hineinzuschlüpfen." Lange Zeit mußte sie jedoch auf dieses Gefühl verzichten, denn nachdem sie geheiratet hatte, zog sie von Bonn nach Münster. "Mein Mann wurde Oberfinanzpräsident, und da mußte ich repräsentieren. Schließlich war ich eine der ersten Damen am Ort", erzählt sie, "da blieb für den Sport nicht viel Zeit."

Erst als sie 1968 mit ihrem Mann nach dessen Pensionierung zurück ins Rheinland kommt, wird Gertrud Wittneben wieder aktiv. Im Winter Skilaufen, im Frühling Wandern, im Sommer Tennis, im Herbst Segeln: Ein Leben ohne Sport ist für sie undenkbar geworden. Ihre frühere Leidenschaft für das Kunstspringen hat sie jedoch zunächst vergessen. Da muß schon der Zufall helfen. Ende der 80er Jahre wird sie in einer Boutique auf ein Werbeplakat des Zollstocker Kombibades aufmerksam: "Geht Schwimmen – das tut gut", steht dort zu lesen. So animiert, schnappt sie sich ihre Badesachen und besucht das benachbarte Schwimmbad. Dort angekommen, sieht sie den Drei-Meter-Sprungturm und verspürt große Lust, einmal auszuprobieren,

Gertrud Wittneben als stolze Gewinnerin der WM-Goldmedaille

ob das Springen noch immer jene frühere Faszination auf sie ausübt. "Aber der Bademeister wollte mir das verbieten: Das sei doch viel zu gefährlich für eine Frau in meinem Alter", erzählt Gertrud Wittneben, die zu dieser Zeit fast 70 Jahre alt ist. Sie läßt sich jedoch nicht einschüchtern und besteht darauf, springen zu dürfen. "Ich mußte versprechen, nur einen Fußsprung zu machen, bin aber dann natürlich mit dem Kopf zuerst runter", amüsiert sie sich. Und da war es plötzlich wieder, das Gefühl, einem Delphin gleich ins Wasser zu gleiten. Augenzeuge dieses denkwürdigen Sprunges wird der zweite Vorsitzende des Ersten Schwimmvereins Köln, erinnert sich Gertrud: "Ich solle mich sofort mit Heidrun Otto treffen, der Springtrainerin im Verein." Und damit ist der Grundstein für eine große, wenn auch späte Karriere gelegt. Denn was dann kommt, ist fast olympiareif. Nach einem Jahr harten Trainings meldet sich das *„schlummernde Talent"* zur ersten Senioren-Meisterschaft an – und wird prompt Deutsche Meisterin.

Seitdem sammelt Gertrud Wittneben Medaillen wie andere Leute Briefmarken: 1989 Vize-Europameisterin in Finnland, 1990 Silbermedaille bei der Weltmeisterschaft in Rio de Janeiro, 1992 Bronze bei der Weltmeisterschaft in Indianapolis, 1995 einmal Gold und einmal Silber bei der Europameisterschaft in Reggione, Italien, und, und, und. Insgesamt ersprang sie zehn Medaillen bei internationalen Wettbewerben und unzählige deutsche Seniorentitel. „Das Schönste sind die Reisen, die ich durch meinen Sport machen kann. Aber bezahlen müssen wir alles selber, für den Seniorensport hat ja keiner 'ne Mark übrig", bedauert die Weltmeisterin.

Und während andere Senioren in ihrem Alter höchstens mit dem Wanderstock in der Hand einen kleinen Spaziergang machen, trainiert sie dreimal pro Woche ihre Kunstsprünge. Die zufälligen Beobachter im Kombibad Zollstock oder im Leistungszentrum am Müngersdorfer Stadion trauen dann ihren Augen nicht: Sie können den gehockten Kopfsprung bewundern, den Kopfsprung mit halber Schraube rückwärts, den Salto vorwärts und rückwarts – leichte Übungen für das Naturtalent. Angst? Nein, Angst kenne sie nicht. Wer Angst hat, der darf gar nicht erst springen, sagt sie. Höchstens ein bißchen nervös sei sie manchmal vor dem entscheidenden Sprung. Aber dann trinke sie eine Tasse Kaffee mit viel Honig drin: „Ich bin ein großer Honig-Fan, der geht direkt ins Blut und man fühlt sich super danach."

Vielleicht liegt's ja am Honig, daß man Gertrud Wittneben ihre 77 Jahre keineswegs ansieht. Der Sport hat sie jung, fit und gesund gehalten – und ihr Lebenswandel: „Ich habe nie geraucht oder Alkohol getrunken, Medikamente nehme ich auch keine, und ich ernähre mich vorwiegend vegetarisch. Krankheiten haben da überhaupt keine Chance, sich bei mir einzunisten." Ein paar Jahre will sie noch aktiv sein. *„Bis zur Jahrtausendwende bleibe ich auf jeden Fall am Ball."* – Dann wird Gertrud Wittneben gerade ihren 80. Geburtstag gefeiert haben.

Tauchsport

Correct Diving Ausbildungszentrum

Breite Straße 29 (Kölner Ladenstadt), 50667 Köln (City),
Tel.: 02 21 / 2 57 57 95,
Fax: 02 21 / 2 57 57 84

Leverkusen: Heinrich-Brüning-Straße 195, 51371 Leverkusen, Tel. und Fax: 02 14 / 60 10 40
Correct Diving Tauchschiff, Rochusstr. 236, 50827 Köln (Bickendorf), Tel.: 02 21 / 9 17 11 22,
Fax: 02 21 / 5 95 12 31
Correct Diving ist ein Verbund von drei Tauchsportgeschäften in Köln und Leverkusen, einem Tauchschiff, das in der Adria kreuzt, sowie einer Tauchbasis auf Krk in Kroatien. Das Correct Diving-Team bildet Anfänger, Fortgeschrittene und Tauchlehrer aus. Neben dem normalen Angebot vom Schnupperkurs bis zum Divemaster bietet Correct Diving jede Menge Specials an: Nachttauchen, Wracktauchen, Eistauchen usw. Schnuppertauchgänge können Anfänger jeweils sonntags von 18 – 20 Uhr im Martinsbad in der Kölner Altstadt absolvieren (Salzwasserbecken mit 1,70 m Tiefe bei 30 Grad Wassertemperatur). Das komplette Equipment wird gestellt. Die Mitglieder des von Correct Diving gegründeten Tauchclubs gehen regelmäßig in den umliegenden Seen tauchen und veranstalten Tauchreisen. Weitere Infos bei Tauchlehrer André Burkhardt.

Hartenberger Tauchsportcenter Köln

Cologne Divers (PADI-Tauchschule), Rennebergstr. 19 (Nähe Unicenter), 50939 Köln, Tel.: 02 21 / 44 61 99, Fax: 02 21 / 41 50 50
Angeboten werden Tauchsportkurse von PADI (Professional Association of Diving Instructors), dem weltweit führenden Kursanbieter in Sachen Tauchsport. Von Basisseminaren über Master Scuba

Letzte Überprüfung der Geräte vor dem fast schwerelosen Tauchgang

Diver (höchste Auszeichnung für Freizeittaucher) bis zum Open-Water Scuba Instructor (Profi-Taucher) reicht das umfangreiche Ausbildungsprogramm. Schnupperkurse gibt's freitags und samstags nach Vereinbarung im Becken des Agrippabades (Kosten 30,– DM inkl. Leihausrüstung und Tauchtraining). Nach Absprache wird auch Behindertentauchen angeboten. Spezialkurse: Grottentauchen, Suchen und Bergen, Tieftauchen, Unterwasserfotografie. Tauchlehrer Ralf Arens gibt weitere Infos.

Best Boy Divers
Kartäuserhof 2,
50578 Köln (Südstadt),
Tel. und Fax: 02 21 / 9 32 24 66
Preisfrage: Warum tragen die Best Boy Divers diesen Namen? Antwort: Weil ihr Chef, Wolfgang Tooten, den Spitznamen Best Boy trägt. Warum er so genannt wird, das verrät er allerdings nur seinen Schülern. Wem dies noch nicht genug Anreiz sein sollte, in der Südstadt-Tauchschule einen Unterwasser-Lehrgang zu machen, dem seien hier noch ein paar Facts an die Hand gegeben. Die Best Boy Divers führen Kurse in verschiedenen Ausbildungssystemen vom Anfänger bis zum Tauchlehrer durch. Weitere Angebote: Tauchausfahrten, Club „Barakuda Club Köln Süd" mit Vergünstigungen für die Mitglieder, Spezialkurse von Trockentauchen bis Unterwassernavigation. Erste Erfahrungen mit dem Gerätetauchen können in einem Schnupperkurs im Weidener Hallenbad erworben werden. Kosten: 30,– DM

Diving Actions – Tauchsportzentrum Köln
Kämmergasse 18, 50676 Köln (gegenüber Agrippabad),
Tel.: 02 21 / 2 40 26 34,
Fax: 02 21 / 2 40 27 34
Die Tauch-Grundausbildung gestaltet sich nach den Richtlinien der CMAS (internationaler Tauchsportverband): An vier Theorieabenden werden die Grundlagen für das Sporttauchen vermittelt. Im Hallenbad (Agrippabad) gewöhnen sich die Schüler dann in zahlreichen Übungen an das Schweben und Gleiten unter Wasser und an das Tragen der Ausrüstung. Wer den weltweit anerkannten Tauchsportschein des Open Water Divers erlangen will, muß zusätzlich fünf Freiwassertauchgänge absolvieren (unter anderem im Fühlinger See). Diving Actions bietet auch zahlreiche Tauchfahrten an (unter anderem nach Ägypten). Tauchschul-Inhaber Hartwig Totzauer gibt weitere Auskünfte.

TTS Tauch-Technik-Service
Hartwichstraße 102 – 104,
50733 Köln (Nippes), Tel.: 02 21 / 72 45 90, Fax: 02 21 / 73 58 14
Schon seit 25 Jahren bildet TTS Tauchschüler aus und ist damit eine der ältesten Kölner Tauchschulen. Leiter Billy Henne bietet unter anderem vier- bis sechs-

wöchige Kurse zum Open Water Diver an, in denen den angehenden Tauchern die wichtigsten theoretischen und praktischen Fertigkeiten des Tauchsports vermittelt werden. Daneben gibt's jede Menge Specials: vom Strömungstauchen über Unterwasserfotografie bis hin zum Bootstauchen. Die Kurse werden nach den Richtlinien von SSI (Scuba Schools International) durchgeführt, einem der drei größten Tauchverbände weltweit. Schnupperkurse werden nach Vereinbarung angeboten.

Informationen über die Tauchvereine in Köln gibt der Stadtsportbund, Tel.: 02 21 / 92 13 00 22.

Story
Nichts für schwache Lungen – Unterwasser-Rugby in Köln

„Komisch, warum schwimmt der denn nicht?", wundert sich der kleine Junge am Beckenrand des Agrippabades. Er kommt zufällig vorbei und beobachtet neugierig das schwarz-weiß-karierte runde Ding, das gerade unter der Wasseroberfläche verschwindet. „Da kann aber keine Luft drin sein", kombiniert er stolz. Recht hat er, denn statt mit Luft ist der Ball mit Salzwasser gefüllt. Dadurch hat er die verblüffende Eigenschaft, langsam auf den Beckenboden zu sinken. Diese Trägheit des Objektes machte sich der Kölner Ludwig von Bersuda Anfang der 60er Jahre zunutze. Er wollte eine Ballsportart erfinden, die man unter Wasser betreiben kann. Von Bersuda war Mitglied eines Tauchsportvereins, des Deutschen Unterwasser Clubs Köln (DUC). Ihm war das normale Aufwärmtraining zu langweilig geworden, und er suchte nach einer Alternative, die Spaß machen sollte. Und es wurde eine spektakuläre Sportart daraus: das Unterwasser-Rugby.

Noch heute spielt der DUC Köln in der höchsten deutschen Spielklasse, der Bundesliga. Jeden Montag- und Donnerstagabend treffen sich die Cracks im Agrippabad, um zu trainieren. Die größte Faszination des Unterwasser-Rugbys bestehe darin, daß es die einzige dreidimensionale Ballsportart sei, sagt DUC-Coach und Mannschaftsführer Wolf Birzle. Der Gegenspieler kann nicht nur von rechts, links, hinten oder vorne kommen, sondern eben auch von oben oder unten. Das erschwert die Sache ungemein. Die restlichen Regeln sind schnell erklärt: Ein Team besteht aus jeweils fünf Spielern plus Torwart. Ziel ist es, den Ball ins gegnerische Tor zu befördern, einem offenen Edelstahlkorb (rostfrei, versteht sich) mit einem Durchmesser von etwa 40 cm, der auf dem Beckenboden befestigt ist. Bei einer Tiefe der Spielbecken zwischen drei und fünf Metern keine leichte Aufgabe für den Torhüter, der mit seinen Schulterblättern über dem Korb kauert.

Sich daran festhalten oder sich auf ihn draufsetzen darf er nicht. Die Feldspieler versuchen, das zwischen 15 und 20 Meter lange und 10 bis 15 Meter breite Becken so schnell wie möglich mit geschickten Kombinationen zu überbrücken. Dabei wird der Ball an die Teampartner weitergestoßen. Im Schnitt fallen pro Spiel (zweimal 15 Minuten effektive Spielzeit) etwa sechs Tore.

Atemberaubend wird die Sache dadurch, daß die Taucher kein Preßluftgerät haben. Sie sind lediglich mit Flossen, Tauchmaske und Badekappe ausgerüstet. Da müssen selbst die Besten wenigstens ab und zu auftauchen und mit dem abgesägten Schnorchel nach Luft schnappen, obwohl sie locker drei Minuten lang ohne Luft auskommen. Unterwasser-Rugby-Spieler verfügen über bis zu sieben Liter Lungenvolumen – normal sind drei Liter. Auf jeden Fall ist es eine extrem schlauchende Sportart. Deshalb sitzt für jeden Akteur auch ein Auswechselspieler am Beckenrand, der fliegend eingewechselt werden kann.

Besonders hart sei diese Sportart eigentlich nicht, betont DUC-Stürmer Detlev Brandt, bis auf kleinere Verletzungen an den Fingern passiere nicht viel. Im Wasser wird halt vieles abgefedert. Mit ein Grund dafür, daß man sogar im Alter von 50 Jahren noch immer in der Bundesliga spielen kann. Eine weitere Besonderheit dieses Sports: Die Teams sind gemischt, Männer und Frauen spielen in einer Mannschaft. Obwohl Unterwasser-Rugby ein fairer Sport ist, gibt es hier und da schon mal Fouls, wie die Badehose herunterziehen oder die Maske wegreißen. Als Hüter der Fairneß unter Wasser betätigen sich gleich drei Schiedsrichter. Im Gegensatz zu den Spielern sind sie allerdings mit Preßluftgeräten ausgerüstet. Als Signal für Unterbrechungen dient ihnen eine Zwölf-Volt-Autohupe.

Schade nur, daß die spannenden Unterwasser-Aktionen vom Beckenrand nur als verschwommenes Szenario erscheinen. Ein Grund dafür, daß die Bundesliga-Spiele meist unter Ausschluß der Öffentlichkeit stattfinden. Für die Zuschauer gibt's nur zwei Möglichkeiten: Entweder sie gehen mit Taucherbrille selbst unter die Wasseroberfläche oder sie betreten die unterirdischen Katakomben des Agrippabades. Dort nämlich hat man durch eine Glasscheibe Einsicht in das Tauchbecken. Versuche, die Spiele per Videoübertragung auf eine Großleinwand zu projizieren, gab es auch schon, wurden dann aber doch wieder auf Eis gelegt.

Populär ist der Sport in Deutschland dennoch. 2000 bis 3000 Spieler sind in etwa 50 Teams organisiert. Im internationalen Vergleich sind die Deutschen etwas untergetaucht, obwohl das Unterwasser-Rugby ehemals in Köln er-

funden wurde. Die Schweden, Norweger und Dänen sind eine Klasse für sich. Weitere Hochburgen sind Tschechien, die Schweiz, Österreich und, man höre und staune, sogar Kolumbien. Einige Kolumbianer, die früher in Köln studierten, haben es in ihrer Heimat eingeführt.

Infos: Wolf Birzle, Mannschaftsführer des Unterwasser-Rugby beim DUC Köln, Tel.: 02 21 / 7 40 67 13 Training: jeweils Mo 20.30 – 21.15 Uhr und Do 20 – 21.30 Uhr Die Bundesliga-Spiele finden in der Regel montags abends statt.

Surf-, Segel- und Motorbootsport

Albatros Segelschule
Henri-Dunant-Straße 41,
Postfach 21 03 21,
50529 Köln (Ostheim),
Tel.: 02 21 / 8 90 51 81
Albatros bietet unter anderem Kompaktsegelkurse mit etwa 80 Stunden innerhalb einer Woche an. Sie beginnen samstags um 10 Uhr, enden freitags gegen 11 Uhr und dauern zwölf Stunden am Tag. Jeweils vier Schüler werden von einem Segellehrer unterrichtet. Die Ausbildung umfaßt Segelmanöver, eine Motorbootausbildung und Knotenkunde. Ausbildungsort ist Friesland (Niederlande); die Schüler wohnen während des Kurses in Bungalows. Außerdem organisiert Albatros Segeltörns auf Mallorca, in Estland und in Finnland, Wandersegeln mit Jollen, Regattatraining und Plattbodentörns. Über die klassische Ausbildung in Seemannschaft hinaus wird ein spezielles Training in elektronischer Navigation angeboten. Die Segelschule kann hierzu auf eine außergewöhnliche Segelyacht (Bavaria 390C) mit professioneller Navigationsausrüstung zurückgreifen (u. a. mit professionellem Radar, Flux-Gate-Kompaß, eingebauten Autopiloten usw.). Der angegliederte Segelverein SCAK hat ca. 45 Mitglieder und sechs vereinseigene Boote. Schwerpunkt ist das Kinder- und Jugendsegeln. In Planung sind zum

Sportskipper +
Segelschule **Albatros**
Postfach 210321, 50529 Köln, Tel.: 02 21 / 8 90 51 81

- alle Scheine, Computernavigation in Praxis und Theorie
- Radar-, Wetter-, Asto-, Funkkurse
- Segeltörns, Charter
- Kindersegeln
- Segelpraxis ab DM 6,– / Std.
- DSV anerkannt
Tel. u. Fax 02 21 / 8 90 51 81

Beispiel kombinierte Segel- und Schwimmkurse, die in den Ferien in Köln und in Holland gegeben werden. Der Verein kümmert sich auch verstärkt um Behinderten- und Seniorensegeln und arbeitet mit dem Bildungswerk im Stadtsportbund zusammen. An jedem 3. Mittwoch im Monat findet im Clubheim in der Henri-Dunant-Straße 41 in Ostheim ab 20 Uhr ein Unterrichts- bzw. Übungsabend statt. Weitere Infos gibt der Vorsitzende Heino Ennen.

Colonia Sportschifferschule (Segel und Motorboot)
Meinerzhager Straße 5,
51069 Köln (Dünnwald),
Tel: 02 21 / 60 30 07,
Fax: 02 21 / 60 50 07,
Funk: 01 72 / 2 68 34 14
Sportschulinhaber Friedrich Leinweber hat (nach eigenen Angaben) seit 1973 über 20 000 Leute für die Sportbootführerscheinprüfung fit gemacht. Die Sportschifferschule ist vom Deutschen Segler-Verband anerkannt. In Wochenendseminaren, Abend- und Kompaktkursen werden die nötigen Kenntnisse für Motorboote und Segelschiffe vermittelt. Schulungsrevier ist der Rhein zwischen dem Rheinauhafen (Yachtclub) und der Rodenkirchener Brücke.

Segel-Club Ville
Jahnstraße 2, 50374 Erftstadt-Liblar, Tel.: 0 22 35 / 4 58 56
Heimatrevier des Segel-Clubs Ville ist der Liblarer See, der auch für Kölner Segler interessant ist, weil er nur 20 km vom Dom entfernt liegt. Der rund 300 Mitglieder starke Club fährt in den Bootsklassen Optimist, Laser, Vaurien, Flying Junior, 420er, Korsar, Finn und Schwertzugvogel. Es werden Segelfahrten auf Nord- und Ostsee, zum Ijsselmeer und im Mittelmeer organisiert. Die Grundscheinausbildung und Schulungskurse sind möglich. Geschäftsführer Johann Friedrich Eitz gibt gerne Auskunft.

Segelschule Krupinski
Rathausstraße 56,
53844 Troisdorf-Sieglar,
Tel.: 0 22 41 / 40 13 37,
Fax: 0 22 41 / 40 29 50,
01 72 / 2 01 31 52
Inhaber und Segellehrer Krupinski veranstaltet seit 1984 Segelkurse. Die Theorie wird den Schülern werktags in den Troisdorfer Schulräumen beigebracht, für die Praxis stehen von März bis November in Ophoven / Holland Jollen zur Verfügung. Praktische Übungen können aber auch auf den Seen im Kölner Raum absolviert werden. Außerdem im Programm: Kindersegelkurse, Segeltörns unter anderem nach Malta, Irland und Mallorca, Schlechtwettertraining in Dänemark. Special: Segelfahrt in die Jahrtausendwende nach Neuseeland (über Singapur und Hongkong), Start ist der 20. Dezember 1999!

Segelzentrum Elba
Sürther Hauptstraße 211,
50999 Köln (Sürth),
Tel.: 0 22 36 / 6 55 05,
Fax: 0 22 36 / 6 85 16
Das Segelzentrum Elba veranstaltet Segelkurse und -ferien auf Elba: Lasertraining (einsitziges Segelboot), Jollensegeln, Yachtsegeln. Der amtliche deutsche Segelbootführerschein Binnen kann abgelegt werden.

Sportschiffahrtschule Köln
Rhöndorfer Straße 8, 50939 Köln (Sülz), Tel.: 02 21 / 44 94 00 oder 44 94 94
Seit 1963 unterrichtet Segelschulleiter Charlie Wiese Wassersportler und solche, die es werden wollen. Bei ihm können alle Führerscheine des Deutschen Segelverbandes gemacht werden, ebenso wie die amtlichen Sportbootführerscheine. Der theoretische Unterricht der Segelkurse für Anfänger findet in Köln statt, die praktischen Übungen in Holland. Das Übungsterrain für die Motorbootführerscheine ist der Rhein. Neben den Schulungskursen veranstaltet die Sportschifferschule Köln Segeltörns (zum Beispiel Herbstregatta an der Côte d'Azur oder Absegeln am Ijsselmeer).

Sportseeschifferschule Köln
Rochusstraße 214,
50827 Köln (Ehrenfeld),
Tel.: 02 21 / 5 30 11 60
Die Sportseeschifferschule Köln ist eine der wenigen Sportschifferschulen, die auf dem Liblarer See ausbilden. Die theoretischen Kurse werden im Sportzentrum auf der Göttinger Straße in Weiden gegeben. Im Ausbildungsprogramm stehen Segel-, Motorboot- und Hochseeführerscheine sowie Skippertraining. Die Schule ist als gemeinnützig anerkannt und versteht sich als Ausbildungsstätte für alle Betriebssportgruppen und Wassersportclubs, die keine eigene Ausbildung machen können. Weitere Infos beim Vorsitzenden, Herrn Klaus Kürbitz.

Windsurfen – nichts für Leute mit gestörtem Gleichgewichtssinn

Windbeutel
An der Ronne 90, 50859 Köln (Lövenich), Tel.: 0 22 34 / 7 93 79 oder 94 29 50,
Fax: 0 22 34 / 49 79 83

Der Windbeutel weist ein reichhaltiges Angebot an Aktiv-Reisen und Sportkursen auf: von Surfschulungen in Frankreich und Dänemark über Segelkurse vor der Toskana und vor Rhodos bis hin zum Kanuurlaub in Irland und Südfrankreich. Weitere Infos beim Mitinhaber Guido Weis.

Informationen über die Kölner Segel-, Surf- und Sportbootvereine gibt der Stadtsportbund, Tel.: 02 21 / 92 13 00 22.

Rudern

Ruderclub Preußen
Hagedornstraße 26, 51069 Köln (Dellbrück), Tel.: 02 21 / 13 11 07

Kleiner, rühriger Ruderclub, der schöne Ruderwandertouren veranstaltet. Die breiten Boote sind wesentlich bequemer als beim Rennrudern und bieten vier bis fünf Personen Platz. Getourt wird zum Beispiel vier Tage lang auf der Lahn, die viel ungefährlicher ist als der Rhein. Die Boote werden mit einem Autohänger zum Ausgangsort transportiert, und dann wird gemütlich losgerudert. Wenn es die Strömung zuläßt, läßt man das Boot einfach treiben und genießt die Natur. Am Tag werden rund 25 bis 30 km gerudert. Übernachtet wird in vorher gebuchten Hotels. Insgesamt drei Touren werden im Jahr veranstaltet. Eine äußerst gesellige Sache, meint die Vorsteherin

Der Rhein als hervorragendes Gewässer für den Rudersport

Renate Schnabel, die auch nähere Informationen gibt.

Kölner Club für Wassersport
Marienburger Bootshaus, Oberländer Ufer, 50968 Köln (Marienburg), Ecke Militärring / Rheinuferstraße, Tel.: 02 21 / 38 34 88
Im Programm des Clubs stehen Tages- und Wanderfahrten im In- und Ausland. Zu Pfingsten gibt's zum Beispiel eine Rudertour auf der Lahn, andere Fahrziele sind norddeutsche Flüsse oder Gewässer im benachbarten Ausland (Tschechien, Frankreich). Übernachtet wird jeweils in Hotels oder Bootshäusern anderer Vereine. Der Hauptrudertermin am Bootshaus auf dem Rhein ist während der Sommerzeit dienstags um 18 Uhr, während der Winterzeit sonntags um 10 Uhr. Auch auf dem Fühlinger See kann nach Absprache gerudert werden. Mitte April beginnt jeweils ein Ruderkurs für Anfänger.
Weitere Informationen:
– Rolf Vomrath,
    Tel.: 02 21 / 5 90 82 69

Kölner Rudergesellschaft von 1891
Bootshaus, Uferstraße 16, 50996 Köln (Rodenkirchen), Tel. (Hans-Martin Siebert): 0 22 27 / 14 39
Im Angebot sind unter anderem Wanderrudertouren: Gruppen mit bis zu 20 Leuten (auch Senioren oder Jugendliche in eigenen Gruppen) rudern in offenen Booten auf Main, Mosel, Saar, Ruhr oder Lahn. Donnerstagmorgens macht der „Rentner-Vierer" mit Pensionären über 60 Jahre auf dem Rhein Spazierruderfahrten. Samstags und sonntags wird auf dem Rhein ausgebildet. Auf dem Otto-Maigler-See in Hürth findet das Rennrudertraining statt.
Weitere Infos:
– Hans-Martin Siebert, Tel.: s. o.

Kölner Ruderverein von 1877 (KRV)
Barbarastraße 47 – 49, 50996 Köln (Rodenkirchen), Tel. (Jürgen C. Pfitzner): 02 21 / 39 29 86
Rhein, Mosel, Main und Maas sind die Ziele der kurzen Rudertouren, die vom Club veranstaltet werden. Aber es geht auch durchaus weiter weg: Der Orinocco-See, die Magellanstraße, osteuropäische Gewässer und die Kanäle Frankreichs werden zu großen Ruderfahrten genutzt. Zudem bietet der KRV Rudertermine auf dem Rhein in Rodenkirchen und auf dem Fühlinger See an.
Infos:
– Jürgen C. Pfitzner, Tel.: s. o.

Bötchenfahren

Ruderboot-, Tretboot- oder Kahnverleih gibt's in folgenden Parks:
– An der *Freizeitinsel „Groov"* in Porz-Zündorf können auf einem kleinen Binnensee direkt am

Nasses und rasantes Vergnügen auf der Wasserskianlage in Langenfeld

Rhein und mitten im Auenwald mit einem bunten Tretboot ein paar Runden gedreht werden.
- Im *Volksgarten* in der Südstadt, zwischen Vorgebirg-, Volksgarten- und Eifelstraße, gibt's einen Ruderkahn-Verleih auf einem kleinen Weiher mit vielen Enten und angrenzendem Biergarten.
- Am *Decksteiner Weiher* beim „Haus am See" kann man bei einer gemütlichen Runde mit dem Tret- oder Ruderboot mit ein bißchen Glück den FC-Profis beim Waldlauf zusehen.
- Der *Stadtwaldweiher* in Lindenthal an der Kitschburger Straße bietet neben dem Besuch des Tierparkes auch die Möglichkeit, ins Ruderboot zu steigen.
- Auch im *Blücherpark* in Bilderstöckchen (Ecke Parkgürtel / Escher Straße) darf auf dem kleinen See mit geliehenen Bötchen geschippert werden.

Wasserski

Wasserski Langenfeld
Baumberger Straße 88,
40764 Langenfeld,
Tel.: 0 21 73 / 6 20 38,
Fax: 0 21 73 / 6 44 11
Anfahrt: Die A 59 Richtung Düsseldorf bis Abfahrt „Richrath / Baumberg", dann links Richtung Baumberg, wieder links zum Wasserski-Center. Oder mit der S 6 aus Köln Richtung Düsseldorf bis zur Haltestelle „Langenfeld-Berghausen",

von dort 500 m ausgeschilderter Fußweg.
Geöffnet Mitte März bis Ende Oktober: März / April:
Sa 14 – 16 Uhr, So 13 – 16 Uhr, werktags geschlossen; Sommer: Mo – Sa ab 12 Uhr, So ab 13 Uhr; September / Oktober: Mo – Fr ab 15 Uhr, Sa ab 13 Uhr, So ab 12 Uhr
Preise: Punkte-System (ein Start kostet jeweils drei Punkte): 9-Punkte-Karte 11,– DM, 30-Punkte-Karte 28,– DM, 60-Punkte-Karte 50,– DM, 300-Punkte-Karte 240,– DM; Zeitkarten: Zwei-Stunden-Karte Erwachsene 35,– DM, Jugendliche bis 16 Jahre 25,– DM, Tageskarte Erwachsene 54,– DM, Jugendliche bis 16 Jahre 38,– DM. Es werden auch Urlaubs- und Jahreskarten verkauft.
Zur Verfügung stehen zwei Wasserski-Seilbahnen mit einem Rundkurs von je 1 km Länge. Alle 10 Sekunden erfolgt ein neuer Start. Im Preis inbegriffen sind die Benutzung der Skier (Paarski, Kinderski, Trickski, Monoski) sowie der Schwimmweste. Leihanzüge müssen extra bezahlt werden. Für Lernwillige bietet der Wasserskiclub Langenfeld auch Wasserskikurse an. Der Minikurs für Sieben- bis Zehnjährige dauert zum Beispiel 14 Tage und kostet 95,– DM.
Außerdem vorhanden sind ein Wasserski-Restaurant, ein Rundwanderweg und ein Beachvolleyballplatz; in unregelmäßigen Abständen finden Wettbewerbe (zum Beispiel der internationale O'Neill-Cup, ein Slalom-Trickski-Springen) statt.

Infos über die Sportvereine, die in Köln Wasserball, Kanusport, Rudern, Angeln etc. anbieten, gibt der Stadtsportbund, Tel.: 02 21 / 92 13 00 22.

- **TENNIS**

- **SQUASH**

- **BADMINTON**

- **GOLF**

Mit dem Schläger in der Hand

Es gab mal Zeiten, in denen Tennis als der „Sport der Oberen" bezeichnet wurde. Das hat sich grundlegend geändert. Nicht zuletzt durch Boris und Steffi ist Tennis ein Volkssport geworden, der nicht mehr nur im Verein – mit hohen Aufnahmegebühren und strenger Etikette – ausgeübt wird. Inzwischen wird der „weiße Sport" auch in bunten Klamotten im Sportcenter gespielt oder in der öffentlichen Tennishalle um die Ecke.

Köln ist nicht gerade eine Tennishochburg wie Berlin, München oder Stuttgart, aber auch hier fanden bereits wichtige Grand-Prix-Turniere statt. Der rührige Sport-Promotor Michael Mronz (übrigens der Bruder des Ex-Tennisprofis Alexander Mronz) schaffte es schon einige Male, in Köln ein gutdotiertes Profi-Tennis-Event auf die Beine zu stellen. Die Teilnehmerlisten weisen zwar keinen Pete Sampras oder Michael Stich auf, aber das, was an Sport geboten wird, kann sich durchaus sehen lassen.

Für das „Tennis-Fußvolk" gibt es in Köln genügend Möglichkeiten, dem Filzball hinterherzujagen und ihn per Slice, Topspin oder Volley über das Netz zurückzuschlagen. Etliche Tennishallen und Sportcenter bieten Mietplätze an, draußen wie drinnen, mit den unterschiedlichsten Belägen. Auch die Stadt bewirtschaftet einige Plätze auf städtischen Anlagen. Hier muß der Tennisfreund jedoch schnell handeln, will er eines der begehrten Abos bekommen, denn die im Vergleich zur freien Wirtschaft sehr preiswerten Aschenplätze sind schnell vergeben.

Überhaupt keine stadteigenen Plätze gibt es im Squash. Vielleicht ist das „Rückschlagspiel gegen eine Wand mit Weichgummiball" (Brockhaus-Definition) noch zu jung bei uns. Erst seit Mitte der 70er Jahre wird es in Deutschland gespielt. Squash kommt ursprünglich aus England und wurde durch die englischen Kolonialherren nach Asien gebracht, wo heute die absoluten Weltstars der Squash-Szene zu finden sind. Cracks gibt's aber auch in Köln. Hier spielte in den 80er Jahren mit dem CSC Köln auch eine Herren-Bundesliga-Mannschaft, die sogar einmal Deutscher Meister wurde. Diese Zeiten sind allerdings vorbei, die nationale Spitze hat sich von Köln inzwischen verabschiedet. Ebenso übrigens wie die internationale: Versuche, in den Sartory-Sälen ein Weltklasse-Turnier zu etablieren, sind gescheitert. Das darf allerdings nicht darüber hinwegtäuschen, daß Squash eine durchaus beliebte Freizeitsportart ist, die von Tausenden in Köln ausgeübt wird. Das geschieht weniger im Verein als vielmehr mit festen Spielpartnern, mit denen man sich auf dem Stamm-Court trifft. Köln bietet dafür auch reichlich Gelegenheit: Es gibt eine erkleckliche Anzahl von Squash-Centern.

Starke Konkurrenz hat das Spiel mit dem kleinen, meist blauen Ball in den letzten Jahren von einer anderen englischen Sportart bekommen, die eigentlich jeder von uns schon aus dem Kindesalter unter dem Namen Federball kennt: Badminton. Allerdings gibt es schon erhebliche Unterschiede zwischen diesen beiden Spielarten. Beim Badminton geht's richtig heiß her, da läuft der Schweiß in Strömen, wenn sich zwei gleich starke Kontrahenten gegenüberstehen. Federball ist dann doch mehr etwas für die Leute, die sich im Park ein bißchen bewegen wollen. Zuletzt hat es in Sachen Badminton einen richtigen Boom gegeben, den die Sportcenter-Anbieter natürlich gerne sahen. Denn aus einem Tennisplatz kann man gleich vier Badminton-Felder machen – das zahlt sich in barer Münze aus. Dementsprechend hält Köln auch hier ein reichhaltiges Angebot bereit.

Nicht ganz so gut sieht es in Sachen Golfsport aus. Zwar ist auch hier schon seit Jahren die Rede davon, daß sich der elitäre Sport langsam öffnet und volksnäher wird, dies allerdings hat sich offenbar bei den Verantwortlichen noch nicht so recht herumgesprochen. Noch immer sind die Golfclubs für Otto Normalverbraucher kaum bis gar nicht finanzierbar. Und wer nicht im Club ist, hat schlechte Karten, wenn er aufs Grün will. Einige Möglichkeiten, diesen faszinierenden Sport auszuprobieren, gibt es in Köln dennoch. Vor kurzem ist im Kölner Norden ein öffentlicher Golfplatz entstanden, der (nach Erlangung der Platzreife) von jedem bespielt werden darf. Daneben existieren eine Reihe von Übungsanlagen, auf denen man sein Talent als potentieller Nachfolger von Bernhard Langer überprüfen kann.

Tennis / Squash / Badminton

ACR (Activ Center Rath)
Neubrücker Ring 48, 51109 Köln (Rath), Tel.: 02 21 / 8 90 20 01
Öffnungszeiten: Mo – Fr 8 – 24 Uhr, So 8 – 23 Uhr
Preise: Badminton 17,– DM bis 34,– DM, Squash 16,– DM bis 34,– DM, Tennis 18,– DM bis 42,– DM, Tischtennis 5,– DM pro Person und Stunde
Multifunktionales Sportareal, das den Kunden elf Badminton-Felder, 16 Squash-Courts mit Naturholzschwingparkett, vier Tennisplätze mit Granulat-Teppichboden und vier Tischtennisplatten unter einem

Dach bietet. Angeschlossen ist auch eine Tischtennisschule, die vom Bundesligaspieler Thomas Roßkopf geleitet wird. In der Fitness-Halle (ca. 300 qm) laufen Gymnastik- und Aerobic-Kurse (siehe Fitness). Außerdem werden Inline-Skating-Kurse und Golf-Kurse angeboten. Die Badmintonfelder können im Bedarfsfall zu einem Indoor-Fußballfeld umgewandelt werden (Größe 18 x 22 m, kann für 5,– DM pro Person gemietet werden). Nach all dem anstrengenden Sport kann man sich dann noch in der großzügigen Gastronomie oder im Saunabereich erholen.

ASV-Sportpark Weiden
Ignystraße, 50858 Köln (Weiden),
Tel.: 0 22 34 / 7 92 99
Öffnungszeiten: Mo – Fr 8 – 23 Uhr,
Sa / So / Feiertag 8 – 21 Uhr
Preise: Tennis 28,– DM
bis 40,– DM, Abos sowie Schüler- und Studentenermäßigung
Es gibt inzwischen drei ASV-Sportparks, Weiden ist einer davon. Er verfügt über neun Hallen-Tennisplätze mit Teppichbelag. Angeschlossen sind ein Tennisclub und eine Tennisschule. Das „Saunaparadies" ist mit 2000 qm Liegefläche, Biosauna, Finnischer Sauna (Aufguß), Trockensauna, Dampfsauna, Solarien und Schwimmbad (4 x 15 m) großzügig gebaut. Auch ein Fitness-Center mit Kursangeboten und Möglichkeiten zum Gerätetraining befindet sich im Haus.
Das Restaurant bietet Speisen und Getränke (auch auf der Sonnenterrasse) sowie einen TV-Raum.

ASV-Sportpark Hürth
Sudetenstraße 69, 50354 Hürth,
Tel.: 0 22 33 / 7 04 44
Öffnungszeiten: Mo – Fr 8 – 23 Uhr,
Sa / So / Feiertag 8 – 21 Uhr
Preise: Tennis 28,– DM
bis 40,– DM, Badminton 16,– DM
bis 28,– DM, Squash 16,– DM
bis 28,– DM, Abos sowie Schüler- und Studentenermäßigung
Der Hürther ASV-Sportpark ist ein multifunktionales Sportzentrum: Es gibt sieben Tennis-Außenplätze (Asche), sechs Tennis-Hallenplätze (Teppich), zehn Badminton-Felder und acht Squash-Courts. Wem all diese Sportarten zu stressig sind, der kann auf den Kegelbahnen eine ruhige Kugel schieben. Außerdem gibt's im Sportpark ein separates Restaurant, ein Bistro mit TV-Raum und eine kleine Sauna.

ASV-Sportpark Lövenich
Tennistreff: Ottostraße 7,
50859 Köln (Lövenich),
Tel.: 0 22 34 / 7 40 43
Go West Badminton-Center: Ottostraße 14, 50859 Köln (Lövenich),
Tel.: 0 22 34 / 7 40 41
Öffnungszeiten: Mo – Fr 8 – 23 Uhr,
Sa / So / Feiertag 8 – 21 Uhr
Preise: Tennis 28,– DM
bis 40,– DM, Badminton 16,– DM
bis 28,– DM, Abos sowie Schüler- und Studentenermäßigung
Zum ASV-Sportpark Lövenich gehören der Tennistreff und, direkt

gegenüber, das Go West Badminton-Center. Im Tennistreff gibt es 9 Hallen-Tennisplätze mit rotem Granulatboden, eine kleine Sauna, zwei Kegelbahnen und ein Restaurant mit Sonnenterrasse. Das Go West Badminton-Center besteht aus 14 Badminton-Feldern und 3 Hallen-Tennisplätzen (grüner Granulatboden). Dazu gehören eine kleine Sauna mit Liegeraum und ein Bistro.

Badmintoncenter Kautz
Rhöndorfer Straße 13, 50939 Köln (Sülz), Tel.: 02 21 / 44 11 69
Öffnungszeiten: Mo – Fr 10 – 24 Uhr, Sa / So 9.30 – 22 Uhr
Preise: je nach Tageszeit und Wochentag von 14,– DM (werktags 10 – 12 Uhr) bis 30,– DM (werktags 16 – 22.15 Uhr)
Das Kernstück der Anlage ist eine umgebaute große Fabrikhalle mit 16 Badminton-Courts. Die Plätze sind mit speziellem punktelastischem Dynapoint-Badminton-Kunststoffbelag ausgestattet. Die Beläge wurden gemeinsam mit dem 13fachen deutschen Badminton-Meister Uwe Scherpen aus Leverkusen konzipiert und sind besonders rutschfest und gelenkschonend. Jeder Platz ist mit zwei Lichtbändern ausgestattet, die wiederum über zwei Lampenreihen verfügen und nach oben offen sind. Daher ist der Ball auch bei Lops gut zu erkennen. Im Center gibt es außerdem eine Sauna, die kostenlos mitbenutzt werden kann, und eine kleine Gastronomie.

Körperhaltung: ausreichend. Badminton als Sportart für jedermann

Bell's Tennishalle
Wilhelm-Mauser-Straße 57, 50827 Köln (Bickendorf), Tel.: 02 21 / 58 38 00
Öffnungszeiten: im Sommer Mo – Fr 8 – 22 Uhr, Sa 8 – 17 Uhr, So 8 – 14 Uhr; im Winter Sa / So 8 – 20 Uhr
Preise: Einzelstunde im Sommer 19,– DM bis 25,– DM, Einzelstunde im Winter 28,– DM bis 35,– DM; Abo möglich
Sechs Hallenplätze mit Teppichboden-Belag bietet Bell's Tennishalle. In einem Bistro bekommt man Kleinigkeiten zu essen (ab 15 Uhr geöffnet). Angegliedert ist zudem eine Tennisschule (Herr Rohr, Tel.: 02 21 / 58 69 69), in der auch privater Einzelunterricht gegeben wird.

Brücker Sportpark
Oberer Bruchweg 6, 51109 Köln (Brück), Tel.: 02 21 / 84 30 71

Öffnungszeiten: täglich Di – Fr
8 – 23 Uhr, Mo 15 – 23 Uhr,
Sa 8 – 19 Uhr, So 8 – 21 Uhr
Preise: Tennis 18,– DM bis 25,–
DM, am Wochenende durchgehend
25,– DM; Badminton 10,– DM bis
23,– DM, am Wochenende durchgehend 19,– DM
In der Halle sind sieben Tennisplätze mit Velours-Belag und vier Badminton-Courts untergebracht. Ein kleines Bistro bietet Getränke und Kleinigkeiten zu essen an.

Fit & Squash-Treff
Müllergasse 1, 51105 Köln (Poll),
Tel.: 02 21 / 8 30 57 64 oder
83 53 76
Öffnungszeiten: Mo – Fr
10 – 23 Uhr, Sa / So 10 – 20 Uhr
Preise: 20,– DM bis 32,– DM,
Studentenermäßigung
Es kann auf vier Squash-Courts gespielt werden. Außerdem unterhält Fit & Squash einen Aerobicraum und Möglichkeiten zum Geräte-Fitness-Training. Die Saunabenutzung ist im Preis enthalten.

Fit & Squash-Treff
Donatusstraße, 50676 Köln
(Pesch), Tel.: 02 21 / 5 90 67 66
Öffnungszeiten: Mo – Fr 9 – 23 Uhr,
Sa / So 9 – 21 Uhr
Preise: Badminton 18,– DM
bis 32,– DM, Squash 18,– DM
bis 36,– DM
Die acht Badminton-Felder verfügen über einen Schwingboden; die sieben Squash-Courts sind gut ausgeleuchtet. Wer Squash oder Badminton spielt, darf die Sauna kostenlos mitbenutzen. Die Gastronomie (mit Biergarten) hält Speisen und Getränke bereit.

Interclub Tennishalle
Im Gewerbegebiet Pesch 10,
50767 Köln (Pesch),
Tel.: 02 21 / 5 90 16 92
Öffnungszeiten: Halle 8 – 23 Uhr,
Außenplätze 9 – 21 Uhr
Preise: Halle 18,– DM bis 25,– DM,
Außenplätze pro Stunde und
Person 15,– DM
Die neun Außenplätze mit roter Ziegelerde sind nur zu bespielen, wenn sie nicht von Mitgliedern belegt sind (besser vorher anrufen!). Die sechs Hallenplätze (Teppich) hingegen können frei gebucht werden. Den Spielern steht ein Schwimmbad in der Größe von 3 x 8 m und eine Finnische Sauna zur Verfügung. Nichtmitglieder müssen allerdings für ihre Benutzung 10,– DM extra zahlen.

Kawi-Tennisanlagen
Friedrich-Naumann-Straße 1,
51145 Köln (Porz-Eil),
Tel.: 0 22 03 / 3 19 91
Öffnungszeiten: täglich 7 – 24 Uhr
Preisbeispiele: im Winter Doppelstunde bei Einzelbuchung Mo – Fr
8 – 15 Uhr 32,– DM, 32-Wochen-Abo Doppelstunde Mo – Fr
8 – 15 Uhr 960,– DM
Die Tennishalle verfügt über neun, die Freiplatzanlage über drei Plätze, die mit Flutlicht ausgestattet sind. An den Außenplätzen gibt es

eine große Sonnenterrasse. In der Tennisschule können bei Tennislehrer Axel Jutterzenka Kurse belegt werden (ab 170,– DM). Der Besuch der hauseigenen Sauna ist in sämtlichen Tennisbuchungen inbegriffen. Außerdem gibt's einen Fitness- und Gymnastikraum.

Matchpoint
Im Gewerbegebiet Pesch 12 a,
50767 Köln (Pesch),
Tel.: 02 21 / 5 90 74 93
Öffnungszeiten: Mo – Fr 9 – 23 Uhr,
Sa / So 9 – 21 Uhr
Preise: Tennis 15,– DM
bis 25,– DM, Badminton 14,– DM
bis 26,– DM, Schüler und Studenten 9 – 16 Uhr 14,– DM pro Platz und Stunde
Acht Badminton-Felder mit schwingendem PVC-Boden und zwei Tennisplätze mit Veloursboden stehen im Matchpoint zur Verfügung. Special: Ein Frühstücksbuffet von 9 – 12 Uhr für alle Aktiven ist im Preis enthalten. Außerdem gibt's ein Bistro mit einer kleinen Speisekarte und einen kleinen Shop für Sportkleidung und -ausrüstung.

Multi-Wahn Squash
Wilhelm-Ruppert-Straße 38, 51147 Köln (Porz-Wahn), Tel.: 0 22 03 / 6 76 52 oder 69 53 07
Öffnungszeiten: Mo – Fr 9 – 24 Uhr, Sa / So / Feiertag 9 – 20 Uhr
Preise: 14,– DM bis 30,– DM pro Stunde, Schüler- und Studentenermäßigung

Die Anlage verfügt über insgesamt zehn Courts, von denen einer ein Glascourt ist. Im Preis inbegriffen ist die Benutzung der Sauna (mit Ruheraum und Sonnenterrasse). Squash-Unterricht gibt es auf Anfrage; ein Bespannungsservice für Schläger befindet sich im Haus. Zur Multi-Wahn-Anlage gehört darüber hinaus ein großer Fitness-Bereich mit Gerätetraining und zahlreichen Gymnastikkursen (siehe Fitness).

Pro Aktiv
Werner-von-Siemens-Straße 1,
50226 Frechen, Tel.: 0 22 34 /
5 77 12 oder 1 50 15
Öffnungszeiten: Mo – Fr 8 – 23 Uhr,
Sa / So 8 – 20 Uhr
Preise: Tennis pro Platz und Einzelstunde 22,– DM (Mo – Fr 8 – 9 Uhr) bis 37,– DM (Mo – Fr 16 – 22 Uhr), Badminton pro Court und Einzelstunde 14,– DM (Mo – Fr 8 – 14 Uhr) bis 27,– DM (Mo – Fr 16 – 22 Uhr), Squash pro Court und Einzelstunde 13,– DM (Mo – Fr 8 – 14 Uhr) bis 22,– DM (Mo – Fr 16 – 22 Uhr), Schüler- und Studentenermäßigung
Die Sport- und Freizeitanlage von Pro Aktiv ist multifunktional angelegt, ca. 60 Mitarbeiter sind dort beschäftigt. Neben einem Fitness-Bereich (apparatives Gerätetraining) sowie Gymnastik- und Tanzkursen werden auch die Rückschlagsportarten angeboten. Die Anlage verfügt über drei Squash-Courts (Schwingboden), drei Tennisplätze

(Teppich-Grevelours, gelenkschonend, nicht zu schnell) sowie sechs Badminton-Felder (Doppelschwingboden). Alle Besucher können kostenfrei den Entspannungsbereich mit Sauna, Dampfbad und Freiluftterrasse nutzen. Außerdem gibt's einen Sportshop, eine kleine Gastronomie, Kinderbetreuung und eine Massagepraxis. Pro Aktiv arbeitet mit der Deutschen Sporthochschule und verschiedenen Krankenkassen zusammen.

Sportpark Hahnwald
Emil-Hoffmann-Straße 35,
50996 Köln (Hahnwald),
Tel.: 0 22 36 / 66 50 33
Öffnungszeiten: im Winter
8 – 22 Uhr, im Sommer unterschiedlich, telefonisch nachfragen
Preise: im Winter 29,– DM
bis 39,– DM, im Sommer 19,– DM
bis 29,– DM

Die Anlage besteht aus drei Hallen-Plätzen (Teppich-Velours-Belag), einem Außenplatz (Asche) sowie einem Bistro mit einem kleinen Biergarten. Darüber hinaus stehen ein Tennis-Sportshop, ein Bespannungsdienst und eine Tennisschule (Tennislehrer Friedhelm Hasselmann) zur Verfügung. Im Sommer können alle Gäste gegen geringes Entgelt das große Beachvolleyballfeld mit Sand benutzen.

Squash 90
Sechtemer Straße 5,
50968 Köln (Raderberg),
Tel.: 02 21 / 93 47 62 – 0
Öffnungszeiten: Mo – Do
10 – 24 Uhr, Fr 10 – 23 Uhr,
Sa 10 – 21 Uhr, So 10 – 23 Uhr
Preise: Squash von 22,– DM
(Mo – Fr 10 – 15 und
21.30 – 23 Uhr) bis 34,– DM
(täglich 17 – 21 Uhr), Badminton

von 24,– DM (Mo – Fr 10 – 16.30 und 21.30 – 24 Uhr) bis 32,– DM (täglich 16.30 – 21.30 Uhr), Special: „Schlafmützen-Squash" (Mo – Do 23 – 24 Uhr) 17,– DM, preiswertere Punktekarten sowie Schüler- und Studentenermäßigung
Nachdem das ehemalige „Squash 80" Anfang der 90er Jahre abgebrannt war, wurde nun in demselben Gebäude ein neues Center eröffnet. Squash 90 ist eine multifunktionale Sportanlage mit acht Squash-Courts, acht Badminton-Feldern, Aerobic-Kursen und einer etwa 250 qm großen Halle, in der Inline-Skate-Hockey, Hallenfußball, Hockey, Streetball und Volleyball gespielt werden können. Die Halle kann komplett angemietet werden. Der Gymnastikraum ist bei einer Größe von 180 qm rundum verspiegelt. Durch die sechs großen Fenster wird die Halle ausreichend mit Tageslicht versorgt. In allen angebotenen Sportarten sind Trainerstunden möglich. Allen Gästen stehen im Fitnessraum Herz-Kreislauf- und Softkraftgeräte kostenlos zur Verfügung. Nach überstandener sportlicher Aktivität kann man sich im Saunabereich erholen (Finnische Sauna, Römisches Dampfbad, Solarien, 500 qm Ruheraum). Eine Gastronomie und ein Sportshop runden das Angebot ab. Mit ihrem Frühstücksbuffet haben sich die Inhaber Oumaya und Sabine Moncef noch ein besonderes Bonbon einfallen lassen: Bis 14 Uhr kann jeder Gast, der in einer Sportart mindestens eine Stunde gebucht hat, kostenlos schlemmen, soviel er will (Kaffee, Tee, Brötchen, Wurst, Käse, Marmelade etc.). Durchaus nachahmenswert!

Squash Park
Neusser Straße 718 a,
50737 Köln (Weidenpesch),
Tel.: 02 21 / 7 40 88 66
Öffnungszeiten: Mo – Fr 10 – 23 Uhr, Sa / So / Feiertag 10 – 19 Uhr
Preise: ab 9,– DM (vormittags) bis 17,– DM pro Person und Stunde
Zehn Squash-Courts, eine Finnische Sauna (im Eintrittspreis inbegriffen), ein Solarium, Ruheraum mit Terrasse, Biergarten, Sportshop und eine Gastronomie weist der Squash Park auf. Special: Mit dem Monats-Squash-Abo kann man für 59,– DM monatlich so oft spielen, wie man will – vorausgesetzt, man hat eine Jahresmitgliedschaft.

Squash- und Badminton-Arena
Bergisch Gladbacher Straße 1007,
51069 Köln (Dellbrück),
Tel.: 02 21 / 68 59 00
oder 6 80 20 20
Öffnungszeiten: Mo – Fr
10 – 23 Uhr, Sa / So 10 – 20 Uhr
Preise: Squash 16,– DM
bis 32,– DM, Badminton 14,– DM
bis 24,– DM, Abos sowie Schüler- und Studentenermäßigung
Die Arena beinhaltet zwölf Badminton-Felder und zwölf Squash-Courts. Für beide Sportarten werden Trainerstunden und Kurse angeboten. Für alle Sportler ist die Benutzung

der Sauna kostenfrei. Im Haus gibt es einen Sportshop und einen Schlägerservice. Eine gemütliche Gastronomie (im Sommer mit Biergarten) verschönert den Après-Sport.

Squash- und Tenniscenter Sülz (ehemals City-Sport)
Rhöndorfer Straße 10, 50939 Köln (Sülz), Tel.: 02 21 / 41 10 92
Öffnungszeiten: täglich 8 – 24 Uhr
Preise: Squash pro Court von 12,– DM („Good morning Squash" 8 – 10 Uhr) bis 32,– DM (Mo – Do 17 – 21.30 Uhr), Tennis pro Platz von 22,– DM (Mo – Fr 8 – 9 Uhr) bis 40,– DM (Sa 8 – 22 Uhr), Schüler- und Studentenermäßigung
Die Anlage umfaßt 16 Squash-Courts und vier Hallen-Tennisplätze (mit Textenn-Granulat-Boden). Sie verfügt über eine nette Atmosphäre und wird von vielen Stammkunden genutzt. Die Sauna und das kleine Hallenbad können von den Tennis- und Squash-Spielern ohne Aufpreis mitbenutzt werden, die Sonnenbank ist extra zu bezahlen. Ein kleiner Sportshop mit Schlägerservice ist angeschlossen. In der Gastronomie gibt's Getränke und Kleinigkeiten zu essen (die Frikadellen sind hervorragend!).

Tennisanlage Frank
Alteburger Straße 296, 50968 Köln (Bayenthal), Tel.: 02 21 / 39 39 19
Öffnungszeiten: Mitte April bis zum ersten Frost (Ende / Mitte Oktober) von Sonnenauf- bis Sonnenuntergang
Preise: Einzel 15,– DM pro Person und Stunde, Doppel 10,– DM pro Person und Stunde.
Die Tennisanlage Frank weist elf Tennisplätze, zehn Sandplätze und einen Allwetterplatz auf, der das ganze Jahr zu bespielen ist. Sie

Squash: Die schweißtreibende Jagd nach dem kleinen blauen Gummiball liegt im Naherholungsgebiet Weißer Rheinbogen und beherbergt einen regulären Club und eine freie Spielgemeinschaft ohne Ranglisten- und Medenspiele. Auch Nichtmitglieder haben die Möglichkeit zu spielen, wenn nicht alle Plätze besetzt sind (unbedingt vorher anrufen). Das urige Restaurant „Landhaus am Tennisplatz" bietet deutsche Küche. Ein Kinderspielplatz befindet sich direkt bei den Plätzen. Angeschlossen ist eine Tennisschule (Inhaber Herr Rubinger, Tel.: 02 21 / 37 51 38).

Tennisanlage Schmitte
Großrotter Weg 1, 50997 Köln (Hochkirchen), Tel.: 0 22 33 / 2 24 31 oder 92 10 00
Öffnungszeiten: Mo – Fr 7 – 23 Uhr, Sa 7 – 21 Uhr, So 7 – 23 Uhr
Preise: 20,– DM bis 38,– DM, Abos und Ermäßigung
Die Tennisanlage ist Bestandteil eines Hotels (18 Zimmer). Trotzdem sind die Plätze öffentlich bespielbar. Im Außenbereich liegen zwei Aschenplätze, in der Halle fünf Teppichplätze. Eine reichhaltige Speisenkarte erwartet die Gäste im Restaurant, zu dem ein wunderschöner Biergarten unter altem Kastanienbestand gehört. Hotelgäste können übrigens von 7 – 9 Uhr kostenlos Tennis spielen.

Tennishalle Dellbrück
Thurner Kamp 46, 51069 Köln (Dellbrück), Tel.: 02 21 / 68 87 87
Öffnungszeiten: täglich 7 – 24 Uhr
Preise: im Sommer 18,– DM bis 29,– DM, im Winter 22,– DM bis 38,– DM
Die Tennishalle verfügt über fünf Plätze mit Granulat-Belag. Außerdem bietet sie eine Sauna, einen Fitness-Club („Omegasports", Benutzung der Geräte kostet extra), ein Bistro sowie eine Innen- und eine Außengastronomie (italienische Küche täglich ab 17 Uhr, So ab 12 Uhr).

Tennishalle Rath
Am Sportplatz, 51107 Köln (Rath), Tel.: 02 21 / 86 23 21
Öffnungszeiten: Mo 14 – 23 Uhr, Di – Fr 8 – 23 Uhr, Sa 8 – 19 Uhr, So 8 – 23 Uhr
Preise: im Sommer 19,– DM bis 22,– DM, im Winter 28,– DM bis 35,– DM
Die Tennishalle Rath besteht schon seit mehr als einem Vierteljahrhundert und ist damit eine der ältesten Tennishallen in Köln. Sie verfügt über vier Hallenplätze mit Granulat und über Außenplätze, die jedoch nur mit Clubmitgliedschaft benutzt werden dürfen. Die Gastronomie hält Kleinigkeiten zum Essen bereit.

Tennishalle Pesch
Waffenschmidtstraße 10, 50767 Köln (Pesch), Tel.: 02 21 / 5 90 33 08
Öffnungszeiten: täglich 8 – 23 Uhr
Preise: 20,– DM bis 35,– DM, Schüler- und Studentenermäßigung
Von den Plätzen sind die vier Hallenplätze (Velours-Teppichboden)

allgemein, die Außenplätze nur von Clubmitgliedern zu nutzen. Die Tennishalle, eine der ältesten Kölns (1969 erbaut), wurde 1992 komplett saniert und ist seitdem klimatisiert. Im Winter ist die Halle mit konstant 15 Grad temperiert, im Sommer sind's fünf Grad weniger, als die Außentemperatur mißt. Im Innen-Restaurant mit 55 Sitzplätzen und im Biergarten mit 50 Plätzen gibt es eine kleine kalte und warme Küche. Angegliedert ist zudem eine Tennisschule (Inhaber Herr Schöpgens, Tel.: 02 21 / 5 90 18 39).

Tennis- und Badmintonhalle Wahn
Heidestraße 38, 51147 Köln (Wahn), Tel.: 0 22 03 / 6 22 70
Öffnungszeiten: Mo – Fr 8 – 24 Uhr
Preise: im Sommer Tennis 15,– DM bis 25,– DM, Badminton 17,– DM bis 26,– DM, im Winter Tennis 22,– DM bis 36,– DM, Badminton 19,– DM bis 28,– DM, Schüler- und Studentenermäßigung in der Woche bis 17 Uhr, Doppelstunden-Rabatt ebenfalls bis 17 Uhr
In der Halle liegen zehn Teppich-Tennisplätze und fünf Badminton-Plätze (PVC). Im angeschlossenen Restaurant gibt's eine reichhaltige Speisekarte und eine Kegelbahn. Die Tennisschule leitet Herr Berndtgen.

Tennishalle West 1
Rath-Mengenicher-Weg 3, 50859 Köln (Bocklemünd), Tel.: 02 21 / 50 12 90

Potentielle Nachfolgerin von Steffi Graf auf einer Kölner Tennisanlage

Öffnungszeiten: Halle 7 – 23 Uhr, im Sommer außen 7 – 23 Uhr
Preise: Einzelstunden bis 16 Uhr 25,– DM, ab 16 Uhr 35,– DM
Die Halle gehört zum Tennisclub St. Antonius-TC Widdersdorf. Trotzdem können auch Nichtmitglieder spielen. Es gibt vier Außen- (Asche) und vier Hallenplätze (Teppich).

Städtische Tennisplätze

Die Stadt Köln unterhält mehrere Freiluft-Tennisanlagen, die grundsätzlich preiswerter sind als die kommerziellen Anlagen. Es ist zu empfehlen, sich eine Saisonkarte zu holen, mit der man pro Woche eine Stunde lang spielen kann. Voranmeldung ist jeweils im Herbst vom 1. September bis zum 15. Oktober möglich.

Preise: Mo – Fr 9 – 15 Uhr 280,– DM,
ab 15 Uhr und Sa / So 310,– DM
Es können aber auch vorort Einzelstunden gebucht werden, allerdings nur, wenn die Plätze nicht von Abonnenten belegt sind.
Preise: zwischen 18 und 20,– DM pro Platz und Stunde
Für eine Voranmeldung und nähere Informationen sind die zuständigen Ämter und die Anlagen selbst zuständig.

Bezirkssportanlage Bocklemünd
Hugo-Eckener-Straße, Bocklemünd
Anmeldung und Infos: Bezirksamt Ehrenfeld, Frau Eckhardt,
Tel.: 02 21 / 54 88 – 3 18
Sechs Aschenplätze. Die Chancen, im Bewerbungsverfahren eine Saisonkarte zu ergattern, sind auf dieser Anlage gut. Kurzfristig können auch Einzelstunden über den Platzwart gebucht werden.

Müngersdorfer Stadion
Olympiaweg, zwischen Müngersdorfer Stadion und Freibad
Anmeldung und Infos: Sport- und Bäderamt, Herr Eichner,
Tel.: 02 21 / 49 83 – 2 24
Fünf Aschenplätze. Wer ohne Saisonkarte spielen will, sollte unbedingt vorher anrufen, weil nicht immer etwas frei ist. Der Morgen und der frühe Nachmittag sind am aussichtsreichsten.

Schul- und Sportzentrum Weiden
Ostlandstraße / Göttinger Straße
im Schul- und Sportzentrum

Anmeldung und Infos: Bezirksamt Lindenthal, Herr Wagener,
Tel.: 02 21 / 54 84 – 3 18
Drei Plätze mit Tartanbelag. Hier sind die Chancen, Einzelstunden buchen zu können, sehr gut. Anmeldung und telefonische Anfragen können auch an den Platzwart vor Ort gerichtet werden,
Tel.: 0 22 34 / 40 96 65.

Stadtwald
Friedrich-Schmidt-Straße
Anmeldung und Infos: Bezirksamt Lindenthal, Herr Wagener,
Tel.: 02 21 / 54 84 – 3 18
Die beliebteste der städtischen Anlagen, weil sie mitten im Stadtwald liegt und einfach und schnell aus der City erreichbar ist. Aber Vorsicht: Die zwölf Aschenplätze sind fast immer ausgebucht. Werktags ab 16 Uhr und am Wochenende haben Leute ohne Abo keine Chance. Wer Einzelstunden buchen möchte, sollte vormittags kommen. Buchungen über den Platzwart,
Tel.: 02 21 / 49 44 27.

Golf

Golf-Übungsanlagen

ACR (Activ Center Rath)
Neubrücker Ring 48,
51109 Köln (Rath),
Tel.: 02 21 / 8 90 20 01
Öffnungszeiten:
Mo – Fr 8 – 24 Uhr, So 8 – 23 Uhr
Preise: auf Anfrage

Der Golfübungsplatz mit Golfschule verfügt über drei Abschlagplätze (Driving-Range – die Bälle werden aber ins Netz geschlagen), von denen einer mit einer Videokamera ausgerüstet ist. Putting- und Pitching-Green ist vorhanden. Die gesamte Anlage ist beleuchtet und daher auch in den Abendstunden zu nutzen. In der angeschlossenen Golfschule können Kurse belegt werden.

Colonia Golf City
Philippstraße 31 – 35, 50823 Köln (Ehrenfeld), Tel.: 02 21 / 52 52 63
Öffnungszeiten: Mo – Fr 13 – 20 Uhr, Sa / So 11 – 19 Uhr
Preise: kompliziertes Gebührensystem, Preisbeispiel: 48 geschlagene Bälle in der halben Stunde kosten Mo – Fr in der Zeit von 9 – 16.30 Uhr 7,50 DM, weitere Preise bitte erfragen
Die günstig gelegene Golfanlage „für jedermann" besitzt zwölf Abschlagplätze auf der doppelgeschossigen Driving-Range sowie ein Putting-Green. Golfkurse und Einzelunterricht (60,– DM pro Stunde) sind möglich. Außerdem gibt es einen Schlägerverleih.

Golf Center Horst Hewer
Bonnstraße 409, 50858 Hürth-Fischenich, Tel.: 0 22 33 / 1 50 82
Öffnungszeiten: im Sommer 9 – 21 Uhr, ansonsten von 9 Uhr bis Einbruch der Dunkelheit
Eintritt: 13,– DM, erm. (Studenten, Schüler usw.) 6,50 DM, Elferkarte 130,– DM / erm. 65,– DM; 22 Bälle 2,– DM, Leihschläger 3,– DM
Die jedermann zugängliche, gepflegte Anlage ist wie folgt ausgestattet: eine Driving-Range (300 m) mit 24 überdachten Abschlagplätzen von der Matte und fünf Trainerboxen, 15 nicht überdachte Abschlagplätze vom Gras, eine Pitching- und Chipping-Wiese mit Sandbunker, Putting-Green, ein Bunker, eine Halle für Anfänger- und Regelkurse. An einer installierten Videoanlage kann jeder selbst seine Fortschritte aufzeichen (mit Decken- und Frontkamera). Vier Profi-Golftrainer geben Unterricht, eine halbe Stunde kostet 40,– DM. Das Golf Center arbeitet mit zwei Clubs zusammen (Gut Heckenhof und Club Reichshof). Für diese Anlagen kann die Platzreife erworben werden. Im angegliederten Proshop kann alles rund um den Golfsport käuflich erworben werden. Außerdem gibt's noch eine Werkstatt, in der unter anderem Schläger repariert werden, und eine kleine Gastronomie mit Terrasse.

Golfplätze

Golfplatz Am Alten Fließ
Am Alten Fließ,
50129 Bergheim-Fliesteden,
Tel.: 0 22 38 / 94 41 – 0
Anfahrt: Von Köln die B 59 (Venloer Straße) stadtauswärts in Richtung Grevenbroich, in Stommeln auf die K 20 Richtung Fliesteden, kurz hin-

Nichts für schwache Nerven: Konzentration vor dem Einlochen

ter Fliesteden auf der rechten Seite. Oder die B 55 (Aachener Straße) stadtauswärts bis Königsdorf, dort die L 91 rechts Richtung Glessen, hinter Glessen auf der linken Seite.
Öffnungszeiten: Di – Fr 8 – 20 Uhr, Sa / So 9 – 17 Uhr
Preise: Green-Fee wochentags 40,– DM (9-Loch), 60,– DM (18-Loch), 100,– DM (Tages-Green-Fee), Green-Fee Wochenende 60,– DM (9-Loch), 80,– DM (18-Loch), 120,– DM (Tages-Green-Fee); Tageskarte Driving-Range 10,– DM, Leihschläger 3,– DM, 24 Bälle 3,– DM
Die Golfanlage vor den Toren Kölns liegt auf einem leicht hügeligen Gelände zwischen den Bergheimer Ortsteilen Fliesteden und Glessen (ca. 15 km vom Dom entfernt). Die Meisterschaftsanlage umfaßt drei Schleifen mit jeweils neun Spielbahnen, die sich zu drei verschiedenen Runden mit je 18 Bahnen kombinieren lassen. Gäste mit Handicap-Nachweis sind willkommen. Eine Driving-Range, die auch von Anfängern bespielt werden kann, bietet 40 Abschlagplätze (zehn davon sind überdacht und beheizt). Die Platzreife kann in der angeschlossenen Golfschule erlangt werden. Das Unterrichts-Angebot der Schule von Head-Pro Holger Ranft (Ex-Kapitän der Profi-Nationalmannschaft) umfaßt diverse Kurse von Einzelunterricht (30 Minuten 30,– DM bis 40,– DM) über Tageskuse mit mehreren Teilnehmern (pro Person 120,– DM) bis zu Intensiv-Wochenenden (pro Person 240,– DM) und Zehn-Tages-Kursen (je eine Stunde pro Woche 280,– DM pro Person). In den Kursen können sich Nichtmitglieder eine bis auf zwei Monate begrenzte Platzerlaubnis erspielen. Außerdem hat die Anlage einen Golfshop.

Gut Heckenhof – Golf & Country-Club an der Sieg
53783 Eitorf,
Tel.: 0 22 43 / 8 31 37
Anfahrt: Von Köln die A 3 in Richtung Bonn, am Kreuz Bonn / Siegburg weiter die A 560 bis Abfahrt Hennef-Ost / Eitorf, dann den Schildern folgen bis Eitorf, in Eitorf rechts Richtung Irlenborn
Öffnungszeiten: täglich 9 – 21 Uhr
Preise: auf Anfrage
Gut Heckenhof besitzt eine Meisterschaftsanlage mit 18 Löchern (ca. 6,2 km Golfbahnen). Das Übungszentrum umfaßt 90 000 qm, in denen drei Kurzbahnen, ein Bunker, das modellierte Zielgrün, 24 überdachte sowie 50 freie Abschlagplätze mit Flutlichtanlage enthalten sind. Bis zur Erlangung der Platzreife ist kein Mitgliedsvertrag nötig, es kann gegen Tagesgebühr auf der Driving-Range gespielt werden. Unterricht ist ebenso wie das Ausleihen von Schlägern und Bällen möglich. Nach Erlangung der Platzreife kann die Anlage vier Wochen getestet werden, ohne daß man Mitglied werden muß (gegen Tagesgebühr / Green-Fee). Gast-

spieler können bei vorheriger Anmeldung gegen Green-Fee auf den Golfcourse.

Sportpark Nümbrecht
Höhenstraße, 51588 Nümbrecht,
Tel.: 0 22 93 / 30 37 00
Anfahrt: Die A 4 Richtung Olpe bis Ausfahrt Gummersbach / Wiehl, dann die B 256 bis Wiehl, in Wiehl rechts Richtung Nümbrecht, dort befindet sich der Sportpark auf der linken Seite
Öffnungszeiten: im Sommer Mo – Fr 9 – 21 Uhr, im Winter Mo – Sa 9 – 22 Uhr
Preise: Driving-Range, Golfodrom, Putting Green 10,– DM pro Person, 5,– DM pro 45 Bälle, 5,– DM pro Schläger, Green-Fee Golfplatz 25,– DM bis 35,– DM, Einzel-Golf-Unterricht pro Stunde 79,– DM
Zum Sportpark Nümbrecht gehören Tennisplätze, Squash-Courts, Badminton-Felder und ein Hotel. Das angeschlossene Golf-Center Nümbrecht inmitten eines 20 ha großen Kurparks in landschaftlich reizvoller Umgebung ist öffentlich. Das heißt, daß hier jeder Golf spielen kann, ohne einem Verein anzugehören (die nötige Platzreife muß allerdings erworben werden). Es gilt die Regel „pay as you play", man muß nur dann bezahlen, wenn man spielt. Zur Anlage gehört eine Driving-Range mit 20 Abschlagplätzen, ein 9-Loch-Putting-Green, drei Bunker für Annäherungsschläge und drei Greens in modelliertem Gelände (Golfodrom). Dazu kommt der 6-Loch-Golfplatz (Erweiterung auf 9 Löcher ist geplant). Der Sportpark bietet ein umfangreiches Übungsprogramm, Golflehrer Ken Ellis gibt praktischen und theoretischen Unterricht.

Hummelbachaue – Neuss-Erfttal
Norfer Kirchstraße, 41469 Neuss,
Tel.: 0 21 37 / 91 91 – 0
Anfahrt: Die A 57 Richtung Neuss, Abfahrt Neuss-Norf, rechts Richtung Norf, dann der Beschilderung folgen
Öffnungszeiten: 8 – 19 Uhr (letzte Einbuchung, gespielt werden kann aber länger)
Preise: Green-Fee für 9-Loch-Platz wochentags 30,– DM, Wochenende 45,– DM, Schüler und Studenten bis 27 Jahre wochentags 20,– DM, Wochenende 30,– DM, 69 Bälle 10,– DM
Die 18-Loch-Golf-Anlage ist den Mitgliedern des Golfclubs Hummelbachaue e.V. vorbehalten, die 9-Loch-Anlage aber ist öffentlich und kann auch von Nichtmitgliedern gespielt werden. Bedingung ist die Platzerlaubnis für 9-Loch-Plätze. Golfodrom, Driving-Range, Pitch-, Chipping- und Putting-Green sind ebenfalls öffentlich. Neben Trainerstunden (30 Minuten 35,– DM, Tel.: 0 21 37 / 91 91 99) wird ein breitgefächertes Kursangebot gemacht (Preise auf Anfrage).

Öffentliche Kölner Golfsportanlage
Parallelweg 1, 50769 Köln, (Roggendorf-Thenhoven),
Tel.: 02 21 / 78 40 18

Öffnungszeiten: im Sommer Mo
12 – 20 Uhr, Di – Sa 8.30 – 20 Uhr,
So 8.30 – 19 Uhr, im Winter
Mo 12 Uhr bis zum Einbruch der
Dunkelheit, Di – So 8.30 Uhr bis
zum Einbruch der Dunkelheit
Preise: 50 Bälle 5,– DM, Leihschläger 5,– DM, Trainerstunde 74,– DM bis 90,– DM, Putting-Green-Fee 5,– DM

Etwa 10 Minuten mit dem Auto oder 20 Minuten mit der S-Bahn vom Kölner Zentrum entfernt liegt diese öffentliche Golfanlage. Sie besteht aus einem 9-Bahn-Platz und einer Driving-Range. Sowohl ohne Mitgliedschaft als auch ohne Green-Fee kann hier das Golfspielen erlernt und geübt werden. Ein Golfgeschäft mit allem, was in der Golfwelt nötig ist, eine Golfschule mit Einzel- und Gruppenunterricht (auch für Kinder und Jugendliche) und ein Kiosk gehören zur Anlage. Golflehrer und Pächter Andy Clark betreut die von der städtischen Sportstätten GmbH errichtete Anlage.

REITEN / DRESSUR / SPRINGREITEN / VOLTIGIEREN

THERAPEUTISCHES REITEN

WESTERNREITEN

AGILITY

Sport auf sechs Beinen

Die Galopprennbahn in Weidenpesch ist das sichtbarste Zeichen für das pulsierende Leben im Kölner Pferdesport. Die Umsätze am Totalisator erreichen fast jedes Jahr neue Rekordsummen. Aber nicht nur der süße Duft des Geldes und die Wettleidenschaft locken Zehntausende zum Geläuf im Kölner Norden. Das „Sehen und Gesehenwerden" ist fast ebenso wichtig, wenn das „Mehl-Mülhens-Rennen" oder das „Union-Rennen" gestartet werden. Das bunte Treiben auf der Rennbahn ist sicher einen Besuch wert. Aber auch das Reitstadion an der Aachener Straße bietet Pferdesport der Extraklasse, wenn die Spring- und Dressurreiter dort ihre Turniere mit zum Teil internationalem Flair austragen (zum Beispiel die Rheinischen Dressurmeisterschaften).

Bis man allerdings in Weidenpesch oder Müngersdorf an den Start gehen kann, ist es ein weiter Weg. Manch einer der Spitzenreiter hat sich seine ersten Sporen in einem der zahlreichen Reitställe verdient, die Köln zu bieten hat. Für Anfänger eignet sich das Reiten an der Longe, bei dem der Reitlehrer das Pferd an einer langen Leine im Kreis führt und so den Schülern die nötige Sicherheit gibt. Auf diese Weise kann sich der Neuling an die ungewohnten Bewegungen des Tieres gewöhnen. Bei Kindern besonders beliebt ist das Voltigieren, eine Art Turnen auf dem Pferderücken. In fortgeschrittener Form werden aus diesen spielerischen Elementen artistische Einlagen. Die meisten Reitvereine bieten Schnupperstunden an, in denen Neueinsteiger herausfinden können, ob der „Sport auf sechs Beinen" für sie das richtige ist. Nach relativ kurzer Zeit drängen die Clubs jedoch auf eine Mitgliedschaft. Es gibt aber auch einige Reitmöglichkeiten ohne Vereinszugehörigkeit (s. u.). Wer fleißig trainiert und gute Fortschritte macht, kann an kleineren Ausritten in die Umgebung teilnehmen und später sogar an Nachtritten oder Pferdeausflügen über mehrere Tage. In vielen Reitschulen wird auch Springunterricht erteilt, und fast jeder Reitstall veranstaltet Turniere, auf denen die Reiter sich im Wettkampf messen können.

Daß der Pferdesport nicht nur Freizeitvergnügen ist, sondern auch als anerkannte Heilmethode eingesetzt werden kann, zeigt das Therapeutische Reiten. In den therapeutischen Zentren wird Reiten als Sport für Behinderte und als Reha-

bilitationsmaßnahme angeboten.
Sogar heilpädagogische Ziele werden verfolgt, wie zum Beispiel Lernbehinderte und Verhaltensauffällige beim Aufbau der Konzentrationsfähigkeit und beim Abbau von Aggressionen zu unterstützen. Aggressionslos geht es auch beim Westernreiten zu, obwohl der Name eher an draufgängerische Cowboys und gängige Filmklischees erinnert. Aber bei dieser Art des Pferdesports kommt es viel mehr auf Geschicklichkeit und blindes Verständnis zwischen Mensch und Tier an. In unserer Region gibt es einige Reitställe, die Westernreiten in ihrem Repertoire haben. Und noch eine weitere sportliche Betätigung fällt unter die Rubrik „Sport auf sechs Beinen", wobei die Vierbeiner hierbei weitaus kleiner sind als Pferde: Agility, die Sportart für Hund und Halter. Was sich genau dahinter verbirgt, erzählt eine Story.

Mensch und Tier in perfekter Kooperation beim Springreiten

Reiten / Dressur / Springreiten / Voltigieren

Kölner Pferdesportverein Köln-Nord
Further Straße 1,
50769 Köln (Worringen),
Tel.: 02 21 / 78 38 09
Öffnungszeiten: täglich 8 – 22 Uhr
Preise: Zehnerkarten Kinder
150,– DM, Erwachsene 200,– DM,
Privatreiter (mit eigenem Pferd)
80,– DM, Springreiten jeweils
10,– DM zusätzlich

Die erste Zehnerkarte kann gebucht werden, ohne daß man Vereinsmitglied sein muß, danach wird die Mitgliedschaft gefordert. Sieben Schulpferde stehen zur Verfügung. Geritten und voltigiert wird in der großen Halle (20 x 60 m) und auf den beiden Außenplätzen (30 x 100 m und 20 x 50 m). Etwa zweimal im Jahre werden Turniere veranstaltet. Das Ziel der sonntäglichen zwei- bis dreistündigen Ausritte ist zumeist der Stommeler Busch (nicht für Anfänger). Im Reiterstübchen gibt's Kleinigkeiten zu essen.

Reitanlage Dünnwald (Jugendreitergruppe Köln)
Zeisbuschweg 61, 51069 Köln
(Dünnwald), Tel.: 02 21 / 60 13 57

Öffnungszeiten: Mo – Fr 6 – 22 Uhr, Sa 6 – 18 Uhr, So 6 – 17 Uhr
Preise: Einzelkarte pro Stunde Jugendliche 16,– DM (Zehnerkarte 135,– DM), Erwachsene 20,– DM (Zehnerkarte 190,– DM), Mitgliedschaft / Jahresbeitrag Jugendliche 103,– DM, Erwachsene 238,– DM
Die Anlage besteht aus zwei Reithallen (20 x 40 m), einem großen Springplatz und einem Dressurfeld (30 x 40 m). In der Reitschule von Sandra Sahler und Jörn Kusche sind 13 Schulpferde im Einsatz. Auch Voltigieren und Therapeutisches Reiten wird angeboten, und etwa zweimal im Jahr finden Turniere statt. Wer als Nichtmitglied reiten möchte, kann das ein halbes Jahr lang tun, danach ist eine Mitgliedschaft im Verein erforderlich. Angeschlossen ist ein Casino, in dem es eine reichhaltige Speisenauswahl gibt.

Reitclub Junkersdorf e.V.
Am Hof 20, 50858 Köln (Junkersdorf), Tel.: 02 21 / 48 77 14
Öffnungszeiten: außer Mo jeden Tag 6 – 22 Uhr
Preise: Zehnerkarte Mitglieder 250,– DM, Nichtmitglieder 270,– DM, Aufnahmegebühr 300,– DM, Mitgliedsbeitrag 250,– DM, Ermäßigung für Schüler und Studenten, Longenstunde 30 Minuten 40,– DM
Geritten wird in einem alten Gutshof, der zu einer Reithalle umgebaut wurde (40 x 12 m). Sechs Großpferde und acht Ponys sind im Schulbetrieb von Reitlehrer Udo Brandl. Der Außenplatz ist 47 x 22 m groß, auf ihm kann auch gesprungen werden (allerdings nur bei entsprechender Erfahrung). Die Reitstunden sind um 10 Uhr, um 16 Uhr für Jugendliche und Kinder und abends zwischen 18 und 20 Uhr für Erwachsene. Es werden regelmäßig Ausritte organisiert, zum Beispiel in den Stadtwald, zum Otto-Maigler-See oder in den Königsforst. Ab und zu gibt's auch größere Fahrten (Eifel). Es kann das Reiterabzeichen erworben werden, und es werden Clubturniere veranstaltet.

Reitergemeinschaft Kornspringer e.V.
Mielenforster Straße 1,
51069 Köln (Dellbrück),
Tel.: 02 21 / 68 19 92
oder 68 10 29
Öffnungszeiten: Mo – Fr 8 – 22 Uhr, Sa 8 – 18.30 Uhr, So 8 – 18 Uhr; Bürozeiten Di – Do 17.30 – 19 Uhr, Fr 17.30 – 20 Uhr
Preise: Zehnerkarte Jugendliche Mitglieder 135,– DM, Nichtmitglieder 175,– DM, Zehnerkarte Erwachsene Mitglieder 165,– DM, Nichtmitglieder 215,– DM, Longenstunden Mitglieder 22,– DM, Nichtmitglieder 25,– DM, Voltigieren einmal pro Woche 80,– DM, zweimal pro Woche 130,– DM
Die Reitergemeinschaft Kornspringer wurde bereits 1952 gegründet und hat seitdem den historischen Thurner Hof in Dellbrück als Domizil. 33 Privat- und 10 Schulpferde stehen in den Boxen. Spring-,

Freizeit- und Dressurreiten gehören ebenso zum Programm wie Voltigieren, Musikreiten und Reiten an der Longe. Die Anlage verfügt über einen großzügig bemessenen Reitplatz, eine Reithalle in den üblichen Maßen und über eine direkte Anbindung an das weitläufige Reitwegenetz von Königsforst und Wahner Heide. Jeweils donnerstags und sonntags werden Ausritte angeboten, auch in den Gierather Forst und den Mielenforst. Anfänger und Fortgeschrittene können Reitunterricht nehmen. Höhepunkte der Saison sind die großen Turniere und Reiterspiele. Das Casino bietet kalte und warme Küche.

Reitstall A. Pulheim
Fuchskaulenweg 5,
50999 Köln (Rodenkirchen),
Tel.: 02 21 / 39 14 21
Öffnungszeiten: Mo – Fr 8 – 22 Uhr,
Sa 8 – 18 Uhr, So 8 – 17 Uhr
Preise: Reitstunden auf Anfrage
Reitwartin Anita Zehner arbeitet mit eigenen Pferden und gibt Lehrgänge und Kurse vor allem für Leute, die Pferden gegenüber ein wenig ängstlich sind. Sie legt Wert auf intensive Betreuung. Die Anlage umfaßt eine 20 x 40 m große Halle, einen großen Springplatz, einen Außenplatz (30 x 40 m) und Weiden. Der Reitstall liegt direkt am Rhein und bietet gute Gelegenheiten zum Ausritt.

Reitverein Oranjehof
Neusser Landstraße 42,
50769 Köln (Chorweiler),
Tel.: 02 21 / 70 80 07
oder 70 70 07
Öffnungszeiten: Mo – Fr 9 – 22 Uhr,
Sa / So 8 – 19 Uhr
Preise: Aufnahmegebühr Kinder bis 10 Jahre 100,– DM, Jugendliche von 10 bis 18 Jahre 150,– DM, Erwachsene 250,– DM, Monatsgebühr Jugendliche 12,– DM, Erwachsene 20,– DM
Nichtmitglieder können maximal drei Monate lang als Gast reiten, danach müssen sie allerdings Mitglied werden. Die Anlage liegt direkt am Fühlinger See und beinhaltet eine Reithalle, einen Außenplatz sowie einen Springplatz. Elf Pferde werden von Reitlehrerin Angela Quademechels im Schulbetrieb (auch Dressur, Springreiten und Voltigieren) eingesetzt, in dessen Rahmen Ausritte rund um den Fühlinger See unternommen werden. Einmal im Jahr findet das große Maiturnier statt.

Reitschule Schröder
Eiler Straße 42 a,
51107 Köln (Rath-Heumar),
Tel.: 02 21 / 86 46 41
Öffnungszeiten: Mo – Fr 7 – 23 Uhr,
Sa / So 7 – 19 Uhr
Preise: Zehnerkarte Jugendliche 160,– DM Erwachsene 180,– DM
Reitlehrer Heinz Schröder arbeitet in seinen Kursen mit zehn Schulpferden. In der Halle (20 x 40 m) und auf dem Außenplatz (20 x 50 m) sind eine Dressur- und Springausbildung sowie die Erlangung des Deutschen Reitabzeichens

(Bronze und Silber) möglich. Sonntags werden Ausritte in den Königsforst oder in die Wahner Heide unternommen. Boxen können auch für Privatpferde gemietet werden (530,– DM monatlich). Der Hof beheimatet übrigens unter anderem das Kavallerie-Corps Rheinland und das Reitercorps Jan van Werth. Rosenmontag reiten die Damen der Blauen Funken auf Pferden von Heinz Schröder.

Reitercorps St. Sebastianus Porz-Wahn
Schützenstraße 80, 51147 Köln (Porz), Tel.: 0 22 03 / 6 69 49
Öffnungszeiten: Di – Fr 15 – 18 und 20 – 22 Uhr, Sa 10 – 16 Uhr, So 10 – 12 Uhr
Preise: Nichtmitglieder pro Stunde Jugendliche 17,50 DM (Zehnerkarte 155,– DM), Erwachsene 23,50 DM (Zehnerkarte 215,– DM), Ermäßigung für Mitglieder
Man muß nicht im Verein sein, um reiten zu dürfen. Reitlehrer Gottfried Michael Gilner arbeitet mit neun Schulpferden. Er veranstaltet Anfängerkurse an der Longe und zweimal im Jahr Lehrgänge (Ostern für Jugendliche, im Sommer für Erwachsene). Die Reithalle mißt 25 x 45 m, draußen gibt's einen 20 x 40 m großen Dressurplatz und einen Springplatz (50 x 80 m). Sonntags werden Ausritte in die Wahner Heide unternommen; ab und zu werden Tagesritte in den Königsforst oder ins Bergische Land organisiert.

Reiter- und Ponyhof Bendix
Brücker Mauspfad 173, 51109 Köln (Brück), Tel.: 02 21 / 86 22 87
Öffnungszeiten: Di – Fr 15 – 21 Uhr, Sa / So 12 – 21 Uhr, Mo Ruhetag
Preise: Stunde 20,– DM, Zehnerkarte 180,– DM
Der Reiterhof ist auf Kinder und Jugendliche spezialisiert, deswegen gibt's neben den zwölf Schulpferden auch zwölf Ponys. Die Anfänger- und Fortgeschrittenenkurse werden auf dem Außenplatz (20 x 70 m) gegeben. Der Platz grenzt direkt an den Königsforst, der als Ausreitgebiet genutzt wird. Tagesritte gehen auch in die Wahner Heide oder ins Bergische Land. Eltern können ihre Kleinkinder am Führstrick mit durch den Wald nehmen. In den Schulferien (außer im Winter) werden Ferienkurse für Kinder ab fünf Jahren angeboten. Die Kids können im Reiterhof Prüfungen zum kleinen und großen Hufabzeichen ablegen. Laut Inhaber Ralf Bendix sind rund 80 Prozent seiner Kundschaft Kinder und Jugendliche.

Reitsportverein Rodenkirchen
Gut Schillingsrott, Römerstraße 85, 50968 Köln, Tel.: 02 21 / 35 27 67
Öffnungszeiten: Reitzeiten täglich 9 – 21 Uhr, Unterrichtszeiten an Werktagen nachmittags ab 14 Uhr und an Samstagen vormittags ab 8 Uhr, Sonntag: Ausritte
Preise: Monatsbeitrag Jugendliche 70,– DM (inkl. vier Reitstunden und

Versicherung), jede weitere Stunde 10,– DM, Monatsbeitrag Erwachsene 85,– DM, jede weitere Stunde 12,– DM
Die beiden Reitlehrerinnen Regina Krause und Marlis Huber legen viel Wert auf die Arbeit mit Kindern und Jugendlichen. Nicht nur das Reitenlernen, sondern auch der richtige Umgang mit dem Pferd steht im Mittelpunkt (wer reitet, der sollte auch sein Pferd pflegen und putzen). Der Innenplatz ist eine umgebaute Scheune (sehr klein: ca. 15 x 10 m), draußen gibt's einen Standardreitplatz (20 x 40 m) und eine Zusatzweide. Der Verein unternimmt viele Geländeritte.

Reitverein Tropenhof e.V.
Statthalterhofweg 70,
50858 Köln (Junkersdorf),
Tel.: 02 21 / 48 82 92
Öffnungszeiten: Reitunterricht täglich 15 – 21 Uhr (nachmittags Kinder und Jugendliche, abends Erwachsene)
Preise: Stunde Jugendliche 24,– DM, Erwachsene 25,– DM, Mitgliedschaft (5 Freistunden inkl.)
Monatsgebühr: 110,– DM
Auf dem 1968 eröffneten Tropenhof betreut Reitlehrer Patrice Biarde seine Schülerinnen und Schüler (auch Springreitunterricht). Hier können alle Reiterprüfungen absolviert werden, und jedes Jahr wird ein Turnier veranstaltet. Die Reithalle ist relativ klein (13 x 35 m), draußen gibt es einen Standard-Dressurplatz (40 x 20 m) und zwei Springkoppeln.

Auch Voltigieren (täglich eine Stunde) ist möglich. Der Verein verfügt über 28 Pferde, von denen 14 Schulpferde sind. Jeden Sonntag werden Ausritte und Geländeritte, vornehmlich im Grüngürtel, organisiert. In den Ferien geht's auf große Fahrt (zum Beispiel in die Eifel), und es werden Lehrgänge für jedes Niveau angeboten.

Therapeutisches Reiten

Reit- und Therapie-Zentrum Weißer Bogen
Pflasterhofweg, 50999 Köln (Weiß), Tel.: 0 22 36 / 6 67 77
Preise (nur für Vereinsmitglieder): Aufnahmegebühr Jugendliche 120,– DM, Erwachsene 350,– DM, Jahresbeitrag Jugendliche 50,– DM, Erwachsene 120,– DM, Reitstunde Jugendliche 15,– DM, Erwachsene 18,– DM, Voltigiergebühren 90,– DM im Quartal, Heilpädagogisches Reiten 60,– DM monatlich
Das Reit- und Therapie-Zentrum bietet Voltigieren (für Kinder ab sechs Jahre) und Reiten (ab zehn Jahre) an. Das Therapeutische Reiten ist in drei Bereiche gliedert: In der Hippotherapie sitzen die Reiter unter Anleitung einer Krankengymnastin auf dem Pferd, nehmen die Bewegung auf und machen gymnastische Übungen (diese Methode wird zum Beispiel bei Multipler Sklerose und spastischen Lähmungen angewandt). Beim Reiten als Sport für Behin-

derte nehmen die Behinderten am regulären Schulbetrieb in den normalen Reitgruppen teil. Das von Katja Gräf geleitete Heilpädagogische Reiten und Voltigieren bezieht die pädagogische Komponente mit ein (etwa bei Schwererziehbaren). Da die Einrichtung sehr begehrt ist, besteht eine Warteliste.

Zentrum für Therapeutisches Reiten e.V.
Stollwerckstraße 35,
51149 Köln (Porz-Westhoven),
Tel.: 0 22 03 / 4 33 75
Preise: Heilpädagogisches Voltigieren 130,– DM im Quartal, Heilpädagogisches Reiten 20,– DM pro Stunde, Hippotherapie 35,– DM bis 45,– DM pro 20 Minuten, Einzelförderung 35,– DM pro 20 Minuten

Das ZTR wurde 1991 eröffnet, die Reitanlage existierte jedoch schon vier Jahre vorher. Es gibt eine Reithalle (24 x 60 m), einen Außenreitplatz (20 x 80 m), 19 Pferde-Boxen und ca. 4,5 ha Koppeln. Alle Räume sind für Rollstuhlfahrer erreichbar. Für den täglichen Einsatz stehen 17 Pferde bereit (neun Großpferde, sechs Kleinpferde und zwei Ponys). Im Durchschnitt werden wöchentlich 200 Klienten betreut. Die Arbeit umfaßt vier Teilbereiche: das Heilpädagogische Voltigieren und Reiten, die Hippotherapie, die psychosoziale Einzelförderung und das Reiten als Sport für Behinderte. Neben dem therapeutischen Alltagsgeschehen richtet das ZTR Sommerfreizeiten und Wanderritte aus. Mit dem Mülheimer Turnverein von 1850 gibt es eine Kooperation im Rehabilitations- und Behindertensport.

Abwechslung für Roß und Reiter: Ausritt im Wald (hier in den Königsforst)

Westernreiten

Obwohl diese Sportart aus den USA kommt, trügt die Ansicht, Billi the Kid oder Jesse James hätten dabei Pate gestanden. Westernreiten ist vom Image des „Hau-drauf-Cowboys" weit entfernt. Vielmehr geht es hier um die Vielseitigkeit und die Geschicklichkeit der Tiere. Als Sportart abgeleitet wurde das Westernreiten von den normalen Arbeiten, die die Pferde auf den amerikanischen Ranchen zu verrichten hatten. Die Pflicht der Reiter, Cowboyhut und Stiefel zu tragen, ist neben dem Westernsattel (der meist prunkvoll mit Silber verziert ist und bis zu 8000 Mark kostet) eines der wenigen Dinge, die an den wilden Westen erinnern. Weitaus wichtiger als die Äußerlichkeiten sind die Pferde, denn auf die kommt es an. Um die 10 000 Mark kostet ein gutes dreijähriges Westernreitpferd. Aber „wenn's ein gutes ist, hat man eine halbe Lebensversicherung", weiß Hubert Fried aus Pulheim, mehrfacher Deutscher Meister im Westernreiten. Denn Westernreitpferde sind extrem ruhig, lassen sich durch nichts und niemanden aus der Fassung bringen und „reiten praktisch von ganz alleine". Diese Eigenschaften sind auch besonders gefragt bei den verschiedenen Disziplinen dieser Sportart. Das „Trail" beispielsweise ist eine Hindernisprüfung, bei der Pferd und Reiter Tore öffnen und schließen, Stangen überschreiten oder Gegenstände transportieren müssen. Im Gegensatz zum Springreiten dürfen hier Hindernisse nicht höher als 30 cm sein. Dem „Reining" entspricht das Dressur- oder Figurenreiten, bei dem zum Beispiel langsame und schnelle Zirkel oder fliegende Galoppwechsel gezeigt werden müssen. Beim „Pleasure" beweist das Pferd, daß es am langen Zügel praktisch ohne Einwirkung des Reiters Schritt, Trab und Galopp beherrscht. Aber obwohl diese Prüfung „Pleasure" heißt, sieht man die Reiter nur ganz selten lächeln, weil sie so angespannt sind. Bei der „Westernriding"-Prüfung geht es um die Rittigkeit des Pferdes im Gelände und bei der Prüfung „Superhorse" um die Vielseitigkeit der Westernreiter. Im Rheinland finden häufiger Turniere statt (zum Beispiel in Nümbrecht und Weilerswist), auf denen die Künste der Westernreiterei bestaunt werden können. In Köln und Umgebung gibt es einige Reitställe, in denen man im Westernreiten geschult werden kann.

HF-Ranch
Am Birkengraben, 50259 Pulheim (Sinthern), Tel.: 0 22 38 / 8 33 95
Öffnungszeiten: täglich 15 – 20 Uhr
Preise: Einzelstunden 40,– DM, Zehnerkarte 350,– DM
Inhaber und Westernreit-Champion Hubert Fried ist im Besitz von drei Quarter Horses, die auch auf Turnieren geritten werden. Die Pferde

werden zu Schulzwecken eingesetzt. Fried bildet in allen Wettkampfdisziplinen aus. Er selbst weist eine über zehnjährige Turniererfahrung auf und war einer der ersten im Rheinland, die Westernreiten betrieben haben. Lange Zeit hatte er den Vorsitz der Ersten Westernreiter Union Deutschlands inne. Seine Ranch hat eine Reitbahn (20 x 40 m), einen Trail-Parcours und einen Roundpen (Longierplatz zum Anreiten der Pferde). Für Ausritte zu Ostern und Herbst stehen in der näheren Umgebung ca. 100 km beschilderte Reitwege im rheinischen Braunkohlerevier zur Verfügung.

Reitstall Tils
Pohlhofstraße 19, 50765 Köln (Auweiler), Tel.: 02 21 / 5 90 12 44, Reitlehrer Jochen Held,
Tel.: 02 21 / 36 55 32
Öffnungszeiten: nach Vereinbarung
Preise: Trainingsstunden im Hof 25,– DM, Einzelstunde auswärts 25,– DM plus Kilometergeld
Reitlehrer Jochen Held gibt auf dem Hof Unterricht in allen Westernreitdisziplinen, von den Anfangskenntnissen bis zur Turnierreife, je nach den Bedürfnissen der Schüler und der Leistungsfähigkeit der Pferde. Der Stall besteht aus einem Außenplatz, einer Halle und einer großen Weide. Speziell für die Westernreiter ist ein Trailplatz eingerichtet worden. Besonderer Service: Jochen Held macht auch „Hausbesuche": Wenn das Pferd woanders steht, fährt er auch in fremde Reitställe, um dort Unterricht zu geben.

Reitstall Mühlenbeck
Im Kreuel 2, 50354 Hürth,
Tel.: 0 22 33 / 3 57 20
Anfahrt: Die Berrenrather Straße (später Efferener Straße) stadtauswärts, kurz vor dem Otto-Maigler-See auf der rechten Seite
Öffnungszeiten: Mo – Fr 9 – 22 Uhr, Sa / So / Feiertage 10 – 19 Uhr
Preise: 45,– DM pro Stunde
Da auf der Reitanlage überwiegend Turnierreiter verkehren und trainieren, verfügt der Reitstall nicht über eigene Schulpferde. Die Westernreiter müssen sich also ihre eigenen Pferde mitbringen. Reitlehrer Arnd Mühlenbeck, selbst ein erfahrener und erfolgreicher Westernreiter (siebenfacher Rheinischer Meister), lehrt alle Disziplinen. Die Anlage besteht aus einer großen Reithalle (22 x 46 m) und einem außen gelegenen Reitplatz. Ausritte werden auf den Reitwegen rund um den nahegelegenen Otto-Maigler-See und im Kölner Grüngürtel organisiert.

Kölner Reitwegenetz

Wer auf eigene Faust eine Reitroute zusammenstellen möchte, der bekommt Informationen über das Netz der Kölner Reitwege beim Kölner Grünflächenamt,
Tel.: 02 21 / 2 21 – 51 09

Story
Agility – Sport für Hund & Halter

Wie ein Wirbelwind saust Max durch den eng gesteckten Slalomkurs auf dem Weidenpescher Turnierplatz – so, als hätte er nie in seinem Hundeleben etwas anderes gemacht. Auch den Sprung durch den an Leinen befestigten Autoreifen schafft der Pudel mit Bravour. Nur am Stofftunnel hat er kleinere Probleme, vielleicht hat das schneeweiße Hündchen einfach Angst in der nachtschwarzen Röhre. Insgesamt kann Max aber mit sich zufrieden sein. Immerhin hat er im Parcours eine ganze Reihe von großen und kleinen Konkurrenten hinter sich gelassen. Für einen Platz ganz oben auf dem Siegertreppchen reicht's zwar nicht, aber der Pudel bekommt trotzdem ein Leckerchen von Frauchen Petra. Eigentlich könnte sich Petra auch selbst belohnen, denn sie ist nicht unbeteiligt an der Leistung ihres Hundes. Agility ist ein Fitness-Sport, der Hund und Halter gleichermaßen fordert. Ähnlich wie im Reitsport muß der Vierbeiner mit möglichst viel Speed und wenig Fehlern einen Parcours mit 20 mehr oder minder schwierigen Hindernissen bewältigen. Anders als beim Reitsport sitzt der Zweibeiner aber nicht auf dem Tier (das ginge höchstens umgekehrt), sondern läuft ohne Leine nebenher und gibt die Kommandos. Da kommt es schon mal vor, daß beide mit hängender Zunge ins Ziel kommen. Die Pulsfrequenz beim Menschen steigt auf bis zu 130 Schläge pro Minute an. Ein Wert, der aus medizinischer Sicht sehr gesund ist. Unabhängig von Rasse und Fellfarbe kann jeder Hund mitmachen, ob groß oder klein, dick oder dünn, Rassehund oder Promenadenmischung. Damit

Hasso hechelt und Frauchen schwitzt: Agility, die Sportart für Mensch und Tier

einem Pudel oder Dackel aus seiner Zwergperspektive manches Hindernis nicht wie die Chinesische Mauer erscheint, wird natürlich für kleine Hunde ein etwas leichterer Parcours gebaut als für große.

In Köln wird Agility von drei Vereinen angeboten (Kontaktadressen s. u.), in denen etwa 60 bis 70 Pärchen aktiv sind. Agility wurde in England erfunden und heißt übersetzt „Behendigkeit". Und selbst wenn die Hunde kein Wort Englisch verstehen, merken sie doch bald, was mit dieser Vokabel gemeint ist. Zwar müssen die Tiere auch über eine gehörige Portion Sprungkraft verfügen, um die verschiedenen Hürden und Mauern zu überwinden (maximal 60 cm hoch), die Rambos unter den Hunden aber kommen nicht weit. Denn einige Aufgaben erfordern gleichzeitig Geschicklichkeit, Geschmeidigkeit und Gehorsam. Auf der Wippe etwa, die für Draufgänger-Hunde regelmäßig zum Alptraum wird. Dort dürfen Struppi und Hasso erst herunterspringen, wenn die Wippe bereits gekippt ist – ansonsten hagelt es Strafpunkte. Oder die Haltezone: Hier muß der Hund auf einem Tisch auf die Kommandos „Platz", „Sitz" oder „Steh" reagieren.

„Manchmal wird uns vorgeworfen, die Sportart sei nur etwas für extrem dressierte Hunde", sagt Inge Kurz, Agility-Beauftragte in Nordrhein-Westfalen, „nur so könnten die Tiere Top-Leistungen bringen. So einfach ist es aber nicht, denn der Parcours wird bei jedem Wettkampf anders gebaut." Der Hundeführer hat nur fünf Minuten Zeit, sich den Ablauf der Hindernisse einzuprägen. Es reicht für die Hunde also nicht, einfach das Erlernte abzuspulen, sondern sie stehen stets vor neuen Herausforderungen. Agility kann für den Hundehalter manchmal eine ganz schön nervenaufreibende Sache sein, meint Nationaltrainer Berthold Hering: „Die Hunde springen zu Hause oft auf den Wohnzimmertisch oder kriechen unters Bett, weil sie zwischen dem Hundeübungsplatz und der Wohnung nicht trennen können." Dann tut mentales Training not.

Weitere Infos:
– Verein für Deutsche Schäferhunde, SV Weidenpesch
Turnierplatz: Köln-Weidenpesch, Simonskaul
Kontakt: Peter Meßler,
Tel.: 02 21 / 49 40 14 oder
Inge Kurz, Agility-Beauftragte NRW, Tel.: 02 08 / 67 68 36
– Deutscher Hundesport-Verein, Sektion Köln-Mülheim
Turnierplatz: Mülheim, Berliner Straße (gegenüber Neurather Weg, Parkplatz Tropon-Werke), Training Sa ab 15 Uhr
Kontakt: Monika Reinartz,
Tel.: 0 22 06 / 73 39
– Pinscher-Schnauzer-Klub 1895
Turnierplatz: Köln-Niehl, Bremerhavener Straße 10, Training für Anfänger jeweils So ab 10 Uhr
Kontakt: Ralph Grieblinger,
Tel.: 02 21 / 89 64 52

LUFTSPORT

KLETTERN

KART-BAHNEN

SCHLITTSCHUHLAUFEN

SKI ALPIN / LANGLAUF / SNOWBOARD & RODEL

SCHLITTENHUND-RENNEN

WINDHUND-RENNEN

Nervenkitzel und Geschwindigkeit

Es gibt viele Motive, Sport zu treiben: Manche werden aktiv, um sich körperlich fit zu halten, andere wollen ein paar lästige Pfunde wegbekommen. Eine immer größer werdende Gruppe von Menschen gibt sich allerdings nicht mehr mit diesen traditionellen Zielen zufrieden. Ihnen fehlt beim Tennisspielen, Joggen, im Fitness-Center oder beim Fußball der letzte Kick. Spaß, Spannung und Abenteuer sollen im Vordergrund stehen – manchmal auch ein bißchen Nervenkitzel. Sie suchen Sportarten, bei denen ein gesteigerter Adrenalinausstoß zu verzeichnen ist, eine sportliche Herausforderung, bei der sie bisweilen an ihre Grenzen stoßen. Auch für diese Klientel hat die Sportszene in und vor den Toren von Köln einiges zu bieten: Viele Anbieter haben auf den Trend zum Abenteuersport reagiert.

Wer sich zum Beispiel zwischen Himmel und Erde am wohlsten fühlt, kann unter etlichen Varianten des Luftsports wählen. Fallschirmspringen (alleine oder als „Doppelpack" beim Tandemsprung mit einem erfahrenen Springer), Drachenflug (Fluggerät mit festem Gestänge) und Gleitschirmsport (auch Paragliding genannt) sind bestens geeignet, die uralte Sehnsucht des Menschen zu befriedigen, sich einem Vogel gleich in der Luft zu bewegen. Wem der Sinn nach etwas mehr Ruhe und Gelassenheit steht, der kann sich vom ältesten Fluggerät der Welt, dem Heißluftballon, oder vom Segelflieger in der Lüfte treiben lassen. Spannung, vor allem bei der Landung, ist aber auch hierbei angesagt.

Noch atemberaubender geht's beim Bungee-Jumping zu. Im freien Fall kopfüber in die Tiefe zu stürzen ist nicht jedermanns Sache, doch wer's einmal gemacht hat, spricht von einem ungeheuer prickelnden Erlebnis, Nervenflattern inklusive.

In die andere Richtung geht es beim Klettern. Dabei muß es ja nicht gleich der Colonius sein, Klettern kann auch an etwas ungefährlicheren Orten Spaß machen. Und weil die Alpen und die Vogesen ziemlich weit weg sind, haben pfiffige Köpfe die Berge in die Halle geholt. Inzwischen gibt es in Köln und im Umland einige Kletterzentren, die die große Nachfrage befriedigen. Und selbst für die, die lieber an der frischen Luft ihren Sport betreiben wollen, bieten die Brücken von Köln genügend Möglichkeiten zum Klettern.

Etwas mehr Bodenhaftung erwarten die Besucher von Kart-Bahnen. Auf Schumis Spuren wandelnd, zwängen sich viele Leute in die engen Cockpits der kleinen, PS-betriebenen Rennmaschinen, um sich auf diese Weise ihren persönlichen Geschwindigkeitskick zu holen. Auch dieser Markt wächst stetig. Eine große Anziehungskraft – früher wie heute – üben auch die Kölner Weiher aus, wenn sie im harten Winter zugefroren sind. Dann tummeln sich die Schlittschuhläufer auf der glatten Eisfläche, mal gemütlich, mal temporeich.

Geschwindigkeit verspricht auch die rasante Talfahrt auf zwei Brettern und Kufen: Skilaufen ist in unseren Breiten zwar nicht unbedingt mit Crans Montana oder dem Zillertal zu vergleichen, aber in schneereichen Wintern sind in der Eifel, im Bergischen, im Sieger- und Sauerland durchaus einige Pisten präpariert. Für einen Wochenendtrip für Ski-, Snowboard- und Rodelbegeisterte reicht's allemal.

Im übrigen braucht man noch nicht einmal einen Steilhang, um mit dem Schlitten richtig auf Tempo zu kommen, auch auf schnurgerader, ebener Strecke läßt es sich in Fahrt kommen. Hilfreich für die Umsetzung dieses schwierigen Unterfangens ist da ein Rudel Schlittenhunde. Aber das gibt's ja höchstens in Skandinavien, jedenfalls nicht in Köln, denken Sie? Weit gefehlt, in der Wahner Heide tut sich Außergewöhnliches. „Der große Sportführer" stellt „Sky of Siberian", den einzigen Schlittenhund-Club Kölns, in einer Story vor.

Luftsport

Luftsportfreunde
Zentrale: Inhaber Gunther Wolf,
Magdalenenstraße 4,
42111 Wuppertal,
Tel.: 02 02 / 2 77 10 70, Kölner
Filiale: Tel.: 02 21 / 9 23 12 – 57
Öffnungszeiten: Mo – Fr 11.30 – 13
und 15.30 – 18 Uhr
Preise: Heißluftballon 450,– DM
pro Fahrt und Person, Drachenfliegen Schnuppertag 160,– DM, Paragliding Schnuppertag 110,– DM,
Fallschirmspringen Probesprung-Kurs 390,– DM, Tandemsprung 320,– DM

Seit über einem Jahrzehnt bieten die Luftsportfreunde nahezu alle Sparten des Luftsports an. Das Unternehmen hat seinen Sitz in Wuppertal und organisiert in unserer Region, teilweise aber auch im benachbarten Ausland, „Luftsporterlebnisse". Das ganze Jahr über steigt zum Beispiel der Heißluftballon („Big Balloon", sehr groß, bis zu zwölf Personen haben in der Gondel Platz) in die Luft über der Kölner Bucht. Daneben gibt es Gasballonfahrten und etliche weitere Ballontouren. Insgesamt stehen ca. 30 Ballons zur Verfügung. Im Wallis (Schweiz) werden im Weltmeisterschaftsgelände Drachenflug-Schulungen angeboten, und auch in unserer Gegend gibt es „Schnuppertage", wie übrigens auch im Paragliding und Fallschirmspringen. Die Luftsportfreunde fliegen auch mit Oldtimer-Doppeldecker-Flugzeugen und Helikoptern und bieten Fahrten mit dem Luftschiff an. Genauere Informationen und Konditionen können bei Gunther Wolf in der Wuppertaler Zentrale oder in der Kölner Filiale erfragt werden.

Ballonfliegen

Ballon-Vermittlungsservice
Ebernburgweg 50,
50739 Köln (Bilderstöckchen),
Tel.: 02 21 / 17 40 21
Preise: 90 bis 120 Minuten
350,– DM pro Person
Die Ballonfahrten von Wim van den Bogaard starten in der Regel vom Verteilerkreis Süd oder vom Butzweilerhof. In Ausnahmefällen geht die Reise auch von Leverkusen, Brühl oder dem Bergischen Land los. Während der Ballonfahrt fährt am Boden ein Kleinbus mit, der die Insassen des Flugobjektes einsammelt, wenn der Ballon gelandet ist. Kurz nachdem die Beteiligten wieder festen Boden unter den Füßen haben, gibt's ein kleines „Landefest" mit Sektumtrunk, Taufe und Überreichen der Urkunden.

Gillaux Ballooning
Klosterstraße 12,
50931 Köln (Lindenthal),
Tel.: 02 21 / 9 40 53 90
Startzeiten: März bis Ende Oktober thermikbedingt nur morgens und abends, in den Wintermonaten auch tagsüber
Preise: Mo – Fr 290,– DM, an Wochenenden und an Werktagen abends 390,– DM
Seit 1990 geht Gillaux Ballooning in die Luft. Startplätze sind der Forstbotanische Garten in Rodenkirchen, die Maigler-Wiese in Brühl sowie das Schloßhotel Lerbach in Bergisch Gladbach. Nach dem Jungfernflug werden die Neulinge „getauft" und erhalten eine Urkunde. Besonders beliebt sind die Ballonfahrten nach Sonnenaufgang und die Abendfahrten.

Ausbildung zum Ballon-Piloten
Luftsportclub Bayer 04 Leverkusen,
Herbert Isbanner, Leiter der Abteilung Ballonfahren,
Tel.: 02 14 / 8 68 26 14
Viele Leute, die schon einmal im Ballon über der Erde geschwebt

„Stolz wie Oscar" nach dem Jungfernflug im Heißluftballon

sind, wollen sich nicht mit diesem einmaligen Erlebnis zufriedengeben. Sie haben zwei Möglichkeiten: Entweder man läßt sich für teures Geld weiter chauffieren, oder man macht selbst den Ballonführerschein. Der Luftsportclub Bayer 04 Leverkusen bildet zum Ballonpiloten aus. Herbert Isbanner, selbst Pilot mit großer Erfahrung und Prüfer, ist im Verein für die Pilotenausbildung zuständig. Rund zwei Jahre dauert es, bis der Schüler den Ballonführerschein „PPL-D" (Private-Pilote-Licence) erwerben kann. Bis dahin hat er etwa 20 Stunden Ballonfahren hinter sich, 50 Landungen absolviert und eine externe theoretische Prüfung beim Regierungspräsidenten in Köln abgelegt. Der praktische Prüfungsteil umfaßt eine einstündige Fahrt, auf der der Prüfling genaue Kenntnisse über den Umgang mit seinem Fluggerät und die Sicherheitsgegebenheiten nachweisen muß. Starten, Höhe halten und der „kalte Abstieg" gehören ebenfalls zum Prüfungsprogramm. Wer Ballonpilot werden will, muß Mitglied im Verein werden. Und er muß schon etwas tiefer in die Tasche greifen: Rund 2500,– DM müssen für die Ausbildung aufgewendet werden. Start- und Landeplatz des Clubs ist der Leverkusener Flugplatz Kurtekoten am Knochenbergsweg, der zwischen dem Bayer-Werk und der Autobahn, direkt hinter der neu errichteten Golfanlage, liegt.

Drachenflug und Gleitschirm (Paragliding)

Drachenflug- und Gleitsegelschule Oberberg
Cosimastraße 2, 51674 Wiehl,
Tel.: 0 22 62 / 9 24 30,
Funk: 01 71 / 3 32 21 14
Anfahrt: Die A 4 Richtung Olpe bis Abfahrt Reichshof-Eckenhagen, ab da der Beschilderung folgen
Preise: Drachenflug- oder Gleitschirm-Schnupperkurs 70,– DM, A-Schein (Theorie und Praxis mit eigener Ausrüstung) 930,– DM, Windenschleppkurs 520,– DM
Die Kurse werden im oberbergischen Feriengebiet Reichshof gegeben. Das Schulungsgelände ist ideal und kann ganzjährig genutzt werden. Diplomsportlehrer Arno Gröbner bietet zum Gleitschirm- und Drachenfliegen jede Menge Übungsmöglichkeiten. Der Windenschleppkurs dauert zum Beispiel drei bis fünf Tage (der Schnupperkurs vier Stunden). Bei Höhenflügen gibt der Fluglehrer Funkeinweisung. Die Ausrüstung kann auf Wunsch gestellt werden. Mitmachen kann im Prinzip jeder, der festes Schuhwerk, wetterfeste Kleidung, gute Laune und ein bißchen Mut mitbringt.

Luftsportzentrum Vulkaneifel
Gartenstraße 16, 54550 Daun,
Tel.: 0 65 92 / 1 01 85
Inhaber und Pilot: Günter Hens
Anfahrt: Die A 1 bis zum Ausbauende (Tondorf), Richtung Gerolstein über Hillesheim und Dreif bis Dock-

weiler, dahinter (Bahnübergang) Richtung Hinterweiler, am befestigten Feldweg rechts abbiegen. Nach etwa 50 m bergauf erscheint der Flugplatz.
Preise: Rundflüge 15 Minuten 50,– DM, eine Stunde 180,– DM, Preise für Hochschleppen und Kurse werden individuell festgelegt. Durch seine hervorragende Thermik ist das Fluggebiet ein Eldorado für Drachenflieger. Weitreichende Streckenflüge von bis zu 400 oder 500 km (zum Beispiel Richtung Frankreich oder Belgien) sind möglich. Die Drachenflieger werden dann mit dem Auto zurückgeholt. Voraussetzung ist ein eigenes Fluggerät, das auf dem Boden aufgebaut und anschließend mit Hilfe von Ultraleichtflugzeugen in die Thermik geschleppt wird. Vor dem Start wird die Ausklinkhöhe in 250-m-Schritten festgelegt. Wie attraktiv das Gebiet ist, zeigt die Tatsache, daß verschiedene Drachenflug-Nationalmannschaften hier ihre Trainingslager abhalten (Frankreich, Belgien, Holland, Deutschland und die Schweiz). Es werden auch Kurse angeboten, etwa eine Zusatzausbildung für fertige Drachenflieger, oder die Möglichkeit, den Schleppschein zu machen. Der Startplatz (in 600 m Höhe) ist unabhängig von der Windrichtung. Außerdem kann auch das Ultraleichtflugzeug (motorisierter Drachen mit Gondel für zwei Personen) mitsamt Piloten angemietet werden.

Ostwindfreunde
Stoltenhofstraße 12,
52249 Eschweiler,
Tel.: 0 24 03 / 2 28 70,
Vorsitzender Gerhard Rosenbaum
Anfahrt zum Startplatz: Die A 4 Richtung Aachen, Kreuz Kerpen auf die A 61 Richtung Mönchengladbach bis Bergheim / Elsdorf, dort

Drachenflug- und Gleitsegelschule Oberberg

Arno Gröbner

Dipl. Sportlehrer
Drachenflug-
und
Gleitsegellehrer

Cosimastraße 2
51674 Wiehl

Kurse: L – A – B
Windenschlepp
Schnupperkurse

Individuelle Zeiteinteilung
Sorgfältige Ausbildung
ohne Zeitdruck

Verkauf · Service · Beratung

INFO: 0 22 62 / 9 24 30
Fax: 0 22 62 / 98 00 64
Funk-Tel. 01 71 / 3 32 21 14

NÄHE KÖLN – DÜSSELDORF

Der Traum vom Fliegen wird beim Paragliding traumhafte Realität

auf die B 55 Richtung Jülich, nach ca. 10 km rechts Richtung Titz / Rödingen / Ameln, eine kleine Schleife fahren, oben auf den ersten Feldweg rechts abbiegen und bis zum Parkplatz
Preise: Tagesmitgliedschaft und Starterlaubnis 5,– DM, Jahresmitgliedschaft im Verein 150,– DM (inkl. 65,– DM Verbandsbeitrag)
Dieser Kölner Drachen- und Gleitschirmverein (übrigens mit 110 Mitgliedern der größte seiner Art in NRW) hat seinen Startplatz in der Nähe von Jülich. Der A-Flugschein sowie ein eigener Drachen oder Gleitschirm sind Voraussetzungen, um fliegen zu dürfen. Vom Verein ist zumeist jemand vor Ort, der eine Einweisung und Flugtips gibt. Trotzdem sollte man vorher anrufen. Gestartet werden darf nur an den dafür vorgesehenen Plätzen (sind ausgeschildert), entweder Richtung Ost oder Südost. Der Verein verfügt auch über einen Weststartplatz. Die Thermik ist sehr gut, Flüge von bis zu drei Stunden Dauer entlang des Hangs sind keine Seltenheit. Der Höhenunterschied zwischen Start- und Landeplatz beträgt 140 m. Bis man jedoch fliegen kann, rinnt der Schweiß schon in Strömen, denn nur über Treppen oder über den Fußweg kann das Fluggerät zum Startplatz transportiert werden, und das dauert je nach Kondition rund 15 bis 20 Minuten.

Fallschirmspringen

In Köln selbst und der näheren Umgebung gibt es keine Möglichkeit, diesem atemberaubenden Sport nachzugehen. Aber auf dem ca. 120 km entfernten Flugplatz Siegerland werden Schulungen im Einzelspringen und Tandemsprünge angeboten.

Fallschirmsportclub NRW e.V.
Flugplatz Siegerland in Burbach,
Tel.: 0 27 36 / 5 06 35
Öffnungszeiten: Sa 12 Uhr bis Sonnenuntergang, So 12 – 17 Uhr
Anfahrt: Die A 3 Richtung Frankfurt bis Ausfahrt Dierdorf, weiter Richtung Hachenburg / Bad Marienberg (B 413 / B 414), hinter Bad Marienberg links ab Richtung Siegen (B 54), unter einer Unterführung durch und dann den Hinweisschildern „Flugplatz Siegerland" folgen (noch ca. 4 – 5 km)
Preise: komplette Schulung 1350,– DM (sechs Sprünge, Theorieteil und eine Jahresmitgliedschaft im Club enthalten, weitere Jahresgebühr 350,– DM), Schnupperkurs 350,– DM (Ausbildung identisch, aber nach dem ersten Sprung beendet, der zweite Sprung kann für 50,– DM gemacht werden), Tandemsprung 350,– DM
Der Fallschirmsportclub NRW ist der älteste seiner Art in Nordrhein-Westfalen und hat etwa 100 Mitglieder. Viele davon kommen aus dem Kölner Raum. Wer selbst einmal spüren will, wie es ist, sich in rasender Geschwindigkeit und freiem Fall Mutter Erde zu nähern, der hat hier dazu die Gelegenheit. Der Verein bietet Komplettschulungen inklusive Mitgliedschaft, Schnupperkurse und Tandemsprünge an.

Die Komplettschulungen beginnen samstags ab ca. 10 Uhr mit der theoretischen Einweisung. Dabei werden grundlegende Erläuterungen zum Gerät, zum Ablauf des Sprunges und Verhaltensregeln in Notfallsituationen gegeben. Danach beginnt die sogenannte Automatenschulung, die Übungssprünge am Hänger (Simulationsgerät) und Landefallübungen. Sonntagmittag müssen die Schüler einen kleinen Theorietest im Multiple-Choice-Verfahren machen. Ab Sonntagnachmittag wird's dann richtig ernst, denn der Jungfernsprung steht unmittelbar bevor. Zwischen 13 und 15 Uhr besteigen die Mutigen das Flugzeug. Vorher sind sie an der Automatenleine festgemacht worden, die beim Sprung später den Fallschirm automatisch

Augen auf und runter: Mut ist gefragt beim Sprung mit dem Fallschirm

öffnen wird. Sie sitzen in der offenen Tür und werden bis auf 1200 m Höhe transportiert. Der Sprunglehrer, der selbst mitspringt, gibt dann im richtigen Augenblick das Kommando zum Absprung. Der Schirm öffnet sich über die Ausziehleine nach ca. 200 m im freien Fall, und der Lehrer überprüft, ob alles in Ordnung ist. Kurz vor der Landung (etwa 3–5 m vor dem Boden) muß der Schirm mittels Ziehen an den beiden Steuerleinen abgebremst werden – dann ist der weiche Bodenkontakt (meistens jedenfalls) perfekt. Am ersten Tag werden maximal zwei Sprünge absolviert.

Sehr beliebt als Geburtstags- oder Weihnachtsgeschenk ist der Tandemsprung. Hierbei springen „Tandemmaster" (der Springlehrer) und „Tandempassagier" huckepack. Nach einer kurzen Einweisung in den Ablauf des Sprungs (Dauer: ca. 30 Minuten) geht's auch schon los. Das Doppelpack springt aus etwa 3000 m Höhe aus dem Flugzeug ab und hat danach eine Freifallzeit von ca. 20 Sekunden. Diese Zeit, so wird immer wieder glaubhaft vermittelt, erscheint einem allerdings weitaus länger. Bei 1500 m wird der Schirm geöffnet, und es beginnt die etwa drei Minuten dauernde, traumhaft schöne Schirmfahrt. Gegen einen Aufpreis von 120 bis 150,– DM springt übrigens ein Kameramann mit, der für die Lieben zu Hause alles auf Video oder Fotos festhält.

Segelfliegen

In Köln gibt es zehn Segelflugvereine. Sie fliegen entweder in der Eifel oder auf dem Flugplatz Eudenbach im Siebengebirge (an der Schnittstelle zum Westerwald), da Köln nicht über einen eigenen Segelflugplatz verfügt. Einige der Klubs bieten Schnupperkurse an, in denen der Neuling überprüfen kann, ob er sich als Segelflieger eignet und tatsächlich Lust an diesem Sport hat.
Beim Porzer Klub für Luftsport e.V. etwa können Newcomer sich zwischen einem Tag und zwei Monaten testen, ohne Mitglied im Verein werden zu müssen. Der etwa 50 Mitglieder umfassende Klub ist auf dem Flugplatz Eudenbach ansässig. Preise: nach der Anzahl der Flüge, zum Beispiel: drei Flüge 60,– DM, zehn Flüge 150,– DM. Wer weitermachen will, muß in den Klub eintreten (monatlicher Mitgliedsbeitrag für Erwachsene 40,– DM, Jugendliche 20,– DM).
Nähere Auskunft:
Alfred Fuest, Tel.: s. u.
Anfahrt: Die A 3 Richtung Frankfurt bis Ausfahrt Bad Honnef / Linz, Richtung Asbach, nach 2,5 km auf der linken Seite das Fluggelände
Wer nach dem Schnupperkurs dabeibleiben will, kann in der Luftfahrerschule den internationalen Segelflugschein „PPL-C" machen, in der Regel dauert das drei Jahre. Voraussetzung dafür ist ein fliegerärztliches Tauglichkeitszeugnis (zum Beispiel müssen Augen,

Kreislauf und Herz in Ordnung sein). Nach einer kurzen Einführung sitzt der Schüler ab der ersten Flugstunde vorne, hinten nimmt der Fluglehrer Platz. Das Wichtigste ist, zunächst das Starten und Landen zu lernen, denn hier passieren die meisten Unfälle. Die Platzrunden werden nach und nach erweitert und die Strecken gezielt zeitlich ausgedehnt, bis es zum ersten amtlichen Prüfungsflug (Länge: 50 km) kommt. Vier Ausbildungsabschnitte werden unterschieden: 1. bis zum Alleinflug,
2. Flugübungen werden erweitert und intensiviert, 3. Vorbereitung auf die Prüfung (Spazierflüge in der Umgebung des Platzes) und 4. die staatliche Prüfung, die ähnlich wie der Autoführerschein von einem staatlich autorisierten Prüfer abgenommen wird. Mit dem Segelflugschein in der Tasche kann der Pilot weltweit fliegen.

Weitere Infos zu den Kölner Segelflugvereinen:
– Alfred Fuest, Bezirkssprecher des Deutschen Aero-Clubs, Bezirk Köln-Bonn, Tel.: 0 22 03 / 2 71 41

Bungee-Jumping

Den Begriff „Bungee" in einem Lexikon zu finden kann nur gelingen, wenn es sich um ein sehr aktuelles Wörterbuch handelt, denn diese Vokabel ist noch ziemlich neu in der westlichen Hemisphäre. Der „Ursprung" des Bungee-Springens wurde im Südpazifik ausgeführt – genauer gesagt auf der Inselgruppe Vanuatu, den Neuen Hebriden. Auf der Insel Pentecoast feiern in jedem Frühjahr junge Leute ein großes Fest, bei dem sie das sogenannte „Landtauchen" zelebrieren. Dabei wird ein Gerüst aus Bambusstangen bis zu 30 m hoch aufgeschichtet. Von einer Plattform aus stürzen sich die jungen Männer kopfüber in die Tiefe. Ihre Füße sind an dehnbare Lianen gebunden, die den Sturz kurz vor dem Boden abfangen. Wer diese Mutprobe besteht, gehört zum Kreis der Erwachsenen.

Der Münchener Stuntman Jochen Schweizer brachte diesen Sport nach Europa. Sein Sicherheitssystem erhielt 1991 nach einem langwierigen Prüfverfahren als erstes Bungee-System weltweit den Segen des deutschen TÜV. In einem Franchise-System vergibt der „Bungee-Guru" seitdem Lizenzen. Zwar unterscheidet sich das Bungee-Springen, so wie wir es kennen, in einigen Kleinigkeiten von der Mutprobe auf Pentecoat (andere Materialien, höhere Plattform), das Prinzip ist aber dasselbe. Nach Ansicht von Psychologen löst der Sprung ins Ungewisse ein Rauscherlebnis aus, das von der Lust an der eigenen Angst gesteuert ist, eine kurze, aber intensive Flucht aus dem faden Alltag. Es entsteht ein Gefühl, das nicht vom Verstand zu steuern ist. In den letzten Jahren haben schon fast 200 000

Menschen, am langen Gummiband baumelnd, dieses Gefühl kennengelernt, übrigens für durchschnittlich 100,– DM bis 150,– DM pro Sprung.

Inzwischen haben sich neben dem „normalen" Bungee-Jumping bereits verschärfte Formen entwickelt. Die Plattformen, von denen abgesprungen wird, werden immer höher (bis zu 130 m), aber auch die Springformen an sich ändern sich. Beim „Hot Rocket Bungee" zum Beispiel bleibt der Akteur zunächst am Boden und wird mit einem Spezialgurt an einem Seil und an einer Bodenplatte verankert. Ein Kran zieht nun das Bungee-Seil auf die etwa vierfache Länge, so daß eine extreme Spannung entsteht. Mit einem Handgriff wird der Gurt gelöst und der Akteur diagonal in die Luft katapultiert. Innerhalb einer Sekunde erlebt der „Rocket Man" einen Geschwindigkeits-Höhenflug von nahezu 100 Stundenkilometern. Auch nichts für schwache Nerven ist das „House Running". Dabei steigt man auf die Kante eines Hochhauses und läuft – an einem Spezialseil befestigt – die Häuserfassade senkrecht in die Tiefe. Spiderman ist nichts dagegen. Verrückt, aber wahr: Inzwischen wird „House Running" sogar auf Skiern angeboten.

In Köln und Umgebung gibt es keine stationären Bungee-Anlagen (die stehen nur in München und Hamburg). Aber saisonbedingt werden Anlagen errichtet (auf Sportfesten, Geschäftseröffnungen etc.).

80 Prozent dieser Bungee-Anlagen werden von Jochen Schweizer Bungee Jumping aufgestellt. In den Sommermonaten sind ca. 20 Türme permanent im Einsatz.

Weitere Infos zu mobilen Bungee-Veranstaltungen unter
Tel.: 0 89 / 6 06 08 90

Klettern

Geklettert wurde schon immer, schließlich ist der Mensch von Natur aus neugierig und will wissen, wie's „da oben" aussieht. Klettern als Sport hat sich erst später entwickelt: erst in den Gebirgen, um Berge zu besteigen, später auch als Selbstzweck und heute sogar in einer Großstadt wie Köln – draußen wie drinnen. Wobei wir schon bei einer wichtigen Unterscheidung wären. Das Hallenklettern unterscheidet sich gravierend vom Outdoor-Klettern. In der Halle hat der Kletterer eine künstliche Wand vor sich, auf der vorgegebene Routen farblich gekennzeichnet sind. Der Benutzer weiß vorher genau, wie er zu klettern hat, um oben anzukommen. Falls er sich zwischendurch einen Fehltritt erlauben sollte, stürzt er nicht herunter, sondern fällt in seinen Gurt bzw. sein Sicherungsseil, schwingt hin und her und kann sofort, so die Kraft reicht, den nächsten Versuch starten. Draußen sieht die Sache anders aus. Die Witterungsverhältnisse sind nicht vorhersehbar, es kann anfangen zu regnen, es kann rutschig, glitschig oder moosig sein. Man muß draußen seine eigenen Wege suchen, es sind keine Griffe und Tritte vorgezeichnet. Die natürliche Felswand hat zudem andere Eigenschaften als die Kunstwand in der Halle.

Natürlich gibt es aber auch viele Gemeinsamkeiten. Vor allem die Art und Weise der Fortbewegung: Nur mit eigener Kraft, ohne Hilfsmittel muß die Wand erklommen werden. Da sind Bewegungsgefühl und Ausdauer gefragt wie natürlich auch die Technik, die man sich nur langsam aneignen kann. Zum Training eignet sich die Halle wunderbar, auch für Leute, die später vielleicht draußen klettern wollen. Die Routen werden mit verschiedenen Schwierigkeitsgraden von zwei bis elf versehen, wobei zwei bis fünf für Anfänger geeignet sind, sechs bis sieben für Fortgeschrittene und ab Grad acht nur Profis gefragt sind.

In und um Köln gibt es inzwischen eine ganze Reihe Möglichkeiten, Klettern als Sport auszuüben, und zwar sowohl draußen als auch in der Halle.

Ob in der Halle oder in freier Natur: Der Klettersport boomt

Klettern im Freien

Hohenzollernbrücke
Am rechtsrheinischen Brückenkopf, direkt neben dem Hyatt-Hotel
Die Hohenzollernbrücke ist eines der zwei Kletterparadiese, die sich in Köln entwickelt haben. Hier treffen sich Sportkletterer aus der ganzen Region – bislang vom Eigentümer der Brücke, der Deutschen Bahn, durchaus geduldet. Die Sportler hoffen, daß das auch so bleibt. Der Brückenkopf verfügt über eine große Auswahl an Routen aller Schwierigkeitsgrade. Sowohl Anfänger als auch Profis kommen hier auf ihre Kosten.

Niehler Kaimauer
Vom Niehler Hafen Richtung Norden, Amsterdamer Straße stadtauswärts, rechts Richtung Hafen, parallel zum Rhein (Niehler Damm)
Die Kaimauer hinter dem Niehler Hafen eignet sich hervorragend zum Klettern. Sie wurde zur Rheinbefestigung und Begradigung des

Ufers vor langer Zeit als eine große Wand angelegt (Promenade), die bis zu den Ford-Werken reicht. In der Mauer gibt es eine Vielzahl von Routen mit Quereinstiegen, teilweise sogar mit eingezeichneten Schwierigkeitsgraden. Ab und zu trainiert hier sogar die Polizei an Seilen.
In Köln sind noch einige andere Klettermöglichkeiten vorhanden, zum Beispiel an der Zoobrücke oder der Mülheimer Brücke. Allerdings sind hier die Bedingungen weitaus schlechter, und die Touren sind sehr ausgefallen.

Arena Vertikal Kletteranlage

Zülpicher Straße 58, 50674 Köln,
Tel.: 02 21 / 4 20 18 82
Öffnungszeiten:
telefonisch erfragen
Preise: Zeitkarte erste Stunde 8,– DM, jede weitere 5,– DM, Vormittagskarte (10–15 Uhr) 12,– DM, Tageskarte 18,– DM, Ermäßigung für Schüler und Studenten sowie Zehner- und Monatskarten
Diese Außen-Freeclimbing-Kletterwand hat eine Höhe von 11 m und eine felsähnliche Oberfläche. Über 50 Routen aller Schwierigkeitsgrade sind an der Kunstkletteranlage begehbar (Vorstieg möglich). Anfänger können am 4 m hohen Kletterturm üben. Wer Blut geleckt hat, kann in Einführungs- und Fortgeschrittenenkursen sein Klettern verbessern. Speziell für die ganz jungen Kletterneulinge unter 13 Jahren werden Kinderkletter-Schulungen angeboten (jeweils Di / Do 14–15.30 Uhr).

Hallenklettern

Bronx Rock Kletterhalle

Kalscheurener Straße 19,
50354 Hürth-Efferen,
Tel.: 0 22 33 / 68 50 70
Öffnungszeiten:
Mo–Fr 14–22.30 Uhr,
Sa / So / Feiertag 12–22 Uhr
Preise: Tageskarte Mo–Fr 16,– DM, Wochenende 19,– DM, Jahreskarte 850,– DM, Halbjahreskarte 600,– DM, Vierteljahreskarte 380,– DM, Schüler- und Studentenermäßigung sowie Kindertarife. Gurte, Schuhe und Karabinerhaken können gegen Entgelt geliehen werden.
In zwei beheizten und mit Tageslicht versehenen Räumen stehen insgesamt 1000 qm Kletterfläche zur Verfügung. Die maximale Höhe beträgt 16 m. Die Wände sind aus „On-Top-Segmenten" erstellt worden und erfüllen nationale und internationale Wettkampfbedingungen. Zum Beispiel fanden hier in Kooperation mit dem Deutschen Alpenverein die Kölner Stadtmeisterschaften und andere regionale Wettkämpfe statt. Die Bronx Rock Kletterhalle ist Mitglied im Deutschen Kletterhallenverband, womit die Ausbildungs- und Sicherheitsstandards gewährleistet sind. 30 Prozent der Wand besteht aus Überhang. In der 120 qm großen Boulderhöhle, die eine Höhe von 3,50 m und eine Vielzahl von Griffen aufzuweisen hat, kann trainiert werden. Auf einer Empore ist ein

großes Café entstanden, und ein Klettershop versorgt die Kletterfans mit den nötigen Utensilien. Die Halle kann auch für Events gemietet werden. Schulklassen, die Drogeninitiative „Con Drops" und der Bundesgrenzschutz kommen regelmäßig trainieren.

ChimpanzoDrome Kletterzentrum
Ernst-Heinrich-Geist-Straße 18,
50226 Frechen,
Tel.: 0 22 34 / 27 34 10
Öffnungszeiten: bitte nachfragen
Preise: Tageseintritt 14,– DM, ermäßigte Karten für Studenten, Schüler etc. 12,– DM, verbilligte Saisonkarten
Die Kletterhalle mit dem herrlichen Namen „ChimpanzoDrome" bietet ca. 1200 qm Kletterfläche bei einer Routenhöhe von 14 m und einer Routenlänge von 20 m. Der Boulderbereich umfaßt 150 qm. Es können Routen in allen Schwierigkeitsgraden gestiegen werden. Die Halle ist mit Tageslicht ausgefüllt. In Kursen der Kletterschule Vertikal bringt Kletterlehrer Frank Schweinheim den Gästen den richtigen Umgang mit der Wand und dem Equipment bei (s. u.). Im Sommer gibt's im Kletterzentrum von Inhaber Joachim Wiesinger 250 qm Außenwand und einen Biergarten, außerdem ein Café und eine Sauna.

Cosmo Sports
Diepenstraße 83, 40625 Düsseldorf (Gerresheim), Tel.: 02 11 / 23 08 00

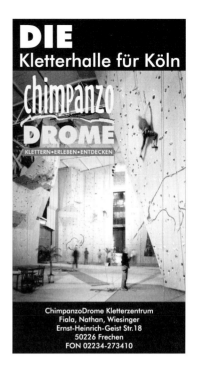

Anfahrt: Die A 57 Richtung Neuss, am Autobahnkreuz Neuss-Süd auf die A 46 Richtung Wuppertal, Ausfahrt Düsseldorf-Unterbach, links Richtung Gerresheim über die Eisenbahnüberführung und an der Glashütte links, bis zur Kreuzung Torfbruch / Dreherstraße, dort links und die nächste Straße rechts
Öffnungszeiten: Tageskarte Mo – Fr 10 – 22 Uhr, Sa 10 – 20 Uhr, So 10 – 18 Uhr
Preise: Tageskarte Mo – Fr 15,– DM, Wochenende 20,– DM, Ermäßigung für Schüler und Studenten sowie Zehner- und Saisonkarten
Die Indoor-Kletteranlage bietet eine Kletterfläche von ca. 270 qm. Die Routen enthalten alle

Schwierigkeitsstufen und werden ständig variiert. Den Climbern stehen Überhänge von mehr als 6 m an natursteinähnlichen Strukturwänden zur Verfügung. Kindern wird an einer Übungswand unter fachlicher Anleitung die Möglichkeit gegeben, erste Kletterzüge zu machen. Ein spezieller Aufwärmbereich soll helfen, Zerrungen zu vermeiden. Die nötige Ausrüstung kann geliehen werden. In dem reichhaltigen Kursangebot sind auch Kletterschulungen für Kinder, Anfänger, Fortgeschrittene enthalten sowie für Kletterer, die die Schwierigkeitsgrade sechs bis sieben beherrschen. Preise hierfür auf Anfrage.

Kletterschule Vertikal
Schweinheim & Wiesinger,
Manstedter Weg 7, 50933 Köln,
Tel.: 02 21 / 4 99 54 45
oder 01 72 / 3 96 49 42
Die Kletterschule Vertikal organisiert Kurse für Anfänger und Fortgeschrittene in allen Altersstufen sowie spezielle Technikkurse und Individualbetreuung. Die Schulungen werden in der Kletterhalle „ChimpanzoDrome" in Frechen gegeben. Vertikal veranstaltet auch Kletterreisen und Kletter-Performances. (Wie wär's mit einem Weihnachtsmann an der Kaufhausfassade?) Wer sich beispielsweise eine Kletterwand für sein Betriebsfest oder seine Sportveranstaltung leihen will, kann dies ebenfalls bei Vertikal tun.

Tivoli Rock
Strangenhäuschen 21,
52070 Aachen,
Tel.: 02 41 / 15 77 60
Anfahrt: Die A 4 Richtung Aachen, Ausfahrt Würselen, Richtung Aachen-Zentrum, an der ersten Ampel links
Öffnungszeiten:
Mo – Fr 8 – 24 Uhr,
Sa / So / Feiertag 8 – 22.30 Uhr
Preise: Tageskarte wochentags
17,– DM (Eintritt vor 13 Uhr),
25,– DM (Eintritt nach 13 Uhr),
Tageskarte Wochenende 25,– DM, ermäßigte Punkte-, Familien- und Schüler- bzw. Studentenkarten erhältlich, Leihgebühr für Kletterschuhe 6,– DM, Klettergurt kostenlos
Die Kletterhalle ist eine der modernsten in der Welt. An der 500 qm großen Kletterwand sind 25 Seile in einer Höhe zwischen 13 und 16,20 m installiert. Über 100 Routen sind zu klettern. Das Herzstück der Anlage ist der über 200 qm große Kunstfelsbereich, der französischen Naturfelsen nachempfunden ist. Er beinhaltet Wasserrillen, Löcher und Aufleger. Anfänger haben die Möglichkeit, eine Einweisungsstunde mitzumachen (Mo – Fr 19.30 Uhr, Wochenende 12 Uhr und 17 Uhr, Anmeldung erforderlich), in der Sicherheitstechniken und Kletterregeln durchgegangen werden. Begleitet von einem Trainer wird der Klettergurt angelegt, der Achterknoten erlernt und der Umgang mit dem Sicherungsgerät geübt. Danach geht's in die

Wand. Des weiteren gibt es unter anderem Kinder- und Jugendkurse, einen Kinderclub, Sturztraining und Outdoor-Vorbereitung. Eine Galerie mit 100 qm Glasfront und einer Glaskuppel sorgt für natürlichen Lichteinfall. Der Kletterbereich ist mit einer Fußbodenheizung versehen. Bistro und Rock-Shop runden das Angebot ab.

Weitere Infos:
– Deutscher Alpenverein, Sektion Düren, Tel.: 0 24 21 / 4 34 50
– Thomas Kühner, Autor des Kölner Kletterführers, Tel.: 02 21 / 4 20 03 74 oder 21 20 37

Kart-Bahnen

Karting Cologne
Kelvinstraße 5 – 7, 50996 Köln (Gewerbegebiet Rodenkirchen), Tel.: 0 22 36 / 3 17 28
Öffnungszeiten: Mo – Fr 14 – 23 Uhr, Sa / So 10 – 23 Uhr
Preise: Training (sieben Minuten) 15,– DM, Zehnerkarte 130,– DM, Zwanzigerkarte 240,– DM
1995 wurde diese Indoor-Kart-Bahn eröffnet. Sie kann auch komplett angemietet werden (pro Stunde inkl. acht Karts ab 550,– DM). Neben dem normalen Trainingsbetrieb werden regelmäßig Rennen angeboten, zum Beispiel „Cologne 70" (70 Runden), „Cologne Sprint" (zwei Läufe à 35 Runden) und das „24-Stunden-Rennen". Im angeschlossenen Kart-Shop können neue und gebrauchte Renn-Karts und Zubehör erworben werden.

Kart-In Troisdorf
Uckendorfer Straße 135, 53844 Troisdorf (Sieglar), Tel.: 0 22 41 / 4 27 72
Öffnungszeiten: Mo – Fr 14 – 23 Uhr, Sa / So 10 – 23 Uhr
Preise: Einzelfahrt (acht Minuten, ca. 16 bis 20 Runden) Erwachsene 18,– DM, Kinder 12,– DM
Kart-In gibt's erst seit Januar 1996. Die Rennstrecke ist 310 m lang und beinhaltet Deutschlands steilste Steilkurve mit einer Neigung von 42 Grad. Gefahren wird mit Gas-Karts der Firma Matter, die eine Leistung von 5 PS bringen. Auf der „High-Speed-Geraden" werden Geschwindigkeiten von bis zu 50 km/h erreicht. Speziell für Kinder können Minikarts gemietet werden. Kart-In organisiert auch Betriebsfeiern, Familienfeste, Kindergeburtstage und ähnliches. Es stehen ein VIP-Raum und ein Bistro zur Verfügung.

Kart-o-Mania Köln-Godorf
Otto-Hahn-Straße 6 – 8, 50997 Köln (Godorf), Tel.: 0 22 36 / 84 14 18
Anfahrt: A 555 Richtung Bonn, Abfahrt Rodenkirchen, dann dreimal rechts abbiegen
Öffnungszeiten: Mo – Sa 14.30 – 23 Uhr, So / Feiertag 10 – 23 Uhr
Preise: 20 Runden (inkl. Helm, Overall und Videoeinweisung)

15,– DM, Zehnerkarte 130,– DM, Zwanzigerkarte 240,– DM, Dreißigerkarte 330,– DM
Kart-o-Mania ist ein Verbund von zur Zeit 20 Bahnen im gesamten Bundesgebiet. Zwei aus unserer Region gehören dazu: eine in Köln-Godorf und eine in Hennef.
Die Godorfer Indoor-Anlage bietet zwei Bahnen à 250 m bei einer Breite von 6 bis 10 m. Ein spezieller Slip-Grip-Belag soll die Bahnen sicherer machen. Wie in der Formel 1 gibt's bei Kart-o-Mania eine Boxengasse und elektronische Signalanlagen. Die Renn-Karts sind mit einem 5,5 PS-4-Takt-Motor bestückt. Die Ergebnisse werden per Computer ausgewertet. Es finden regelmäßig Rennen statt: vom „Late Night Special" über „500 Runden von Köln" bis zum „24-Stunden-Rennen".

Kart-o-Mania Hennef
Josef-Dietzgen-Straße 2,
53773 Hennef, Messehalle 2.1,
zweites Obergeschoß links,
Tel.: 0 22 42 / 8 55 00
Anfahrt: Die A 3 Richtung Frankfurt, am Kreuz Bonn / Siegburg die A 560 Richtung Altenkirchen, Abfahrt Hennef-West herunter, links auf die Frankfurter Straße (B 8), nächste Möglichkeit wieder links in die Stoßdorfer Straße, dann die nächste Straße rechts in die Josef-Dietzgen-Straße (direkt an der Messe)
Öffnungszeiten: Mo – Sa 14.30 – 23 Uhr, So / Feiertag 10 – 23 Uhr
Preise: siehe Kart-o-Mania Köln-Godorf
Auch Kart-o-Mania in Hennef ist eine Indoor-Anlage, die allerdings nur über eine Bahn verfügt (240 m Streckenlänge, 6 bis 10 m Breite).

Der Kart-Nachwuchs ist hellwach: Früh übt sich, wer ein Schumi werden will

Der Junior-Club (sonn- und feiertags 10 – 13 Uhr) bietet für Jugendliche in Begleitung Erwachsener Spezialtraining an. Auf Wunsch ist die Bahn für Privatrennen komplett anzumieten, wer will, kann sogar eine Siegerehrung und Pokale mitbuchen (Mietpreis pro Stunde zum Beispiel Mo – Fr ab 18 Uhr 600,– DM, inkl. sieben Karts).

Le Mans Karting
Köhlstraße 37, 50827 Köln (Ossendorf), Tel.: 02 21 / 5 95 23 02
Öffnungszeiten:
Mo – Sa 12 – 23 Uhr,
So / Feiertag 10 – 23 Uhr
Preise: sieben Minuten Training 15,– DM, 50-Runden-Rennen (45 Minuten) 65,– DM, Komplettbuchungen möglich (Preisbeispiel: Mo – Fr 14 – 17 Uhr 550,– DM pro Stunde)
Die anspruchsvolle Hallenbahn von Le Mans Karting mißt 386 m und ist zwischen 6 und 8 m breit. Inhaber mit entsprechender Fahrerlizenz können Spezial-Karts mieten (Preise etwas höher als bei den normalen Karts). Für Kinder gibt es spezielle Kinder-Karts (jeweils sonntags von 10 – 13 Uhr), in der „Formel Handicap" werden täglich behindertengerechte Karts angeboten. Zusätzlich steht ein Rennsimulator zur Verfügung, an dem bis zu vier Fahrer gleichzeitig aktiv werden können. Rennveranstaltungen müssen mit der Rennleitung abgesprochen werden – Zitat des Inhabers: „Hier ist schließlich kein Autoscooter."

Schlittschuhlaufen

Städtische Weiher

Vorweg eine Warnung: Das Schlittschuhlaufen auf den Weihern der Stadt Köln ist untersagt. Jeweils im November stellen städtische Bedienstete Warnschilder auf, aus denen hervorgeht, daß das Betreten der zugefrorenen Gewässer nicht gestattet ist. Trotzdem tummeln sich im Winter, wenn die Eisschicht dick genug ist, Hunderte von kleinen Kati Witts und Norbert Schramms und drehen ihre Pirouetten und Runden. Wenn dann mal etwas passiert, ist die Aufregung natürlich groß. Im Falle eines Falles übernimmt die Stadt keine Haftung. Vor allem auf dem *Adenauerweiher* im Grüngürtel ist bei guten äußeren Bedingungen der Teufel los (grenzt an die Jahnwiesen am Müngersdorfer Stadion an). Auch der *Decksteiner Weiher* (im Grüngürtel gelegen, wird von der Gleueler Straße überquert) wird von Kufenflitzern stark frequentiert. Ebenso gerne befahren ist der *Aachener Weiher* in der Innenstadt (Ecke Universitätsstraße, Aachener Straße). Rechtsrheinische Schlittschuhfreunde vergnügen sich im Winter auf dem *Flamingo-Weiher* im Rheinpark.

Eis- und Schwimmstadion
Lentstraße 30,
50670 Köln (Agnesviertel),
Tel.: 02 21 / 72 60 26
Öffnungszeiten Halle: ganzjährig
Di 11 – 16 Uhr, Mi 11 – 16 und

Schlittschuhspaß auf dem Aachener Weiher im strengen Kölner Winter

19–21 Uhr, Do 11–16 Uhr,
Sa 11–16 und 20–22 Uhr,
So 11–16 und 19–21 Uhr
Öffnungszeiten Freibahn: ab Oktober Mo / Mi / Fr 11–16 Uhr, Di / Do / So 11–16 und 19–21 Uhr, Sa 11–16 und 20–22 Uhr
Preise: Einzelkarte Erwachsene 7,– DM, Kinder (unter 15 Jahre) 5,– DM, Schlittschuhverleih Erwachsene 8,– DM, Kinder 6,– DM, Ermäßigung bei Zwölferkarten und Saisonkarten
Die Eisflächen im Kölner Eisstadion haben schon immer eine große Anziehungskraft auf Schlittschuhfans ausgeübt. Die Halle, in der natürlich auch die „Haie" ihre Spiele austragen, steht das ganze Jahr über zur Verfügung, die Freilauffläche nur im Winter (ab Oktober). Eine besondere Attraktion ist die „Disco auf Eis", die immer mittwochs zwischen 19 und 21 Uhr sowie samstags zwischen 20 und 22 Uhr eine wahre Invasion vor allem jugendlicher Kufenflitzer auslöst. Vorsicht: Durch den Spielbetrieb der „Haie" sind kurzfristige Änderungen der Laufzeiten möglich.

Ski alpin / Langlauf / Snowboard & Rodel

Hochsauerland
Kurverwaltung Winterberg,
Hauptstraße 1, 59955 Winterberg,
Tel.: 0 29 81 / 9 25 00
Schneelagebericht:
Tel.: 0 29 81 / 5 65
Anfahrt: Die A 4 Richtung Olpe, am Autobahnkreuz Olpe-Süd auf die A 45 Richtung Dortmund, Abfahrt Olpe, weiter auf der B 55 und B 236 RichtungSchmallenberg / Neuastenberg / Winterberg

Mit 842 m ist der Kahle Asten der höchste Berg im Hochsauerland. Rund um diesen Berg bestehen etliche Möglichkeiten, Ski und Snowboard zu fahren. Insgesamt umfaßt das Wintersportgebiet Winterberg 59 Skilifte, 220 km gespurte Loipe und 1100 km Wanderwege. Auf der Bob- und Rodelbahn Winterberg finden internationale Veranstaltungen statt. Verschiedene Skischulen bieten Kurse an. Die schwarze Piste von Winterberg ist mit 200 m Höhenunterschied die anspruchsvollste Strecke. Nachteulen können bei ausreichender Schneelage jeweils samstags auf dem Kahlen Asten bei Flutlicht unter der Sprungschanze laufen. Auf den Postwiesen des Skigebietes Neuastenberg (schneesicherste Lage Westdeutschlands) gibt es Abfahrtshänge aller Schwierigkeitsstufen mit neun Skiliften. Schlittenfans kommen auf der separaten Naturrodelbahn auf ihre Kosten. Alpin-, Langlaufskier, Skischuhe und Schlitten können vor Ort angemietet werden.

Oberbergisches Land
- Verkehrsamt Reichshof Eckenhagen, Tel.: 0 22 65 / 4 70
- Verkehrsamt Bergneustadt-Belmicke, Tel.: 0 27 63 / 67 54
- Verkehrsamt Marienheide, Tel.: 0 22 64 / 22 39
- Verkehrsamt Morsbach, Tel.: 0 22 94 / 16 16

Anfahrt: Die A 4 Richtung Olpe bis Ausfahrt Reichshof-Eckenhagen / Reichshof-Denklingen bzw. Gummersbach, dort den Beschilderungen folgen

Vor allem im Skigebiet Reichshof-Eckenhagen werden gute Möglichkeiten zum Wintersport geboten. Sechs Skipisten, fünf Lifte, eine Rodelbahn und eine Sprungschanze stehen dort zur Verfügung. In Marienheide, Morsbach und Bergneustadt-Belmicke gibt es jeweils eine Skipiste. In allen vier Gebieten ist Langlauf auf gespurten Loipen möglich. In Skischulen vor Ort können Kurse belegt werden.

Eifel
- Fremdenverkehrsamt Daun (Vulkaneifel), Schneetelefon, Tel.: 0 65 92 / 93 91 – 77 / 78
- Touristeninformation Südeifel, Tel.: 0 65 61 / 15 – 0

Sport in herrlicher Natur: Langlauf-Paradies Reichshof-Eckenhagen

Anfahrt: Da die verschiedenen Pisten über der Eifel verstreut sind, beim Verkehrsamt erfragen

Die Vulkan- und Südeifel bieten ebenfalls viele Gelegenheiten, Wintersport zu betreiben. Hier einige Beispiele: An der 565 m hohen Nordflanke des Mäuseberges bei Daun liegt ein Skihang von rund 400 m Länge. Bei entsprechender Schneelage ist der Schlepplift am Wochenende in Betrieb (abends unter Flutlicht). Der Höhenunterschied von Berg- und Talstation beträgt 95 m. Am Nordhang der Nürburg, in der Nähe des Nürburgrings, liegen eine 350 m lange Skiabfahrt und eine Rodelbahn. Die Hohe Acht bei Jammelshofen verfügt über zwei Abfahrtsstrecken (400 m und 800 m). Dort befinden sich auch eine Rodelbahn und eine Sprungschanze. Auch am Berg Schwarzer Mann (698 m) kann auf zwei Abfahrtspisten gelaufen werden (700 m und 800 m), ebenso in Hollerath-Udenbreth und in der Wolfsschlucht bei Prüm (570 m). Schließlich verfügt das Gebiet Rohren bei Monschau über drei Skipisten. Langlauf auf gespurten Loipen ist fast überall in den Wintersportgebieten der Eifel möglich.

Siegerland
- Touristikverband Siegerland, Tel.: 02 71 / 3 33 10 20
- Verkehrsamt Hilchenbach-Lützel, Tel.: 0 27 33 / 70 44

Anfahrt: Die A 4 Richtung Olpe bis Ausfahrt Wenden, dann Richtung Kreuztal, dort der Beschilderung folgen

Das Mittelgebirge in der Region Siegerland-Wittgenstein (bis 800 m Höhe) im südlichen Zipfel Westfalens eignet sich hervorragend für Wintersportfreuden aller Art. Auf zwölf Abfahrtspisten, insgesamt 275 km Loipen, etlichen Rodelbahnen und einer Eislaufbahn (im Netphener Freizeitpark) kommen Spezialisten auf ihre Kosten.

Hilchenbach-Lützel, das höchstgelegene Dorf des Siegerlandes, ist Ausgangspunkt für lange Skiwanderungen.

Story
Das Paradoxon von „Sky of Siberian" – Schlittenhund-Sport in Köln ohne Schnee

Dick vermummt sitzt der Trapper auf einem Kufenwagen hinter einem Gespann mit zehn Schlittenhunden. Er jagt bei klirrender Kälte in der endlosen, verschneiten Tundra Sibiriens durch die unberührte weiße Pracht. Eine Szene aus einem Natur-Dokumentarfilm über die letzten Schönheiten unseres Planeten – so weit weg und doch so nah. Denn so unrealistisch es klingt, Kölner Schlittenhunde tun es ihren Artgenossen im hohen Norden gleich. Nicht nur in den Wäldern und Ebenen Alaskas oder Sibiriens kommen sie zum Einsatz, auch der Königsforst und die Wahner Heide eignen sich als Trai-

ningsgelände für Siberian Huskies, Alaskan Malamutes und Grönland-Hunde. Dabei stehen sie keineswegs im Dienste von Polarforschern – Herrchen und Frauchen sind ganz normale Angestellte. Rund 60 Aktive zählt Kölns einziger Schlittenhund-Club „Sky of Siberian", rund 50 davon sind Hunde. Zugegeben, das mit dem Schnee klappt rund um den Kölner Dom nicht immer so wie in Sibirien. Das muß es aber auch nicht, denn Schlittenhunde fühlen sich auf Wald- und Wiesenwegen ebenso wohl. Hauptsache, sie dürfen rennen, was die Hundelunge hergibt. „Die laufen so lange, bis sie einfach nicht mehr können", weiß Schlittenhund-Besitzer Georg Stock aus Porz, „das entspricht ihrem Charakter". Im Club können Georg Stocks Huskies Kiju, Wotawe und Laika ihre Bedürfnisse ausleben. Mindestens drei Stunden täglich geht der 47jährige passionierte Marathonläufer mit seinen drei Hunden auf die Piste. „Wenn die mal nicht richtig ausgelastet sind, und wir lassen die alleine im Haus, dann können die ein regelrechtes Chaos anrichten. Dann sind Stofftiere angefressen und Möbelstücke angekratzt", erzählt Georg Stock. Das Schlimmste seien Hundebesitzer, die sich einen Schlittenhund gekauft hätten, weil er so schön und gerade in Mode sei, und ihn dann zum Shopping mitnähmen und ihn vor dem Einkaufszentrum festbänden, meint das Hundelieb-

Georg Stock vom Kölner Schlittenhundverein "Sky of Siberian"

haber-Paar. Solche Dinge seien die reinste Tierquälerei. Ein Huskie sei nun einmal kein Schoßhund. Davon kann sich jeder überzeugen, der Sonntag morgens einmal beim Training des „Sky of Siberian" in der Wahner Heide vorbeischaut. Kaum ist die Heckklappe geöffnet und sind die Leinen los, rennen, springen und tollen die Hunde vor lauter Vorfreude herum und lassen ein schrilles Geheul los – bestes Zeichen ihres Wohlbefindens. Wenn sie dann das Geschirr angelegt bekommen, wissen sie, daß es gleich losgeht. Georg Stock spannt seine drei Hunde vor die „Pulka", einen Achsenwagen mit zwei Rädern bzw. Skiern bei Schnee, bindet sich das Band um den Bauch und befestigt es am Wagen. Sobald er das Kommando zum Start gegeben hat („Go"), flitzen die Hunde los. Diese Variante des Schlittenhund-Sports wird „Skandinavier" genannt, wobei der „Musher" (der Hundeführer) selbst ganz schön ins Schwitzen kommt, weil er hinter dem Wagen herlaufen muß. „Es kommt oft vor, daß der Musher seine Hunde unter Einsatz seines gesamten Körpergewichts bremsen muß, weil sie zu schnell werden", beschreibt Georg Stock eine der Tücken seines Sports. „Das gibt einen gehörigen Muskelkater in den Gesäßbacken. Und wenn du mal hinfällst, ziehen dich die Huskies gnadenlos hinter sich her." Der siebenjährige Kiru hat in dem Trio die Funktion des Leithundes übernommen. Er hört auf die Kommandos des Fahrers und reagiert auf Zurufe wie „rechts" oder „links". Für einen Hund eine ganz erstaunliche Leistung, meint der stolze Hundebesitzer: „Sagen Sie mal einem Schäferhund ‚links', dann schaut er Sie blöde an und macht gar nix."

Die zweite Variante des Schlittenhund-Sports, die vor allem im Sommer ausgeübt wird, ist das „Velo", bei dem eine Art Fahrrad hinter die Hunde gespannt wird. Und schließlich gibt es noch die klassische und schnellste Form dieses Sports, bei der das aus mindestens vier Tieren bestehende Hunderudel einen Schlitten hinter sich herzieht. In allen drei Disziplinen werden – auch in Deutschland – Wettkämpfe ausgetragen. Georg Stock und seine Lieblinge gehören zur nationalen Spitze. Im Trophäenzimmer im Obergeschoß seines Hauses in Porz sieht es aus wie in der Pokalvitrine von Real Madrid. In Deutschland hat er schon fast alles gewonnen, was es zu gewinnen gibt. Aber seinen größten Traum hat er sich noch nicht erfüllen können: den Start beim bedeutendsten Rennen der Welt, beim „Iditarod Trail" in Anchorage, Alaska. Dort soll auch das Schlittenhundfahren geboren worden sein. Der Sage nach war vor vielen, vielen Jahren in der Goldgräberstadt Nome eine Epidemie ausgebrochen, und der heilbringende Impfstoff mußte von weither geholt werden. Alle Versuche mit Pferden oder anderen Transportmitteln waren gescheitert, weil es einfach zu kalt war. Schließlich kam jemand auf die Idee, es mit Schlittenhunden zu versuchen – und, oh Wunder, die Bewohner konnten gerettet werden. In jedem Jahr wird durch den „Iditarod Trail" dieses Vorfalles gedacht, und die Besten der Besten aus aller Welt treffen sich. „Aber da zu starten ist für mich fast unmöglich. Erstens kostet das die Kleinigkeit von ca. 20 000 Mark, und zweitens treten da nur Leute an, die mindestens 150 Hunde zur Verfügung haben und daraus die besten für das Rennen auswählen", sagt Georg Stock.

In unserer Region ist das alles natürlich ein paar Nummern kleiner, trotzdem gibt es im Winter (ab

Anfang November) auch zwischen Eifel und Sauerland einige Rennen. In Georg Stocks Heimat- und Trainingsstadt Köln ist bislang noch kein Wettkampf zustande gekommen: "Bei uns in der Wahner Heide ist Naturschutzgebiet, da würden wir vom Förster nie die Genehmigung kriegen." *Beim Rennen kommt es nicht nur auf Schnelligkeit, sondern auch auf Geschick und Abstimmung zwischen Musher und Hundegespann an. Auf der Strecke stehen verschiedenfarbige Holztafeln, die den Fahrern Hinweise über den Streckenverlauf geben.* "Rot" *heißt etwa* "rechts abbiegen", "gelb" *bedeutet* "Gefahr" *(zum Beispiel Schotterweg, Matsch oder ein Bach) und bei* "blau" *geht's weiter geradeaus. Und wenn Georg Stock mal im Eifer des Gefechts ein Warnschild übersehen sollte, dann hat er ja immer noch seinen schlauen Kiru, der schließlich der Rudelführer ist, und dem entgeht bekanntlich nichts.*
Weitere Infos:
– *Schlittenhunde Sportclub – Köln e.V., Georg Stock, Tel.: 0 22 03 / 5 47 38*

Windhund-Rennen

In ganzen 32 Sekunden ist alles vorbei. Etwa diese Zeit benötigen die schnellsten der Windhunde, um die 480 m im Kölner Windhund-Stadion an der Gleueler Straße (Deckstein) zu bewältigen. Wer mit seinem Tier ganz vorne dabei sein will, muß ganz schön tief in die Tasche greifen, denn die Formel-1-Renner unter den Hunden sind teuer – in der Anschaffung wie im Unterhalt. Die „königliche Rasse", wie die schnellen Vierbeiner auch genannt werden, ist eine hochgezüchtete und daher äußerst sensible. Beim Rennen lassen sich die Hunde ganz schön hinters Licht führen, denn sie versuchen, nachdem sie aus der Startbox gelassen wurden, einen Hasen einzuholen – was ihnen natürlich nie gelingt, weil die imaginäre Beute lediglich ein Stück Fell ist, das von einem Motorschlitten gezogen wird. Die wenigen Renntage in Deckstein erstrecken sich über ein ganzes Wochenende (zum Beispiel über Ostern). Zwei große Unterschiede gibt es zum Pferderennen: Es sind keine Preisgelder, sondern nur Pokale für die schnellen Hunde zu gewinnen, und – was die Sache für Zocker uninteressant macht – es darf, anders als in England und Irland, den Mutterländern der Windhund-Rennen, nicht gewettet werden.
Im Kölner Windhund-Stadion „Beller Maar" finden jährlich vier bis fünf Rennen statt. Los geht's zu Ostern mit dem „Rot-Weiß-Rennen", das letzte Rennen wird jeweils im Oktober ausgetragen.
Weitere Infos zu Rennterminen:
– *Kölner Windhundrennverein 1921 e.V., Vorstandsmitglied und Pressewart Theo Schäfers, Tel.: 02 21 / 60 63 97 oder 0 24 24 / 72 80*

BILLARD

BOULE

BOWLING

KEGELN

BAHNENGOLF

Es muß nicht immer Schweiß sein

Während bei den meisten sportlichen Aktivitäten der Schweiß in Strömen fließt, beschäftigt sich dieses Kapitel mit Sportarten, bei denen nicht die Kondition im Vordergrund steht, sondern Konzentration, Augenmaß, Ballgefühl und Technik. Obwohl die Anhänger von Billard, Boule, Bowling, Kegeln oder Bahnengolf oft als Freizeit- und Hobbyaktivisten belächelt werden, sprechen die Fakten dafür, daß es sich um „richtige" Sportarten handelt: Die Aktiven sind in Vereinen organisiert, kämpfen um Meisterschaftsehren und sind dem Deutschen Sportbund angegliedert. Aber man muß natürlich nicht im Verein sein, um diese Sportarten ausüben zu können. Köln bietet in allen Bereichen Möglichkeiten, in der Freizeit zwanglos zu trainieren. „Der große Sportführer" stellt die besten Lokalitäten vor, weiht in die Geheimnisse der Sportarten ein und nennt Ansprechpartner.

Billard

Die Frage, ob sie denn Billard ernsthaft als Sport bezeichnen würden, beantworten die Freunde des Kugelspiels gerne mit dem Hinweis darauf, daß ihre Sportart demnächst olympisch sein wird. Tatsächlich: Im Jahre 2000 wird bei den Olympischen Spielen von Sydney Billard als Demonstrationswettbewerb eingeführt, und 2004 werden erstmals olympische Medaillen verteilt.

Im Billard existieren drei relativ unterschiedliche Sparten: Pool, Snooker und Carom (auch Caramboulage oder Karambol genannt). Im Pool-Billard teilen sich Amerikaner und Deutsche die Spitzenpositionen. In der Europa-Rangliste befinden sich permanent fünf bis sechs Deutsche unter den ersten zehn. Der 1. PBC Leverkusen ist mehrfacher Deutscher Meister, Kölner Vereine spielen im Moment keine große Rolle. Der Pool-Tisch ist mit seinen sechs Löchern (Taschen genannt) den meisten sicher aus der Kneipe an der Ecke bekannt. Dort wird zumeist „8-Ball" gespielt, wobei jede der beiden Spielparteien entweder die „vollen" (einfarbigen) oder die „halben" (gestreiften) Kugeln nach Ansage einlochen muß. Wer zum Schluß die Acht versenkt, ist Sieger. Beim „14/1 Endlos" ist es vollkommen egal, in welcher Reihenfolge die Bälle versenkt werden. Wenn alle bis auf einen versenkt sind, werden alle 14 wieder aufgesetzt, und es wird so lange weitergespielt, bis ein Fehlstoß passiert. Jeder Ball bringt einen Punkt, und wer zuerst eine bestimmte Punktzahl beisammen hat, der hat gewonnen. Das „9-Ball" schließlich wird häufig in amerikanischen Billardhallen gespielt. (In dem Kinostreifen „Die Farbe des Geldes" mit Paul Newman spielt ‚9-Ball' die Hauptrolle.) Die Bälle werden in einer Rautenform in der Mitte des Tisches aufgebaut, und die niedrigste Zahl muß immer zuerst getroffen werden. Gewonnen hat, wer die Neun versenkt (egal, ob mit einer anderen Kugel zusammen oder solo).

Freunde des „Channel-Hoppings" werden durch die verschiedenen TV-Programme schon des öfteren auf Snooker gestoßen sein – Eurosport überträgt etliche Stunden in der Woche. Snooker unterscheidet sich grundlegend vom Pool-Billard: Der Tisch ist weitaus größer, die Löcher und die Kugeln sind kleiner. Dadurch ist es schwieriger, die Kugeln zu versenken, und die Spieler brauchen eine enorme Präzision in ihren Stößen. Auf dem Tisch liegen zu Beginn 15 rote und 6 andersfarbige Kugeln, die abwechselnd versenkt werden müssen. Nicht die Roten (1 Punkt), aber die Andersfarbigen (je nach Farbe zwei bis sieben Punkte) werden wieder aufgebaut.

Snooker ist fest in der Hand der Briten, nur ab und zu gelingt es einmal einem Amerikaner oder Kanadier, zur Weltspitze aufzuschließen.

Die Deutschen starten im Moment noch unter „ferner liefen". Aber es tut sich was in deutschen Snooker-Landen, denn ab 1996 gibt es eine Snooker-Bundesliga mit 20 Vereinen. Am jeweils letzten Wochenende im September wird das Meisterschaftsfinale ausgetragen.

Zu den Bundesliga-Vereinen zählen auch ein Club aus Köln, der 1. TBV Rodenkirchen (Gerhard Sester, Tel.: 02 21 / 39 42 69), sowie je einer aus St. Augustin und Leverkusen. In St. Augustin steht Westdeutschlands größte Snooker-Halle mit über zehn hervorragenden Tischen. Dort spielen der Club aus Rodenkirchen und der 1. TBC St. Augustin (Tel.: 0 22 41 / 20 39 99). Inhaber Werner Grevert ist mehrfacher Deutscher Snooker-Meister und einer der besten deutschen Spieler aller Zeiten.

Das Carom (oder auch französisch Caramboulage oder deutsch Karambol) wird mit drei Bällen gespielt. Auch hier gibt es verschiedene Disziplinen. In der freien Partie, dem Ursprung des Caroms, kommt es darauf an, mit dem Spielball die beiden anderen Bälle zu treffen (Caramboulage). Wenn das gelingt, wird dem Spieler ein Punkt gutgeschrieben, und er darf weiterhin am Tisch bleiben. Um es komplizierter zu machen, haben sich findige Köpfe die Cadre 47/1 und 47/2 ausgedacht. Hier ist der Tisch in Spielfeld-Drittel aufgeteilt (im Abstand von je 47 cm werden in Längsrichtung Linien gezogen). Pro Feld ist nur eine bestimmte Anzahl von Caramboulagen erlaubt, dann muß der Ball aus diesem Bereich herausgespielt werden. Beim Einband-Spiel muß, bevor die letzte Kugel getroffen wird, mindestens ein Bandenkontakt erfolgen, beim Dreiband-Spiel sind es sogar drei Kontakte. Bei der Billard-Artistik tritt ein ganz besonderes Völkchen an den Tisch, denn es ist eine Art Show, die nur der große Künstler beherrscht. Es werden aus einem Katalog möglicher Figuren Phantasiestöße mit „Boah-Effekt" ausgeführt, zeitweise so spektakulär, daß der Zuschauer den Glauben an die Physik verliert.

In der Caramboulage-Bundesliga ist kein Kölner Verein vertreten. Eigentlich eine Schande, denn in der Vergangenheit war Köln eine absolute Hochburg in Sachen Billardsport. In den großen Zeiten des Kölner BC in den 60er Jahren wurden Pokale und Meistertitel gleich im Dutzend an den Rhein geholt. Der Kölner Ernst Rudolf war in den 50er und 60er Jahren einer der besten deutschen Billardspieler überhaupt. Sein Sohn Christian ist in seine Fußstapfen getreten: Er ist zweifacher deutscher Dreiband-Meister, dreifacher Mannschaftsweltmeister und wurde, als Krönung seiner Laufbahn, 1996 in Hattingen Einzelweltmeister im Dreiband. Schade nur, daß er nicht für einen Kölner Verein, sondern für Billardfreunde Horster Eck in Essen spielt. In Köln gibt es verschiedene Möglichkeiten, Billard zu spielen:

Ruhe vor dem Ansturm im Billardsaal im Bazaar de Cologne

BiBo Billard Bistro
Frankfurter Straße 200,
51147 Köln (Porz),
Tel.: 0 22 03 / 6 94 05
Öffnungszeiten: täglich 15 – 1 Uhr
Preise: pro Spiel 2,– DM, drei
Spiele 5,– DM, 30 Minuten 5,– DM
Vier Pool-Tische

Billard-Cafe Clic-Clac
Sülzburgstraße 173, 50937 Köln
(Sülz), Tel.: 02 21 / 4 24 59 73
Öffnungszeiten: täglich 13 – 2 Uhr
Preise: pro Stunde 12,– DM
Sechs Pool-Tische (3 x 9 Fuß,
3 x 6 Fuß), Verein: BV Prometheus-
Köln e.V.

Billard-Café Crazy Ball
Trierer Straße 10, 50676 Köln
(Südstadt), Tel.: 02 21 / 32 91 77
Öffnungszeiten: Mo – Fr 10 – 1 Uhr,
Wochenende 12 – 1 Uhr
Preise: Pool pro Stunde 12,– DM,
Caramboulage pro Stunde 9,– DM
Acht Pool-Tische und ein Caram-
boulage-Tisch, Verein: PBC South-
Cologne

Billard-Café Papperla-Pub
Heumarkt 43, 50667 Köln (City),
Tel.: 02 21 / 2 58 22 77
Öffnungszeiten: täglich 13 – 1 Uhr
Preise: pro Stunde 10,– DM
Neun Pool-Tische

Billard-Café Schneider
Kaiser-Wilhelm-Ring 30,
50672 Köln (City),
Tel. 02 21 / 12 49 72
Öffnungszeiten: täglich 12 – 1 Uhr
Preise: pro Stunde 12 – 14 Uhr
7,– DM, 14 – 16 Uhr 10,– DM,
16 – 18 Uhr 12,– DM, ab 18 Uhr
Pool 12,80 DM, Karambol und
Snooker 14,– DM
Fünf Karambol-Turniertische, zwei
Snooker-, sieben Pool-Tische
Bereits seit 1961 wird im Billard-
Café Schneider das filigrane Spiel
mit den Kugeln zelebriert (bis 1992
noch auf der Hohen Straße). Hier
treffen sich die absoluten Spitzen-
könner im Karambol, z. B. die Spie-
ler des KBC 08 Köln (der älteste
und erfolgreichste Verein in Köln).
Unter anderem spielt der Karambol-
Mannschaftsweltmeister Jürgen
Kühl an den „heiligen Tischen".

Billard-Café Schneider
Hohenzollernring 79 – 83,
50672 Köln (City),
Tel.: 02 21 / 51 38 67
Öffnungszeiten: täglich 12 – 1 Uhr
Preise: pro Stunde 12 – 14 Uhr
7,– DM, 14 – 16 Uhr 10,– DM,
16 – 18 Uhr 12,– DM, ab 18 Uhr
Pool 12,80 DM, Karambol und
Snooker 14,– DM
Ein Caramboulage-Tisch, zwei
Snooker-, 13 Pool-Tische

Billardsaal im Bazaar de Cologne
Mittelstraße 12 – 16, 50672 Köln
(City), Tel.: 02 21 / 25 58 10
Öffnungszeiten: Mo – Sa 8 – 1 Uhr,
So 10 – 1 Uhr
Preise: Pool (klein) bis 18 Uhr
9,60 DM, danach 12,– DM, Pool
(groß) bis 18 Uhr 10,40 DM, danach
13,– DM, Caramboulage (klein) bis

im Bazaar de Cologne

Mittelstr. 12 - 16   Köln   Tel.: 0221 - 255810
Öffnungszeiten Mo - Sa 8.00 Uhr - 1.00 Uhr
So 10.00 Uhr - 1.00 Uhr

4 x Karambolage
4 x Snooker
17 x Pool

18 Uhr 8,80 DM, danach 11,– DM, Caramboulage (groß) bis 18 Uhr 9,60 DM, danach 12,– DM, Snooker bis 18 Uhr 12,– DM, danach 15,– DM, ermäßigtes Monatsabo Vier Caramboulage-Tische, vier Snooker-, 15 Pool-Tische

West-Billard
Melatengürtel 21, 50933 Köln (Braunsfeld), Tel.: 02 21 / 95 42 44 11
Öffnungszeiten: Mo – Do 15 – 24 Uhr, Fr / Sa 15 – 3 Uhr, So 11 – 23 Uhr
Preise: pro Stunde Pool 14,– DM bzw. 15,– DM, Snooker 18,– DM, Caramboulage 12,– DM bzw. 13,– DM, täglich bis 18 Uhr
15 Prozent Rabatt auf alle Tische

Zehn Pool-Tische, zwei Snooker-, fünf Caramboulage-Tische, Verein: 1. BSC Köln. Der Dreiband-Weltmeister Christian Rudolf spielt ab und zu bei West-Billard.

Weitere Infos:
– Infos über Möglichkeiten für Nichtmitglieder, in Billard-Vereinsheimen zu spielen, gibt der Pool-Billard-Verband Mittelrhein (PBVM), Geschäftsführer Manfred Brandau, Tel.: 0 22 43 / 45 76
– Deutsche Billard-Union e.V., Hiberniastraße 17, 46240 Bottrop, Tel.: 0 20 41 / 7 96 10
Snooker: Bundessportwart Karsten Reborn, Tel.: 02 02 / 4 60 06 08

Story
Boule – Mehr, als nur eine ruhige Kugel zu schieben

"Es ist wie eine Sucht, wenn es dich erst einmal gepackt hat, kannst du einfach nicht mehr damit aufhören." Klaus-Jürgen Riffelmann aus Nippes verbringt fast jede freie Minute damit, Boule zu spielen. Vor fünf Jahren hat ihn dieser Sport in seinen Bann gezogen und läßt ihn seitdem nicht mehr los. Nur gut, daß auch seine Freundin Sabine im Boule-Fieber ist, sonst hätte es wohl schon die eine oder andere Beziehungskrise gegeben. Wie den beiden ergeht es in Köln einigen hundert aktiven Boule-Spielern, etwa 70 davon mit der begehrten Lizenz ausgestattet, ohne die man nicht auf Meisterschaften antreten darf. Mehrmals in der Woche fährt der 30jährige Diplomingenieur mit dem Fahrrad in die Südstadt, um sich dort mit Gleichgesinnten an der alten Fachhochschule im Römerpark zu treffen. *"Natürlich ist uns Sonnenschein lieber, aber im Grunde genommen ist das Wetter egal, wenn's nicht gerade in Strömen regnet"*, entkräftet Klaus-Jürgen Riffelmann das Vorurteil, Boule wäre nur etwas für Schönwetter-Freizeitsportler. Daß das französische Spiel mit den Eisenkugeln eine ziemlich ernste Angelegenheit ist, zeigt bereits die erhebliche Anzahl ausgetüftelter Regeln und taktischer Varianten. Dabei ist das Grundprinzip des Spiels eigentlich ganz simpel: Aus einem Halbkreis wird die kleine Holzkugel („le cochonet") sechs bis zehn Meter weit weggeworfen, und die Eisenkugeln müssen so nah wie möglich an das „Schweinchen", wie die kleine Kugel auch liebevoll genannt wird, plaziert werden. Gespielt wird eins gegen eins („tête à tête"), zwei gegen zwei („doublette") oder drei gegen drei („triplette").

Einem rheumageplagten Franzosen hat das Boule sein heutiges Regelwerk zu verdanken. Denn früher, Anfang des 20. Jahrhunderts, spielten sie im Süden Frankreichs noch die Langversion, das „Jeu provençal". Dabei lag die Zielkugel 15 bis 21 Meter weit vom Abwurfkreis entfernt, und es bedurfte schon eines gehörigen Anlaufes, jeder Menge Kraft und großer Körperbeherrschung, um die Metallkugeln dorthin zu bugsieren. Jules Le Noir wäre zu gerne dabeigewesen, konnte aber aufgrund seines Leidens nur ein paar Trippelschritte machen – zuwenig, um im Konzert der Könner mitzuspielen. Anstatt aber aufzugeben, schuf er sich seine eigene Spielart, indem er die Kugel nur einige Meter weit warf. Freunde und Kollegen, die ihn aufheitern wollten, schlossen sich dieser Spielweise an und stellten weitere „behindertenfreundliche" Regeln auf. Somit war die Kurzversion des Boule geboren, das „Pétanque". Inzwischen gibt es im Mutterland des Boule rund eine Million aktiver Spieler – so gesehen ist Deutschland mit seinen gerade mal 10 000 Aktivisten eher Boule-Entwicklungsland.

In Köln wird Pétanque seit Anfang der 80er Jahre gespielt. Hartmut Zänder gründete mit der Boulespielgemeinschaft (BSG) Köln den ersten Boule-Verein bei uns. Seitdem ist die Anhängerschar stetig gewachsen, und inzwischen gibt es schon einige Orte, an denen eine ruhige Kugel geschoben wird. Zu Tummelplätzen für Boule-Spieler haben sich der Rathenauplatz, der Mülheimer Stadtgarten, der Römerpark, das Nippeser Tälchen und die Weißenburgstraße im Agnesviertel gemausert. Aber auch an anderen Orten läßt sich trefflich Boule spielen, Voraussetzung ist ein idealerweise erdiger oder lehmiger Untergrund, wie ihn zum Beispiel Parkwege aufweisen. Einen extra für das Pétanque angelegten Spielort gibt es in Köln noch nicht, der Stadt fehlt wohl das nötige Kleingeld. Folgerichtig schaffen sich die Boule-Begeisterten ihre eigenen Domizile. „Wichtig ist auf jeden Fall, daß es in unmittelbarer Nähe zu den Plätzen auch ein Café gibt, in dem man hinterher jeden einzelnen Wurf noch einmal diskutieren kann", sagt Klaus-Jürgen Riffelmann und betont damit auch die soziale Komponente seines Sports. „Kommunikative Heiterkeit" sagt man dem Geschicklichkeitsspiel nach, das zwei Eigenschaften in sich vereinigt: spielerische Gelöstheit und sportlichen Wettkampf.

Das Geheimnis liegt nicht zuletzt in der Körperspannung, die man beim Wurf aufbauen muß. Den Arm möglichst gerade halten, Handfläche nach unten, ruhig stehen und den Zielpunkt nicht aus den Augen ver-

Zentimeter entscheiden manchmal über Sieg oder Niederlage beim Boule-Spiel

lieren. Je nach Spielsituation sind verschiedene Wurftechniken gefragt: Das Annähern der ca. 700 g schweren Kugel an das „Schweinchen" wird „legen" („pointer") genannt. Dabei wird das runde Spielgerät entweder zum Zielort flach gerollt („roulette"), oder es beschreibt nach dem Abwurf einen halben Bogen („demie portée"), ehe es den Boden berührt und das letzte Stück seines mitunter beschwerlichen Weges rollend zurücklegt. Wenn eine gegnerische Kugel im Wege liegt und wegbefördert werden soll, kommt der „Schießer" („le tireur") zum Zuge. Die Kugel fliegt bei diesem schwierigsten aller Würfe in hohem Bogen („haute portée") und trifft mit verblüffender Zielgenauigkeit aus der Luft das anvisierte Eisen („au fer"), ohne vorher Bodenkontakt aufgenommen zu haben. „Der Klang einer auf diese Weise getroffenen Kugel setzt beim Spieler Gefühle frei, als hätte ein Fußballer ein Tor geschossen", erzählt Klaus-Jürgen Riffelmann, dessen größter Erfolg bislang ein neunter Platz bei der Deutschen Doublette-Meisterschaft war.

„Obwohl die Profis unter den Boule-Spielern über ein enormes Schätzvermögen und Augenmaß verfügen, muß doch ab und zu genauer nachgemessen werden, wessen Kugel näher am ‚Schweinchen' liegt. Schließlich sind es oft nur Millimeter, die über die Vergabe der Punkte und damit über Sieg oder Niederlage entscheiden. Deshalb gehört das Metermaß als fester Bestandteil zur Boule-Ausrüstung. Kommt die Meßlatte tatsächlich zum Einsatz, liegen Triumph und Scham nah beieinander. Denn selbstverständlich könnte vorher jeder der Beteiligten eine Wette darauf abschließen, daß ihn sein natürliches Entfernungsgefühl nicht betrügt."

Je weiter das Spiel fortgeschritten ist, desto ausführlicher werden die Debatten darüber, wie man am besten auf die entstandene Situation reagiert. Dabei wird nicht selten auch mit dem einen oder anderen Psychotrick gearbeitet. Zwar geht man – oberflächlich betrachtet – sehr freundlich miteinander um, schließlich kennen sich die Spieler ja, aber im Wettkampf geht es einzig und allein darum, 13 Punkte zu holen, die nötig sind, um eine Runde zu gewinnen. Da kann es dann schon einmal etwas barscher zur Sache gehen – nur verbal, versteht sich. Oder es wird mit Gesten oder mit den Augen gearbeitet. Nichts haßt ein Spieler mehr, als während des Wurfes streng fixiert zu werden. Da kann die Konzentration flötengehen, und der Wurf landet vielleicht im punktefreien Niemandsland. Dann schon lieber seinen Träumen nachhängen, wie es Klaus-Jürgen Riffelmann tut: „Eines Tages möchte ich auf einem zentralen Marktplatz in Frankreich spielen, direkt neben einem Café gelegen, wo die Leute auf den Bänken neben der Bahn sitzen und bei jedem Wurf anerkennend applaudieren."

Weitere Infos:
- *Boulespielgemeinschaft (BSG) Köln, Vorsitzender Klaus-Jürgen Riffelmann,
Tel.: 02 21 / 7 32 53 82
oder 0 22 03 / 6 01 23 79*
- *Nippeser Boule-Club (NBC), Vorsitzender Peter Ullrich,
Tel.: 02 21 / 7 39 18 38 (bringt regelmäßig den „Nippeser Boule-Brief" heraus, der Infos zum Kölner Boule-Geschehen enthält)*

Bowling

Bowling ist in Deutschland eine noch relativ junge Sportart; erst seit 1964 wird hierzulande gebowlt. Strenggenommen gehört das Bowling zum Kegelsport, denn es ist eine der vier Disziplinen des Kegelns. Früher wurde es auch „Internationale Bahn" genannt. Abgesehen von der Zählweise unterscheidet es sich vom Kegeln vor allem in zwei Dingen: Erstens werden die „Pins", wie die abzuschießenden Figürchen genannt werden, in einer anderen Formation aufgebaut, und zweitens verfügt die Kugel über zwei Löcher, in die beim Wurf der Daumen und der Ringfinger gesteckt werden. Inzwischen ist das Spiel bei uns flügge geworden und erfreut sich nicht nur als Hobby- und Freizeitmöglichkeit steigender Beliebtheit, sondern auch als Leistungssport. Immerhin haben die deutschen Vertreter bei internationalen Wettbewerben in den letzten Jahren große Erfolge erringen können, darunter Welt- und Europameistertitel. Im Moment gehört Deutschland zu den fünf besten Bowling-Nationen der Welt (die Amerikaner sind natürlich unerreichbar, schließlich werden dort die Kinder bereits mit der Bowling-Kugel in der Hand geboren). Als Sportart betrieben, unterscheidet man verschiedene Bowling-Klassen, abhängig von der Anzahl der Spieler und Spielrunden. Der Deutsche Einzelmeister Joachim Grabowski betreibt auf der Alpha-Bowling-Bahn einen Bowling-Shop, startet aber für den 1. BC Duisburg. Ansonsten ist die Bowling-Szene in Köln eher zweitklassig: Die Damen des BSC Strikers Köln 1970 spielen immerhin in der 2. Bundesliga, bei den Herren spielt der beste Verein in der NRW-Liga (3. Liga). Köln hat drei Bowlingbahnen:

Alpha-Bowling
Luxemburger Straße 299, 50939 Köln (Sülz), Tel.: 02 21 / 42 84 67
Öffnungszeiten: Mo – Fr 16 – 1 Uhr, Sa / So 14 – 1 Uhr
Preise: pro Spiel und Person
Mo – Do bis 18 Uhr 3,80 DM,
Fr / Sa / So bis 18 Uhr 4,50 DM,
täglich ab 18 Uhr 5,50 DM
Alpha-Bowling bietet 16 Kunststoff-Bahnen mit computergesteuerter Spielauswertung. Auf der modernen Anlage trainieren mit dem BSC Striker Köln, dem BC Leverkusen und dem Alpha-Team auch drei Bowling-Vereine.

City-Bowling
Moselstraße 44, 50674 Köln,
Tel.: 02 21 / 23 92 75
Öffnungszeiten: täglich 16 – 1 Uhr
(am Wochenende auch des öfteren
mal länger)
Preise: pro Spiel und Person bis
18 Uhr 4,50 DM, ab 18 Uhr
5,50 DM, Leihschuhe 2,– DM
Auf Kölns ältester Bowling-Bahn (sogar die erste in NRW; sie wurde im Juli 1964 eröffnet) ist das „etwas andere" Bowlen angesagt. Das Flair der ein wenig antiquiert wirkenden Anlage fördert das gemütliche Beisammensein – sportliche Höchstleistungen stehen hier nicht im Vordergrund. Inhaber Michael Holter ist Herr über vier Bahnen, die mit Holzparkett belegt sind. Anders als in den anderen Kölner Bowling-Centern müssen die Spieler hier ihre Ergebnisse noch selber aufschreiben.

West-Bowling
Melatengürtel 21,
50933 Köln (Braunsfeld),
Tel.: 02 21 / 95 42 44 11
Öffnungszeiten: Mo – Do 15 – 24 Uhr,
Fr / Sa 15 – 3 Uhr, So 11 – 23 Uhr
Preise: pro Spiel und Person
Mo – Do bis 18 Uhr 5,50 DM,
ab 18 Uhr 6,90 DM, Fr / Sa / So
bis 18 Uhr 6,– DM, ab 18 Uhr
7,40 DM, So / Feiertag 21 – 23 Uhr
20 Prozent Rabatt auf Spiele und
Getränke, So 11 – 14 Uhr Familientag (eine Stunde 20,– DM),
Leihschuhe 3,– DM
West-Bowling verfügt über 20 Holzbahnen.

Weitere Infos:
– BSC Strikers Köln 1970, 1. Vorsitzender Christian Mörsberger, Tel.: 02 21 / 76 18 20

Kegeln

Köln war früher eine absolute Hochburg, was das Sportkegeln betrifft. In den 70er Jahren gehörte der Verein Kölner Kegler zur Crème de la Crème in Deutschland. In der jüngeren Vergangenheit ist es merklich ruhiger geworden, der ranghöchste Kölner Kegelclub rangiert im Moment nur in der 4. Liga. Allerdings gibt es immer noch hervorragende Einzelsportler in Köln. So stand beispielsweise die Kölnerin Christiana Tripp im deutschen Team, als der Weltmeistertitel geholt wurde.
Derzeit betreiben rund 180 Aktive in diversen Vereinen Sportkegeln. Auch diese Zahl lag früher deutlich höher, was der Vorsitzende der Dachorganisation, des Vereins Kölner Kegler, Hans Raubach, so begründet: „Der Trend geht bergab, weil die Jugend Kegeln zu spießig findet."
In Köln wird, wie in der gesamten Region, ausschließlich das Kegeln auf „Scherenbahnen" ausgeübt. Bei dieser Art des Kegeln geht die Bahn gegen Ende wie eine Schere auseinander. Ansonsten unterscheiden die Kegler drei weitere Formen ihres Sports: „Bowling" (s. o.), „Bohle" (hierbei ist die Bahn weitaus länger, es wird in Norddeutschland gespielt) und „Asphalt"

(unterhalb der Main-Linie populär, die Bahn unterscheidet sich in Länge und Breite vom Scherenkegeln). Im Scherenkegel-Wettkampf werden 120 Würfe ausgeführt, teils in die Vollen, teils als Abräumer.
Um am Wettkampfbetrieb teilnehmen zu können, muß auf sogenannten Bundeskegelbahnen gespielt werden. Diese Bahnen werden alle zwei Jahre von Inspekteuren des Deutschen Kegel-Bundes genauestens vermessen. In Köln gibt es folgende Kegelzentren, in denen Wettkampfkegeln möglich ist. Hier können aber auch Hobbykegler antreten, um alle Neune (und ab und zu mal einen Pudel) zu werfen.

Kegelcasino Porz-Eil
Frankfurter Straße 660,
51145 Köln (Porz-Eil),
Tel.: 0 22 03 / 3 22 99
Öffnungszeiten: 11 Uhr bis nachts (auf jeden Fall vorher anrufen, da oft wegen Vereinstrainings belegt)
Preise: Stunde 10,– DM
Vier Bundeskegelbahnen, Vereine und Betriebssportgruppen: unter anderem Rot-Weiß Porz, RSV Urbach, Bäckerinnung, SK Eil (Damen)

Kegelsportrestaurant „Zum Koke"
Donatusstraße 26, 50767 Köln (Pesch), Tel.: 02 21 / 5 90 46 86
Öffnungszeiten: Werktags außer Mo 11.30 – 1 Uhr, Fr / Sa bis 3 Uhr
Preise: pro Stunde 15,– DM, nachmittags drei Stunden 35,– DM, abends vier Stunden 40,– DM, Sonderpreise für Vereine
Vier-Bahnen-Anlage, Vereine: SK Pesch, Betriebssportvereine (unter anderem von Ford), Ligabetrieb

Gruppenbild mit Kugel: Kegeln vereint Sport und Geselligkeit

**Kegelzentrum Dellbrück
(Croatiatreff)**
Bergisch Gladbacher Straße 1007,
51069 Köln (Dellbrück),
Tel.: 02 21 / 6 80 66 05
Öffnungszeiten: täglich 16 – 3 Uhr,
außer Mi 15 – 3 Uhr
Preise: pro Stunde 13,– DM
Sechs Bundeskegelbahnen, Vereine: unter anderen SKC Paffrath (der amtierende Deutscher Clubmeister), Nittum Leverkusen, CFK Hand, SCB Bergisch Gladbach

**Kegler Sport-Zentrum
Pescher Holz**
Donatusstraße 137, 50767 Köln
(Pesch), Tel.: 02 21 / 5 90 37 41
Öffnungszeiten: täglich außer Montag 11 – 14 und 16 – 24 Uhr (da am Wochenende Ligaspiele stattfinden, sollte telefonisch nachgefragt werden, ob Bahnen frei sind), Termine für Kindergeburtstage, Betriebsfeste etc. nach vorheriger Vereinbarung
Preise: Stunde 14,– DM,
20 – 24 Uhr pauschal 40,– DM
Acht Bundeskegelbahnen, Vereine: FKC Rot-Weiß Köln (Damen), CfK 28 Blau-Weiß Köln (größter Kegelclub Kölns mit über 60 Mitgliedern), Telekom-Sportverein

Weitere Infos:
Verein Kölner Kegler,
Präsident Hans Raubach,
Tel.: 02 21 / 51 21 34

Bahnengolf

Gibt es jemanden, der noch nie auf einer Bahnengolfanlage gespielt hat? Es werden wohl nur ganz we-

Präzision, Konzentration und Augenmaß sind beim Minigolf gefragt

nige sein, die bei dieser Frage den Arm heben. Den „kleinen Bruder" des großen Golfsports hat fast jeder schon mal ausprobiert, ob im Urlaub oder zu Hause. Aber längst nicht alle wissen, daß das Bahnengolf ein absolut ernstzunehmender Sport ist, mit Ligabetrieb und Meisterschaften. Über 11 000 Bahnengolfer sind hierzulande in Vereinen organisiert. Die Deutschen sind übrigens gemeinsam mit den Tschechen, Österreichern und Schweden führend in der Welt der kleinen Hartgummibälle. Auch Köln mischte lange Zeit im Konzert der Großen mit: Der Kölner Miniaturgolf-Club spielte in der Bundesliga und stellte mit Andreas Lang bis 1995 den Nationaltrainer. Inzwischen ist es rund um den Dom ein bißchen ruhiger geworden. Immerhin gibt es aber noch drei Vereine, die sich diesem Sport verschrieben haben. Der beste Minigolf-Club Kölns ist der 1. MGC Köln, der in der Verbandsliga spielt (2. Liga im Bahnengolf).

Bahnengolf ist eine gelungene Mischung aus Technik, Konzentration, Augenmaß, Körperbeherrschung und Bewegung. Zwei Arten werden unterschieden: Minigolf und Miniaturgolf. Beide Formen werden auf 18 Hindernisbahnen gespielt, die es gilt, mit so wenig Schlägen wie möglich zu bewältigen. Während aber Minigolf auf größeren, meist rot eingefärbten Betonbahnen mit Banden aus Rohren gespielt wird (auf denen das Betreten erlaubt ist, wie zum Beispiel auf der Anlage am Müngersdorfer Stadion), bestehen die Bahnen beim Miniaturgolf aus Eternit mit Winkelbanden (zum Beispiel auf der Bezirkssportanlage in Ehrenfeld). Dort ist das Betreten strengstens untersagt. Fast religiöse Züge – hüben wie drüben – nimmt die richtige Auswahl des Materials an. Gute Bahnengolfer haben durchschnittlich 120 bis 140 Bälle in ihren kleinen Köfferchen, das Stück zu 18 bis 26 Mark, erhältlich nur per Versand. Je nach Witterung und Bahnbeschaffenheit kommen sie zum Einsatz. In Köln kann man auf sechs Anlagen Mini- bzw. Miniaturgolf spielen.

Internationale Minigolf-Sportanlage
Freizeitinsel Groov,
51149 Köln (Porz-Zündorf),
Tel.: 0 22 03 / 8 43 29
Öffnungszeiten: Mai bis Oktober, täglich von 10 Uhr bis Einbruch der Dunkelheit, im Winter nur an Wochenenden
Preise: Erwachsene 4,– DM, Kinder 3,– DM
Sehr schöne Anlage im herrlichen Ambiente der Freizeitinsel Groov. Die Qualität der Bahnen läßt sich an der Tatsache ablesen, daß hier in den 90er Jahren bereits Deutsche Meisterschaften ausgetragen wurden. Wenn sich der „kleine Hunger zwischendurch" meldet, kann sich, wer's mag, mit Kleinigkeiten aus der Mikrowelle verwöhnen lassen.

Bahnengolfanlage Rodenkirchen
Uferstraße 53, 50999 Köln (Rodenkirchen), Tel.: 0 22 36 / 6 37 35
Öffnungszeiten: Frühling bis Herbst
Mo – Fr ab 13 Uhr, Sa / So ab 10 Uhr, jeweils bis Einbruch der Dunkelheit
Preise: Erwachsene 3,50 DM, Jugendliche 2,50 DM
Seit fast 25 Jahren besteht diese Bahnengolfanlage in Rodenkirchen. Die asphaltierten Bahnen sind in gutem Zustand. Es handelt sich um eine reine Publikums- und Freizeitanlage, die in schöner Umgebung direkt am Waldrand des Ausflugsziels Weißer Bogen liegt.

Miniaturgolf Haus am See / Decksteiner Weiher
Bachemer Landstraße 420, 50858 Köln (Lindenthal),
Tel.: 02 21 / 43 43 21
(Haus am See)
Preise und Öffnungszeiten:
vor Ort erfragen
Für Publikums- und Freizeitspieler geeignet, für mehr reicht's allerdings nicht. Die Anlage ist nicht gerade sonderlich gepflegt.

Minigolf am Waldbad Dünnwald
Peter-Baum-Weg, 51069 Köln (Dünnwald), Tel.: 02 21 / 60 33 15
Öffnungszeiten: vom 1. April bis 30. Oktober, 14 Uhr bis Einbruch der Dunkelheit
Preis: Erwachsene 4,– DM, Kinder und Jugendliche 2,50 DM
Gepflegte Anlage, gelegen in schöner Natur. Sie ist einem Campingplatz angegliedert.

Minigolfanlage in Müngersdorf
Aachener Straße 703 / Ecke Militärring, 50933 Köln (Müngersdorf), Tel.: 02 21 / 49 37 90
Öffnungszeiten: Anfang April bis Ende Oktober, 11 Uhr bis Einbruch der Dunkelheit
Preise: Erwachsene 4,– DM (Zehnerkarte 35,– DM), Kinder bis 14 Jahre 3,50 DM (Zehnerkarte 28,– DM)
Die Anlage ist schon über 30 Jahre alt und hat, als internationale Turnieranlage, ihren Charme behalten. Trotz einer Hauptverkehrsstraße im Rücken ist sie sehr großräumig und ein grünes Kleinod. Pächter Dietger Krost bemüht sich rührend um die Anlage. Auf ihr wird das internationale Freundschaftsturnier „Cologne Cup" ausgetragen.

Miniaturgolfanlage des Kölner MC
Bezirkssportanlage Ehrenfeld, 50672 Köln (Ehrenfeld, gegenüber vom Colonius),
Tel.: 02 21 / 41 29 35
Öffnungszeiten: vom 1. April bis Ende September, bei gutem Wetter bis in den Oktober hinein,
Di / Mi / Fr 16 – 20 Uhr, Sa / So 14 – 20 Uhr, Mo / Do geschlossen
Preise: eine Runde 3,– DM, zweite Runde 2,– DM
Der Kölner Miniaturgolfclub hat das Gelände am Fuße des Colonius 1986 von der Stadt Köln übernommen und es durch Eigenarbeit von einer Schutthalde in ein Schmuckstück verwandelt. Früher spielte der Club an der Decksteiner Mühle,

bis die dortige Anlage eingestampft wurde. Die Bahnen auf der Bezirkssportanlage haben sich zum Turnierstandard gemausert (hier wurden unter anderem 1994 die Westdeutschen Meisterschaften ausgetragen).

Weitere Infos:
- 1. Minigolfclub 1961 Köln e.V.,
  Lothar Berger,
  Tel. 02 21 / 74 10 73
- 1. Porzer Minigolf Club,
  Horst Meckert,
  Tel.: 0 22 03 / 2 62 24

1. FC KÖLN

KÖLNER EISHOCKEY CLUB – „DIE HAIE"

FORTUNA KÖLN

COLOGNE CROCODILES

TA TOYOTA KÖLN

SG EC / BAYER KÖLN-WORRINGEN

ROT-WEISS KÖLN

ASV KÖLN

Geißböcke, Haie und Krokodile

Die Sportstadt Köln lebt auch von ihren populären und zuschauerträchtigen Vereinen. Und die rheinische Metropole hat einiges zu bieten, was die Fans in Scharen in die Stadien, auf die Sportplätze und in die Hallen lockt. Allen voran stehen natürlich der 1. FC Köln im Fußball und die Kölner „Haie" im Eishockey. Beide Vereine bieten Profi-Teams auf und zählen schon seit Jahrzehnten zu den Kölner Aushängeschildern in Sachen Sport. Auch die Südstadtkicker von Fortuna Köln erfreuen sich größter Sympathien in der Bevölkerung. Ähnlich sieht's mit den Cologne Crocodiles im American Football aus, einer Sportart, die in den letzten Jahren stetig an Popularität gewonnen hat. Vor nicht ganz so großer Kulisse tragen die Kunstturner von TA Toyota Köln, die Ringer von der SG EC / Bayer Köln-Worringen und die Hockeyspieler von Rot-Weiß Köln ihre Wettkämpfe aus. Diese Clubs zählen als Bundesligisten dennoch zu den wichtigsten Vereinen in der Domstadt. Ebenso wie der ASV Köln, der seit Jahrzehnten immer wieder Meister und Medaillengewinner in der Leichtathletik hervorbringt.

Nicht übersehen werden darf aber auch die Tatsache, daß in einigen Sportarten die ganz großen Leistungen im Moment fehlen. Zu nennen wären hier Volleyball, Basketball (wo seit dem Zusammenbruch von Saturn bzw. Galatasaray Köln der absolute Spitzensport fehlt) und Handball (obwohl dort inzwischen mit der Damenmannschaft des 1. FC Köln immerhin ein Zweitbundesligist herangereift ist). Auf eine große Tradition kann in Köln auch der Boxsport zurückblicken. Nach langer Durststrecke scheint sich im Schatten des Doms nun endlich wieder Größeres zu entwickeln.

1. FC Köln

In der Gunst der Kölner Sportfans stehen die „Geißböcke", wie der 1. FC Köln liebevoll nach seinem Maskottchen genannt wird, sicher ganz oben. Einzig die Eishockeystars der Kölner „Haie" können da noch mithalten. Auch wer sich nicht so sehr für den Fußball interessiert, vernimmt nicht ganz emotionslos die Ergebnisse des Bundesligisten. Der 1. FC ist nun mal ein Stück von Köln; die Identifikation seiner Anhänger ist mit der Liebe vergleichbar, die die Kölner Einwohner zu ihrer Stadt hegen.

Der Nigerianer Sunday Oliseh ist zum wichtigen Spieler beim FC herangereift

Die Geschichte des Vereins ist äußerst facettenreich: mal himmelhoch jauchzend, mal zu Tode betrübt. Und immer haben die Fans ihrem Club die Treue gehalten.
Am 13. Februar 1948 erblickte der Verein nach einer Fusion aus dem Kölner Ballspiel-Club 01 und der Spielvereinigung Sülz 07 das „Licht der Fußball-Welt". Mann der ersten Stunde und „Vater" des 1. FC Köln war Franz Kremer, der lange Zeit auch auf dem Chefsessel saß. Noch heute erinnert der Name des Stadions am Vereinsgelände im Grüngürtel an ihn. Zweimal, 1962 und 1964, durfte er miterleben, wie seine Spieler die Meisterschale in Empfang nahmen, bevor er 1967 verstarb. In der Folgezeit war es dem FC noch einmal vergönnt, sich als Klassenprimus feiern zu lassen, und das gleich doppelt. 1978 schaffte der Verein das, was man im Fußballdeutsch das „Double" nennt, Meisterschaft und Pokal in einer Spielzeit – der größte Triumph in der FC-Geschichte. Insgesamt durfte sich der 1. FC Köln viermal in die Siegerliste des DFB-Pokals eintragen. Seit Einführung der Bundesliga spielen die Geißböcke in der höchsten Spielklasse. Gemeinsam mit dem Hamburger SV sind sie somit die einzig verbliebenen Gründungsmitglieder. Und fast immer spielte der FC mit im Konzert der Großen. In der „ewigen Tabelle" der Bundesliga rangiert der Club hinter Bayern München auf dem zweiten Platz. Und auch im internationalen Geschäft konnten sich die Kölner Fußballkünste sehen lassen. 161 Spiele absolvierte der Verein in den europäischen Wettbewerben, 1986 stand er sogar in den Finalspielen um den UEFA-Cup, allerdings verlor er dort gegen Real Madrid.

Aber es gab nicht nur Licht, sondern auch Schatten am Geißbockheim. 1986 wäre es mit der Bundesliga-Herrlichkeit fast vorbei gewesen. Erst am letzten Spieltag konnten die Kölner durch einen 3:0-Erfolg gegen den VfL Bochum den Klassenerhalt sichern. Entsprechend glücklich schilderte der damalige Trainer Georg Keßler die Szenen, die sich danach in der FC-Kabine abspielte: „Bei uns herrschte eine Atmosphäre, als wären wir eben Deutscher Meister geworden." Ähnlich dürften sich Spieler und Fans nach dem Schlußpfiff des letzten Spiels in der Saison 1995/96 gefühlt haben. Erst nach dem 1:0-Sieg über Hansa Rostock war der Alptraum vom Abstieg abgewendet. Egal ob oben oder unten in der Tabelle – der 1. FC Köln hatte immer seine Stars. Von Hans Schäfer, Wolfgang Weber, Hannes Löhr, Heinz Flohe und Wolfgang Overath über Harald „Toni" Schumacher, Pierre Littbarski und Klaus Allofs bis hin zu Thomas Häßler, Jürgen Kohler und Bodo Illgner: Fußball „made in Cologne" wurde durch das Engagement der Spieler in der Nationalmannschaft auch international zum absoluten Gütezeichen. Und nicht nur deutsche Spieler, auch die „eingekölschten" Stars aus dem Ausland sorgten immer wieder für Furore: so beispielsweise der belgische Torjäger Roger van Gool oder der Däne Morten Olsen, der später auch als Trainer erfolgreich arbeitete, und dessen Landsmann Fleming Povlsen. Nicht zu vergessen ist natürlich auch „Alpenbomber" Toni Polster, der sich mit seinen Toren in Köln selbst ein Denkmal gesetzt hat. Durch das vieldiskutierte „Bosman-Urteil", das ausländischen Fußballern den Zugang zur Bundesliga extrem erleichtert hat, kamen in letzter Zeit noch einige hochkarätige Stars aus dem Ausland hinzu, etwa der Nigerianer Sunday Oliseh oder die beiden rumänischen Nationalspieler Dorinel Munteanu und Ion Vladoiu. Allerdings: So gut und wichtig die internationalen Verstärkungen auch sind, es wurden zuletzt auch Stimmen laut, denen das „kölsche Element" beim FC etwas zu kurz kommt. Hier wird in Zukunft mehr denn je eine gute Nachwuchsarbeit gefragt sein.

Kölner Eishockey Club – „Die Haie"

Der Kölner EC wurde zu einer Zeit gegründet, als das Eishockey fast ausschließlich von den Mannschaften jenseits des Weißwurstäquators dominiert wurde. Der EV Füssen, der SC Rießersee und der EC Bad Tölz dominierten die Eishockeyszene fast nach Belieben. Nur die von den Kölnern so ungeliebten rheinischen Rivalen von der Düsseldorfer EG konnten in die Phalanx der bayerischen Klubs einbrechen. Vielleicht war gerade das der ausschlaggebende Punkt, warum man sich auch in Köln anschickte, endlich Spitzensport im Eisstadion an der Lentstraße zu bieten. Am 10. August 1972 koppelte sich die Eishockeyabteilung des traditionsreichen Kölner EK vom Stammverein ab und ließ den furchteinflößenden Hai in ihr Vereinswappen eintragen. Dem rasanten Kufensport sollte in Köln auf die Beine geholfen werden, denn bis dahin führte die Jagd nach dem Puck eher ein bescheidenes Mauerblümchendasein.

Inzwischen sind die Kölner „Haie" zu einem echten Gütesiegel der Sportstadt geworden. Der Weg dorthin war allerdings weit und wahrlich nicht nur von Erfolgserlebnissen geprägt. Zwar gelang den „Haien" schon bald der Einzug in die Bundesliga, danach folgten aber jahrelang nur Plätze im unteren Mittelfeld. Den heiß ersehnten ersten Meistertitel gab es 1977 zu feiern, als der KEC mit deutlichem Vorsprung vor dem Krefelder EV die Meisterschale in Empfang nehmen durfte. Mit einem 8:6 in Bad Nauheim konnten die „Haie" am 13. März jenes Jahres den entscheidenden Sieg erringen, wobei sie sogar einen 2:6-Rückstand aufholten. Als „Mann der Stunde" ließ sich der neue „Haie"-Boß Dr. Jochem Erlemann feiern, war ihm doch vor Saisonbeginn mit der Verpflichtung der absoluten Top-Stars Erich Kühnhackl und Udo Kießling ein sensationeller Coup gelungen. Über die kuriosen Wege, die Erlemann auf den Chefsessel beim KEC brachten, regte sich keiner mehr auf. Von nun an war mit den Kölner Puckjägern immer zu rechnen. Zwei Jahre später kamen die

Müngersdorfer Stadion.
28. Minute - Tor!
Köln führt.
Wir sind dabei:

Denn wir sorgen dafür, daß Sie das Spiel auch bei Flutlicht erleben: Mit Strom von GEW.

Egal, ob vor oder nach einem Spiel. Wir bringen Sie immer pünktlich an's Ziel: Mit Bussen und Bahnen der KVB.

GEW Gas-, Elektrizitäts- und Wasserwerke Köln Aktiengesellschaft

KVB Kölner Verkehrs-Betriebe Aktiengesellschaft

Unsere Leistung läßt Köln leben.
GEW und KVB sind Unternehmen des Stadtwerke - Konzerns Köln

Die Kölner „Haie" bieten Eishockey-Spitzensport im Eisstadion an der Lentstraße

„Haie" wiederum zu Meisterehren, ebenso 1984. In den Jahren 1986 bis 1988 gelang den „Eissputniks vom Rhein" sogar das, was zuvor seit den 30er Jahren nur dem EV Füssen vergönnt war: der Meister-Hattrick. Besonders für den Mann mit der Nummer 4 auf dem „Haie"-Trikot wurde der letzte Titel zum Triumphzug. Rekordnationalspieler Udo Kießling gewann zum sechsten Mal die Meisterschaft mit dem KEC und darf getrost als bester Verteidiger bezeichnet werden, der je für Deutschland gespielt hat.

Nach einigen etwas ruhigeren Jahren konnten sich die Fans an der Lentstraße 1993 über den Vizemeistertitel freuen und 1995 gab's endlich mal wieder die Meisterschale. Daß den Kölnern ein Jahr später die Titelverteidigung in den Play-Off-Endspielen gegen die Düsseldorfer EG nicht gelang, ist zwar wegen der bekannten Rivalität schmerzlich, wurde den Cracks aber schnell verziehen.

Inzwischen hatte sich im deutschen Eishockey einiges verändert. Am 16. September 1994 begann mit der Einführung der Deutschen Eishockey Liga (DEL) eine neue Ära. Nach 36 Jahren Bundesliga unter dem Patronat des Deutschen Eishockey-Bundes entschlossen sich die Verantwortlichen dazu, die „schnellste Sportart der Welt" auf eine noch professionellere Ebene zu führen. In Anlehnung an die nordamerikanische Profiliga NHL wurde die DEL gegründet, die als Franchise-Geber für die Durchführung des Eishockey-Sports verantwortlich zeichnet. Damit wurde aus dem eingetragenen Verein KEC „Die Haie" die KEC Kölner Eishockey-Gesellschaft „Die Haie" mbH. Den

Zuschauern im Eisstadion an der Lentstraße dürfte das egal sein, Hauptsache, die „Haie" beißen weiterhin so gut.

Fortuna Köln

Kein Zweifel, der erfolgreichere der beiden populärsten Kölner Fußballvereine ist der 1. FC Köln. Wenn es aber um den Beliebtheitsgrad in der Stadt geht, kann die Fortuna, die 1920 aus einer Fusion aus SV Viktoria, Sport Verein Köln und Bayenthaler Spielverein entstand, durchaus mithalten. Gelegenheit für den direkten Sympathievergleich gab es am 11. Juni 1983. Ein denkwürdiger Tag für den Kölner Fußball, standen sich doch mit der Fortuna und dem FC gleich zwei Kölner Clubs im Pokalfinale gegenüber. Das Müngersdorfer Stadion platzte aus allen Nähten, als die Geißböcke mit Hängen und Würgen einen 1:0-Sieg für den haushohen Favoriten erreichten. Das Tor von Pierre Littbarski reichte am Schluß, weil Fortuna es nicht fertig brachte, aus einer ganzen Reihe von Großchancen ein Tor zu machen. Als aber FC-Kapitän Gerd Strack kurz nach Spielende den Pokal überreicht bekam, pfiff ein Großteil der Zuschauer und feierte den unterlegenen Underdog. Der SC Fortuna Köln hatte das Spiel zwar verloren, aber die Sympathien gewonnen. Schon einmal stand der Südstadtclub im Rampenlicht der Fußball-

öffentlichkeit. In der Saison 1973/74 schnupperte Fortuna erstklassige Fußballuft. Damals allerdings nur für ein Jahr: Als Vorletzter betätigte sich das Team als Fahrstuhlmannschaft. Der Tag des Abstieges war an makabrer Spannung kaum mehr zu überbieten. Die Ausgangsposition war klar: Fortuna stand einen Punkt besser als der Tabellenvorletzte Wuppertaler SV und durfte die Bergischen, die das eindeutig bessere Torverhältnis hatten, nicht vorbeiziehen lassen. Der WSV spielte beim VfB Stuttgart, einem Team, das als äußerst heimstark galt. Fortuna mußte am Bieberer Berg in Offenbach ran und verlor sang- und klanglos mit 0:4. Als kurz nach Spielschluß bekannt wurde, daß die Wuppertaler ein 2:2 in Stuttgart geholt hatten, war klar: In der nächsten Saison spielt Fortuna in der 2. Bundesliga. Tiefe Niedergeschlagenheit in der Kölner Kabine, Tränen flossen, und Totenstille kehrte ein. Plötzlich wurde die Tür aufgerissen, und der damalige Trainer Willi Holdorf und Geschäftsführer Erwin Aretz platzten mit der Nachricht herein, daß Stuttgart in letzter Minute noch der Siegestreffer gelungen sei. Statt Tränen floß jetzt der Sekt, Spieler, Trainer und Funktionäre lagen sich freudetrunken in den Armen. Um so bitterer war dann der dritte Akt des makabren Schauspiels: Keine zwei Minuten später überbrachte Berater Martin Luppen die niederschmetternde

Wahrheit: „Der Reporter hat sich geirrt, es ist in Stuttgart beim 2:2 geblieben."

Zwölf Jahre lang versuchte der Löring-Club den erneuten Sprung aus der Zweit- in die Erstklassigkeit. Einige Male scheiterte er äußerst knapp, aber gereicht hatte es nie. Die Saison 1985/86 brachte noch einmal Hoffnung. Trainer Hannes Linßen hatte sein Team optimal auf die Zweitliga-Saison eingestellt, und es lief alles nach Plan. Nach zwei Dritteln der Spielzeit stand Fortuna auf einem Aufstiegsplatz, und die Südstadt freute sich schon darauf, daß Bayern München und Borussia Mönchengladbach demnächst im Südstadion auflaufen würden. Doch dann kam der Einbruch, es gab eine Negativserie, an dessen Ende nur der dritte Platz stand. Der reichte aber immerhin noch zum Relegationsspiel mit dem Drittletzten der Bundesliga. Zwei Spiele sollten darüber entscheiden, ob Borussia Dortmund erstklassig blieb oder die Fortuna in die Eliteliga aufsteigen durfte. Die erste Partie endete vor 47 000 begeisterten Zuschauern im Müngersdorfer Stadion mit einem glanzvollen 2:0-Sieg der Kölner – Grabosch und Richter hatten Nationaltorhüter Eike Immel zwei blitzsaubere Tore eingeschenkt. Im Rückspiel mußte sich nun zeigen, was der Erstligist Dortmund noch entgegenzusetzen hatte. Und es begann im Westfalenstadion so, wie es in Köln aufgehört hatte: Nach einer Viertelstunde führte Fortuna durch

Internationales Flair im Südstadion: Der Ghanaer Charles Akonnor in Aktion

ein Tor von Grabosch mit 1:0, und wieder dachten die Fans, daß die Sache wohl durch sei. Aber der Sturmlauf der Dortmunder brachte bis zur 90. Minute noch das 2:1 für die Borussia. Auch das hätte den Kölnern noch gereicht. Fünf Sekunden vor Schluß der offiziellen Spielzeit geschah dann das für unmöglich Gehaltene: Jürgen Wegmann erzielte das 3:1 für die Schwarz-Gelben und erzwang somit ein Entscheidungsspiel. Das wurde im Düsseldorfer Rheinstadion ausgetragen und endete für Fortuna mit einem 0:8-Debakel, nachdem nicht weniger als 13 Fortuna-Kicker krank oder verletzt waren.

Gerne hätte sich Präsident Jean Löring, der sein Amt schon rund 40 Jahre ausübte, mit seiner Fortuna den Traum vom Aufstieg erfüllt, damals oder in den Jahren danach. Aber bis jetzt hat es nicht sollen sein. Da nutzte es auch nichts, daß „Kaiser" Franz Beckenbauer den Kölnern die Daumen drückt: „Schade, daß die Fortuna nicht in der ersten Bundesliga spielt. Eine Stadt wie Köln könnte genau wie München zwei Bundesligisten vertragen."

Cologne Crocodiles

Seit 1994 spielt der beste Kölner American-Football-Club im schmucken Höhenberger Sportpark auf der rechten Rheinseite. Im Schnitt besuchen 3000 Fans die Spiele, bei Knallerpartien sind es auch schon mal 5000. Eine Besucherzahl, nach der sich der in Höhenberg ansässige Fußballclub Preußen Köln die Finger lecken würde. In den ersten Jahren nach ihrer Gründung 1980 spielten die Crocodiles noch im Südstadion, später dann bis 1993 in der Ostkampfbahn am Müngersdorfer Stadion. Heute sind die Grün-Weiß-Gelben eines der erfolgreichsten Teams in der Bundesliga. Seit 1990 steht der Verein jedes Jahr in den Play-Offs zur Deutschen Meisterschaft, dreimal standen die Jungs im Finale. Aber der ganz große Wurf, die Deutsche Meisterschaft, konnte bislang noch nicht erreicht werden. 1990 und 1991 waren jeweils die Berliner Adler der Gegner. Beim ersten Finale gab's noch eine ziemliche Packung, beim zweiten Mal schrammten die Crocodiles nur ganz knapp am ersehnten Titelgewinn vorbei. Noch dramatischer ging es 1993 zu, als die Kölner im Finale bei den Munich Cowboys antreten mußten. Bis kurz vor Schluß führten sie und standen am Ende doch nur als Vizemeister da. „Der Meistertitel wird unser ewiges Ziel bleiben. Wenn man wie wir schon so oft in den Play-Offs gestanden hat, will man endlich auch mal ganz vorne landen", sagt Christian Breinig, der schon seit 1981 dabei ist und nach Beendigung seiner aktiven Zeit nun als einer von fünf Positionstrainern der Crocodiles arbeitet.

Hart geht's her beim American Football mit den Cologne Crocodiles

Headcoach (Cheftrainer) Claus Brüggemann steht schon seit Mitte der 80er Jahre auf der Kommandobrücke der Crocodiles. Er kam damals von den Red Barons, die es inzwischen nicht mehr gibt. Unter seiner Hand feierte der Club die größten Erfolge, und eine ganze Reihe von Aktiven stieg bis in die Nationalmannschaft auf. Mittlerweile haben sogar einige Spieler den Sprung in die World-League geschafft, eine Liga, die nach amerikanischem Vorbild den American Football in Europa noch populärer machen soll. Markus Finke, Claus Biedermann, Ralf Kleinmann, Frank Messmer, Daniel Könner und Werner Hippler zeigten bei ihren Auftritten bei Frankfurt Galaxy und Rhinefire Düsseldorf, welch hervorragende Arbeit bei den Crocodiles geleistet wird. Hippler ist zudem der erste deutsche Spieler, der in der legendären National Football League (NFL) im Mutterland des Football einen Profivertrag bekommen hat (bei den San Diego Chargers). Der beständigste und wohl beste Spieler in Deutschland überhaupt ist Michael Davis, der seit 1989 das Trikot der Crocodiles trägt. Als Quarterback ist Davis für die entscheidenden Pässe zuständig und bildet das Bindeglied zwischen Headcoach und Mannschaft. Er nimmt die Zeichen seines Trainers auf und gibt sie beim Huddle (der Zusammenkunft vor einem Spielzug) an das Team weiter. Allein in der Offensive gibt es über 100 verschiedene Spielzüge, die diese Sportart zu einer Art Rasenschach machen. Will man erfolgreich spielen, muß alles hundertprozentig aufeinander abgestimmt sein, wie bei einer Maschinerie, in der die einzelnen Zahnräder haargenau ineinandergreifen.

Bis zu 70 Spieler werden jeweils vor der Saison in den sogenannten Try-Outs Anfang Januar getestet, mit einem Kader von über 50 Leuten geht's dann in die Spielzeit. Dank der hervorragenden Jugendarbeit können die Crocodiles immer wieder Nachwuchsspieler aus den eigenen Reihen an die Bundesliga heranführen. Verstärkt wird das Team auch stets durch erfahrene Cracks aus den USA, die als einzige Spieler bei den Crocodiles ein Handgeld für ihr Engagement kassieren. Ansonsten haben alle im Team einen reinen Amateurstatus. Durch Sponsorengelder können aber zumindest Sachleistungen zur Verfügung gestellt werden. Für die richtige Stimmung bei den Spielen sorgen neben den zahlreichen Fans auch die Cheerleader der Crocodiles, die uns eine Story wert sind.

Story
„Goldflash" – Die Cheerleader der Cologne Crocodiles

*120 Kilogramm Lebendgewicht stämmen sich dem flinken Running-Back entgegen und lassen ihn wie auf einen plumpen Sandsack auflaufen. Die Bemühungen der Düsseldorfer Panther, mit dem runden Lederei in die Endzone der Cologne Crocodiles zu gelangen, ist vorerst gestoppt. Tausende von Besuchern im Höhenberger Sportpark jubeln dem Kölner Team zu, immerhin geht es in diesem Spiel der American-Football-Bundesliga nicht nur um Punkte, sondern auch ums Prestige. Köln gegen Düsseldorf – das ist nicht nur im Eishockey und Fußball etwas Besonderes.
Großen Anteil an der tollen Stimmung im Stadion haben die Cheerleader der Crocodiles, die auf der*

Ohne die Cheerleader wäre bei den Spielen der Crocodiles nur halb soviel los

*Aschenbahn mächtig „action" machen. Ihr Name: Goldflash, ihr Auftrag: Unterstützung des eigenen Teams. Gewandet in grün-weiß-goldene Kostüme und sexy Miniröcke animieren sie das Publikum, die Spieler nach vorne zu pushen – und das klappt. „Let's go defense, let's go", rufen die 20 Cheerleader und schwenken dabei ihre Pompons, goldene Büschel aus Metallstreifen. Sofort springt der Funke über auf die Ränge. „Normalerweise kommt das super an, was wir machen", erzählt Anja Wenzeler, Headcoach, also Trainerin von Goldflash, „und das macht dann natürlich unheimlichen Spaß, wenn wir merken, daß unsere Arbeit so belohnt wird." Auch für die Spieler der Crocodiles ist die Unterstützung der Cheerleader sehr wichtig. Crocodiles-Kicker Ralf Kleinmann: „Ohne unsere Mädels wäre im Stadion garantiert nicht eine so gute Stimmung. Wir können froh sein, daß wir die haben." Begeisterung ist erlaubt, aber zu eng darf der Kontakt zwischen Spielern und Cheerleadern nicht werden, das verbietet der Ehrenkodex. Aber ganz so streng wie in den USA wird die Sache nicht gehandhabt. Dort folgt auf ein Techtelmechtel sofort der Rauswurf aus dem Verein – für beide, Spieler und Cheerleader. Das ist nicht die einzige Gefahr, die auf die Mädchen lauert. Manchmal, vor allem bei Auswärtsspielen der Crocodiles, pöbeln unverschämte Fans die Cheerleader auch an. „Ihr Hüpfdohlen" oder „Ausziehen" sind gängige Diskriminierungen, mit denen die Goldflashs konfrontiert werden. „Das mußt du einfach ignorieren, da mußt du drüberstehen, eine Faust in der Tasche machen und weiter anfeuern, denn das ist unser Job", weiß Anja Wenzeler, die selbst bereits als Profi-Cheerleader in der World-League bei Rhinefire Düsseldorf gearbeitet hat. „Da haben wir für unsere Auftritte im Düsseldorfer Rheinstadion ganz gutes Geld verdient. Bei Goldflash sind wir reine Amateure."
Die jungen Cheerleader trainieren ganz schön hart: Zwei- bis dreimal pro Woche müssen sie ran, entweder auf den Jahnwiesen am Müngersdorfer Stadion oder an der Halle Tor 2 auf dem Girlitzweg, dem Domizil der Crocodiles. Dort hat der Bundesligaclub einen Kraft- und Übungsraum eingerichtet, der den sinnigen Namen „House of pain" trägt. So schmerzvoll ist das Training der Cheerleader zwar nicht, aber bis die verschiedenen Figuren, Gesänge und Tanzeinlagen stehen, wird schon jede Menge Schweiß vergossen, schließlich handelt es sich nicht um ein bißchen Freizeitausgleich, sondern um Leistungssport. Denn die kurzen Schlachtrufe, sogenannte „Chants", sind längst nicht alles, was Goldflash auf dem Kasten hat. Da sind zum Beispiel „Cheers", komplette Sprechgesänge in englischer Sprache, auf die bestimmte Bewegungen gemacht werden. Dar-*

über hinaus müssen Cheerleader auch artistisch gut drauf sein. In den „Motions" zeigen die Goldflashs Schrittfolgen mit oder ohne ihre Pompons, und bei den „Pyramids" ist Akrobatik gefragt, denn es stehen dabei nicht selten bis zu drei Mädels aufeinander.

Extrem wichtig für alle Formen des Cheerleading ist die passende Musik. Funk und Hip Hop stehen ganz hoch im Kurs, tanzbare Musik aus den Charts, die beim Publikum einen hohen Wiedererkennungswert hat. Goldflash, die ihren Namen übrigens von den goldenen Pompons haben, die beim Durch-die-Luft-Wirbeln wie Goldblitze aussehen, erfreuen nicht nur die Zuschauer der Crocodiles. Bis zu 20 Auftritte jährlich haben sie außerhalb des Stadions, etwa bei Galas, Sportfesten oder im Rahmenprogramm von Talkshows. Daß die Künste von Goldflash so begehrt sind, kommt nicht von ungefähr, immerhin waren sie in den 90er Jahren bereits zweimal Deutscher Meister. An ihre Vorbilder aus den USA, dem Mutterland des Football, kommen sie aber nicht heran. „Da drüben ist alles noch viel besser, professioneller und mit viel mehr Tradition behaftet. Da können wir nur neidvoll rüberschauen", bedauert Clara Schmitz-Du Mont von Goldflash. Sie kann den direkten Vergleich ziehen, denn sie hat selber kurze Zeit bei den Plain View Indians-Cheerleader in Ardmore / Oklahoma mitgemacht. Ein Gefühl, das für Clara nur einmal getoppt wurde. Beim jährlich in Berlin stattfindenden American Bowle waren vor einiger Zeit die Chicago Bears angetreten, allerdings ohne ihre Cheerleader. Clara war zu dieser Zeit noch Mitglied bei den Cheerleader der Cologne Bears, einem anderen Kölner Football-Verein, der dieselben Farben hat wie die Chicago Bears. Die Cheerleader aus Köln traten im Berliner Stadion auf und wurden von etlichen Fans für die echten der Chicago Bears gehalten. Für Clara ein tolles Erlebnis: „Das ging runter wie Öl."
Infos:
– *Goldflash-Headcoach Anja Wenzeler, Tel.: 02 21 / 69 83 04 oder 51 47 24 (übrigens: Goldflash sucht immer neue Mitglieder!)*

TA Toyota Köln

Der Jubel im deutschen Turnerlager war grenzenlos, als Andreas Wecker in Atlanta die Goldmedaille am Reck erkämpfte. Wecker, als Mitglied der Bundeswehr-Sportfördergruppe in Köln-Longerich stationiert, startete in der Kunstturn-Bundesliga für TA Toyota Köln. Mit dem Olympiasieg und dem Gewinn der Reck-Weltmeisterschaft 1995 rückte er seinen Verein in den Blickpunkt der Öffentlichkeit. Aber außer Wecker, der mittlerweile wieder nach Berlin zurückgekehrt ist, gibt es auch noch andere Stars bei TA Toyota. Mit dem Silber- und

Bronzemedaillengewinner Sven Tippelt, dem finnischen Nationalmannschaftsmitglied Samuel Sipinen und dem Vize-Junioren-Europameister Kai Dittmar verfügt der Verein über weitere Sportler von internationaler Klasse.

Gegründet wurde der Verein im Jahre 1962. Damals beanspruchten die Kunstturner der „Kölner Turnerschaft von 1843" im Verein mehr Trainingszeiten, die ihnen aber vom Vorstand nicht gewährt wurden. Deshalb nutzten die Turner zusätzliche Übungsmöglichkeiten an der Kölner Universität und spalteten sich vom Stammverein ab. Die Gründung der „Turnabteilung an der Universität Köln" (TA Uni Köln) wurde beschlossen. Zu dieser Zeit waren nicht mehr als 30 Turner aktiv, die Mehrzahl davon Studenten. In den Folgejahren stellten sich große Erfolge ein: Dreimal hintereinander wurde 1967 bis 1969 die Deutsche Mannschaftsmeisterschaft geholt, eine Serie, die in der deutschen Kunstturngeschichte bislang einzigartig geblieben ist. Mit der Erstellung der Spezialgerätehalle an der Deutschen Sporthochschule (Halle 21 am Carl-Diem-Weg), wo heute auch die Bundesliga-Wettkämpfe geturnt werden, verlagerte der Verein seinen Trainingsschwerpunkt an die Sporthochschule.

Nach einer Zeit der relativen Erfolglosigkeit schaffte TA Uni Köln 1987 den Aufstieg in die 2. Bundesliga des Deutschen Turnerbundes. Finanzielle Überlegungen bildeten

Kraft und Eleganz beim Spitzenkunstturnen bei TA Toyota Köln

den Hintergrund zur Namensänderung in „TA Toyota Köln".

Zur Erfolgsbilanz des Kölner Kunstturnens tragen nicht nur die Männer bei, auch die Frauen bieten Sport der Extraklasse. Seit dem Sieg beim Qualifikationsturnier in Schorndorf, der das Team 1996 in die 1. Bundesliga führte, ist TA Toyota Köln einer von nur drei Vereinen in Deutschland, in denen sowohl die Frauen als auch die Männer in der Eliteliga turnen. Durch konsequente Nachwuchsarbeit und ein neues Trainingskonzept wurde innerhalb weniger Jahre ein Top-Team auf die Beine gestellt. Und die Ziele können nicht hoch genug gesteckt sein, denn viele der sehr talentierten Mädchen dürfen wegen ihres zu geringen Alters noch keine Liga-Wettbewerbe turnen. Seit 1993 werden die Mädchen von Shanna Poljakova trainiert. Mehrere Kölner Turnerinnen sind im sogenannten „Sidney-Kader" des Deutschen Turnerbundes vertreten, aus dem sich die Turnriege für die Olympischen Spiele 2000 in Australien zusammensetzen wird.

SG EC / Bayer Köln-Worringen

Mit über 2500 Mitgliedern ist die SG EC / Bayer Köln-Worringen einer der größten Kölner Vereine. 14 verschiedene Sportarten können ausgeübt werden. Zwar liegen die Schwerpunkte der Vereinsarbeit auf dem Breitensport, in zwei Sportarten wird jedoch auch Leistungssport betrieben – und wie: Die Radsportler Freddy Schmidtke (1984 in Los Angeles), Petra Roßner (1992 in Barcelona) und Jens Fiedler (1992 in Barcelona und 1996 in Atlanta) holten jeweils olympisches Gold und unterstrichen damit, daß die Sportgemeinschaft immer wieder aus einem großen Reservoir an Spitzen-Radsportlern schöpfen kann.

Die zweite Leistungssportart ist das Ringen. Obwohl der Gesamtverein erst 1971 aus einer Fusion von vier Clubs entstanden ist, wurde die Ringerabteilung bereits 1894 gegründet. Mit dem Aufstieg in die 1. Bundesliga schaffte die traditionsreiche Ringerstaffel in der Saison 1995/96 den bisher größten Erfolg. Seitdem kämpft sie gegen das Beste, was der deutsche Ringersport zu bieten hat. Immerhin wird die deutsche Bundesliga von Experten als „stärkste Liga der Welt" eingestuft. Chefcoach Matthias Hiller führte das Team in die Eliteliga und will es dort in den kommenden Jahren fest etablieren. Die Fans stehen dabei voll hinter der Ringer-Riege: Die 600 Zuschauer fassende Halle am Erdweg ist Samstag abends, wenn die SG ihre Heimspiele austrägt, immer sehr gut gefüllt.

Ringer-Spitzensport im „Hexenkessel" am Erdweg in Worringen

Rot-Weiß Köln

In Köln hatten viele Menschen an jenem Wochenende im Jahr 1996 anderes im Sinn, als an Sport zu denken. Die heiße Phase des Karnevals war angebrochen, und die Kneipen in der Domstadt waren prall gefüllt mit bunten Jecken. Im „Roten Ochsen" durften die Besucher aber nicht nur die fünfte Jahreszeit feiern: Hier trafen am späten Sonntagabend die „Helden von Wien" ein. In Österreich hatten die Hockey-Herren von Rot-Weiß Köln an diesem Wochenende den Europapokal in der Halle geholt und zugleich den Zuschlag bekommen, im Februar 1997 den Wettbewerb in Köln ausrichten zu können. Dort aber scheiterten die Rot-Weißen leider im Endspiel am Harvestehuder THC. Der Hallen-Europacup der Landesmeister ist so etwas wie das Lieblings-Championat für die Rot-Weiß-Herren. Der Titelgewinn in Wien war bereits die sechste Trophäe innerhalb von sieben Jahren, die die Rot-Weißen in diesem Wettbewerb holten. Sieben deutsche Hallentitel verdeutlichen zudem die absolute Indoor-Klasse.

Vor allem in der Saison 1995/96 sah es danach zunächst überhaupt nicht aus. Herbert Zangerle, langjähriger Trainer der Rot-Weißen, sorgte sich um die Spielstärke seines Teams und sagte „Männer, diese Saison spielen wir gegen den Abstieg." Die „Youngsters" seien noch nicht soweit, und auf einige

Elegante Hockey-Herrlichkeit bei den rotweißen Schlägerartisten

Routiniers mußte der Coach verzichten. Denkbar ungünstige Voraussetzungen also. Am Ende stand dann mit dem Gewinn des Europacups und dem Erfolg im Endspiel um die Deutsche Meisterschaft gegen den Harvestehuder THC sogar ein Titel-„Double".

Draußen, auf dem Feld, liegen die größten Erfolge schon ein wenig länger zurück. Die Glanzzeit des Kölner Feldhockeys waren die 60er und 70er Jahre, in denen entweder Rot-Weiß oder Schwarz-Weiß Köln fast regelmäßig im Endspiel um die Deutsche Meisterschaft standen. In dieser Zeit von 1972 bis 1974 errangen die Rot-Weißen hintereinander drei Meistertitel und spielten auch im Landesmeister-Wettbewerb eine gute Rolle. Danach wurden sie nur noch zweimal Vizemeister (1975 und 1990).

Der Verein hat schon etliche Nationalspieler hervorgebracht. Volker „Fritz" Fried zum Beispiel, der für seine Ecken gefürchtet ist, oder Uli

Meyer, der als inoffizieller „Hallenkönig" gilt. Herbert Zengerle kann für sich in Anspruch nehmen, im Hockey die sogenannte „Raumdeckung" eingeführt zu haben. Überhaupt ist „Höhbie", wie er im Verein genannt wird, für immer neue taktische Winkelzüge bekannt, ebenso übrigens wie für seine videounterstützte Mannschaftssitzung vor jedem Spiel. Dorthin bringen die Spieler inzwischen Popcorn und Kartoffelchips mit …

ASV Köln

Wer etwas über die Gründungsstunde des Akademischen Sportvereins Köln erfahren möchte, muß das Rad der Zeit ein ganz schönes Stück zurück drehen. Um die Mittagszeit des 29. Februar 1929 waren es zwei Studentensportler, die den Grundstein für den ASV Köln legten: Im Gasthof „Glocke am Hof" präsentierten Hans Filtmann und Fritz Nottbrock, eingeschrieben an der Universität Köln, ihren Kommilitonen den Satzungsentwurf für den Handball-, Leichtathletik- und Faustballverein. In der Satzung wurde der Anspruch des neuen Vereins definiert, offen für alle Nationalitäten und Religionen zu sein und sich politisch neutral zu verhalten. Sieben Jahre später löst sich der Verein von der Kölner Uni und heißt fortan Athletik Sportverein. Als einer der ersten Clubs öffnet sich der ASV auch für Frauen. In den 30er Jahren finden die ersten internationalen Sportfeste mit allen Größen der Leichtathletikwelt statt. Mit dabei sind verschiedene Olympiasieger. Nach den Kriegsjahren erlebt der ASV Köln eine sportlich große Zeit und sammelt Titel und Medaillen. Welt-, Europa- und Deutsche Meister kommen aus den Reihen des ASV. Vor allem mit zwei Namen ist der Aufschwung des Vereins eng verknüpft: Martin Lauer und Manfred Germar. Über 60 internationale und nationale Rekorde werden von den beiden im Hürdensprint, im Sprint und in der Sprintstaffel gelaufen. Was in diesen Jahren noch niemand weiß: Von Manfred Germar wird der Verein auch noch in Zukunft, nach dessen aktiver Laufbahn, profitieren können. 1978 wird er Präsident des ASV Köln werden und den Verein in diesem Amt 18 Jahre lang zu großen Erfolgen führen. Um die Verdienste zu würdigen, die sich der ASV um die deutsche Leichtathletik erworben hat, zeichnet 1963 der damalige Bundespräsident Heinrich Lübke den Verein mit dem Silbernen Lorbeerblatt aus. Anfang der 70er Jahre baute der ASV im „grünen Herzen" von Köln eine neue Sportanlage. Die 1972 eingeweihte „Wettkampf- und Trainingsstätte" im Grüngürtel wird als „Schmuckkästchen der Leichtathletik" bezeichnet und genügt den höchsten Ansprüchen.
Diese Ansprüche werden auch von den ASV-Sportlern eingelöst. Insge-

samt gab es dreimal Gold, einmal Silber und einmal Bronze für den ASV bei Olympischen Spielen und Weltmeisterschaften. Namen wie Dietmar Mögenburg, Brigitte Kraus, Ulrike Meyfarth, Carlo Thränhardt und Thomas Wessinghage sind nicht nur den Leichtathletikfans ein Begriff. Den Stars der 70er und 80er Jahre folgten in den 90ern mit Claude Edorh, Birthe Bruns, Ellen Kiesling, Christiane Soeder und Melanie Kraus junge Athleten und Athletinnen, die vielleicht einmal ähnlich erfolgreich sein werden. Die Ankündigung des neuen ASV-Präsidenten, Professor Gerd Biehl, sich noch stärker um die Nachwuchsförderung zu kümmern, läßt auf weitere Spitzensportler mit den drei Buchstaben auf dem roten Trikot hoffen.

Nicht mehr wegzudenken aus dem jährlichen Sportkalender ist das internationale Leichtathletiksportfest, zu dem unter dem Motto „Weltklasse in Köln" Jahr für Jahr Zehntausende ins Müngersdorfer Stadion pilgern. Kein Wunder, denn die Teilnehmerfelder, die das Organisationsteam des ASV auf die Beine stellt, läßt Leichtathletikerherzen regelmäßig höher schlagen. Es gibt kaum einen Olympiasieger oder Weltmeister, der beim ASV-Sportfest seine Visitenkarte noch nicht abgegeben hätte. 1997 gibt es für den ASV ein rauschendes Fest: die 50. Auflage des internationalen Sportfestes.

Hürdensprinter Claude Edorh ist eines der größten ASV-Talente

- **STADTSPORTBUND KÖLN**

- **HOCHSCHULSPORT**

- **BETRIEBSSPORT**

- **BILDUNGSWERK DES LSB**

- **BÜRGERZENTREN UND JUGENDEINRICHTUNGEN**

- **INITIATIVE ZUR FÖRDERUNG DES FREIZEIT- UND BREITENSPORTS**

- **VOLKSHOCHSCHULE**

- **WOHLFAHRTSVERBÄNDE**

- **SENIORENSPORT**

- **BEHINDERTENSPORT**

Sport im Verein und in Institutionen

Die Sportlandschaft hat sich in den letzten Jahren stark gewandelt. Durch die Veränderungen im Sport- und Freizeitbereich und den daraus resultierenden Konsumgewohnheiten und -bedürfnissen der Nutzer sind die kommerziellen Sportanbieter stärker in den Vordergrund getreten. Sportliche Betätigungen wie zum Beispiel Fitness, Tanz, Gymnastik, Reiten, aber auch die Racket- und viele Trendsportarten werden zunehmend von gewerblichen Anbietern abgedeckt. Trotzdem stellt der traditionelle Vereinssport noch immer den wichtigsten Teil des Sportangebotes dar. „Der große Sportführer" stellt in diesem Kapitel die nichtkommerziellen Angebote in Köln vor.

Der größte Anbieter im nichtgewerblichen Bereich ist der Stadtsportbund Köln e.V. In ihm ist die stattliche Anzahl von 195 000 Mitgliedern organisiert (wobei viele Sportler in mehreren Vereinen aktiv sind). Mit dem Slogan „Sport ist im Verein am schönsten" versucht der Deutsche Sportbund Sportbegeisterte dazu zu bewegen, einem Verein beizutreten. Die Vorteile der Vereinszugehörigkeit liegen auf der Hand: Hier trifft man auf Gleichgesinnte, kann in seiner Sportart am Ligabetrieb teilnehmen und ist bestens eingegliedert.

Neben dem Stadtsportbund e.V. existieren aber noch zahlreiche andere Institutionen, die sportliche Aktivitäten anbieten. So hat etwa der Hochschulsport in Köln einen sehr hohen Stellenwert. Zum einen verfügt die Stadt mit der Deutschen Sporthochschule über die einzige Universität dieser Art in Deutschland. Dort stehen neben den traditionellen Sportarten jede Menge exotische Aktivitäten auf dem Kursplan, die man woanders vergeblich suchen würde. Zum anderen können Studenten der übrigen Fakultäten aus dem reichhaltigen Sportangebot des AStA-Sportreferates auswählen.

Auch der Sport im Betrieb wird in Köln großgeschrieben. Viele Sportbegeisterte treffen sich nach Feierabend in Betriebssportgruppen, um dort aktiv zu werden. Die Kölner Volkshochschule, das Bildungswerk, die Bürgerzentren und Jugendeinrichtungen, die Wohlfahrtsverbände und andere freie Träger runden das Bild der Non-profit-Sportanbieter ab. Schließlich wird in diesem Kapitel ein Blick auf den Senioren- und Behindertensport in Köln geworfen.

Stadtsportbund Köln e.V.

Der Stadtsportbund Köln e.V. (SSBK) ist der größte und älteste Verband seiner Art in Nordrhein-Westfalen. Dem Dachverband des Kölner Sports sind 860 Vereine angeschlossen. Rein rechnerisch ist fast jeder fünfte Kölner dort organisiert, wobei die Möglichkeiten zur sportlichen Entfaltung fast unbegrenzt sind. „Nichts ist unmöglich", könnte man einen Werbespruch aus der Automobilbranche auf den Vereinssport ummünzen, denn es gibt fast keine Sportart, die man in Kölner Vereinen nicht ausüben könnte.

Die Palette reicht vom Breiten- über den Gesundheits- bis hin zum Leistungssport. Ein großer Teil der Vereinssportler betreibt Mannschaftssportarten. Hier stehen vor allem Fußball, Basketball, Volleyball, Hockey und Handball hoch im Kurs. Aber auch Individualsportarten, die im Ligabetrieb organisiert sind (z. B. Tennis, Tischtennis, Badminton, Fechten, Tanzen), haben großen Zulauf. Ebenso zahlenmäßig stark vertreten sind Leicht- und Schwerathletik, Wassersport, Kampfsport und Radsport. Bei Durchsicht der einzelnen Vereine stößt man aber auch auf eher exotisch anmutende Sportarten, wie etwa Skibob, Bogenschießen oder Trampolin. Da an dieser Stelle nicht alle im Vereinssport angebotenen Sportarten aufgeführt werden können, sei auf die Geschäftsstelle des SSBK verwiesen. Dort können alle weiteren Informationen eingeholt werden (s. u.).

Der SSBK bietet seinen Mitgliedern darüber hinaus verschiedene Dienstleistungen an, um den Sport in Köln zu fördern. Das umfangreiche Serviceprogramm reicht von der Beratung bei einer Vereinsgründung über die Vermittlung von Übungsleitern und Übungsleiterinnen bis zur Bereitstellung von Spiel- und Sportgeräten. Gegen eine geringe Gebühr können z. B. Bälle, Reifen, Pedalos, Stelzen u.v.m. zur Verfügung gestellt werden. Für größere Veranstaltungen verleiht der SSBK den Vereinen ein Spiel- und Sportmobil, das mit allen Geräten ausgestattet ist, die für Kinder- und Jugendfeste benötigt werden (Unkostenbeitrag: 50,– DM pro Tag – Infos bei der Sportjugend Köln, Tel. 02 21 / 81 77 78). Überhaupt wird ein besonderes Augenmerk auf die Kinder- und Jugendarbeit gelegt, um die sich die Abteilung „Sportjugend" kümmert. Sie unterstützt und berät die Jugendabteilungen und Vorstände der Kölner Vereine und Verbände.

Wer seine sportliche Fitness unter Beweis stellen möchte, kann dies mit der Erlangung des Deutschen Sportabzeichens tun. Dieses Angebot richtet sich nicht nur an Mitglieder eines Vereins – jeder kann die Prüfungen ablegen. Zum Erwerb des Abzeichens müssen fünf Bereiche abgedeckt werden. Die Prüfun-

gen beziehen sich auf Herz- und Lungenkraft, Spannkraft, den Besitz ausreichender Körperfähigkeit, Schnelligkeit und Ausdauer. Aus jeder dieser fünf Gruppen muß eine Bedingung im Laufe eines Kalenderjahres erfüllt werden (wobei Schwimmen in Gruppe 1 obligatorisch ist). In den übrigen Bereichen kann aus den Sportarten Leichtathletik, Radfahren, Turnen, Kanufahren und Rudern ausgewählt werden. Ziel ist es, daß sich die Prüflinge über einen längeren Zeitraum hinweg gezielt auf den Erwerb des Abzeichens vorbereiten. Alle Sportabzeichentermine können übrigens kostenfrei in Anspruch genommen werden (Info: SSBK, Tel.: 02 21 / 9 21 300 24).
Weitere Infos:
– Geschäftsstelle des Stadtsportbundes Köln e.V.: Schaevenstraße 1 b, 50676 Köln, Zimmer 317 – 319, Tel.: 02 21 / 92 13 00 22. Öffnungszeiten: Mo – Do 9 – 16 Uhr, Fr 9 – 13 Uhr
– Sportjugend Köln, Deutz-Kalker Straße 52, 50679 Köln, Tel.: 02 21 / 81 77 78

Hochschulsport

Kurz nach dem Ende des Zweiten Weltkrieges wurde die Sporthochschule zunächst als Einrichtung der Stadt Köln gegründet. 1962 durch das Land Nordrhein-Westfalen übernommen, erhielt sie als Deutsche Sporthochschule Köln (DSH) im Jahre 1970 ihre Anerkennung als wissenschaftliche Hochschule. Heute liegt die DSH im Grüngürtel auf einem Campus von mehr als 20 ha. In über 20 wissenschaftlichen Einrichtungen sind hier alle

Die Deutsche Sporthochschule Köln in Müngersdorf

für den Sport bedeutsamen Teildisziplinen in Forschung und Lehre vertreten. Über 6000 Studierende bereiten sich auf ihren zukünftigen Beruf in Sport und Sportwissenschaft vor.

Neben dem Lehrangebot stellt der Hochschulsport eine eigenständige Einheit an der Deutschen Sporthochschule dar. Die großzügigen Sportstätten ermöglichen es den Studenten, „ihren" Sport auch in der Praxis auszuüben. Das vielfältige Sport-Spektrum richtet sich an alle Studierenden und Hochschulangestellten. Dabei steht der Breitensport im Mittelpunkt. Von Akrobatik über Einradfahren bis zu Wing Chun reicht die umfangreiche Palette im Sportprogramm. Besonderer Wert wird auf gesundheitsorientierte Aktivitäten gelegt. Aber auch der Leistungssport kommt nicht zu kurz. Der Hochschulsport bietet zahlreiche Möglichkeiten des organisierten Wettkampfsports, angefangen von Vergleichskämpfen über Deutsche Hochschulmeisterschaften bis hin zu internationalen Wettbewerben.

Folgende Sportarten sind im Hochschulsport-Angebot:

Aikido, Akrobatik, American Football, Aqua-Jogging, Badminton, Ballett, Basketball, Bodybuilding / Krafttraining, Boxen, Capoeira (musikalische Bewegungssportart aus Brasilien), Dao Yin Qigong (chinesische Heilgymnastik), Einrad, Faustball, Fechten, Fußball, Handball, Inline-Hockey, Jazzdance, Judo,

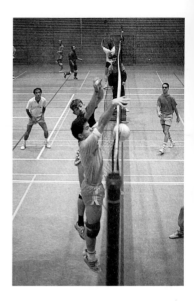

Schmettern und Blocken beim Volleyball an der Sporthochschule

Ju Jutsu Do (Selbstverteidigung), Karate, Kickboxen, Koreanischer Tanz, Korfball, Kyudo (japanisches Bogenschießen), Leichtathletik, Modern Arnis (philippinische Kampfkunst), Moderner Tanz, Reiten, Rock 'n' Roll, Rollski, Rollstuhl-Basketball, Segeln, Sepaktakraw (artistisches Ballspiel aus Malaysia), Skaterhockey, Sportklettern, Steptanz, Taekwondo, Tauchen, Tischtennis, Trampolin, Turnen, Ultimate Frisbee (Wettkampfsport mit der Frisbee-Scheibe), Volleyball, Wasserball, Wasserski, Wasserspringen und Wing Chun.

Die Teilnahme an den Kursen ist für Studenten kostenlos. Eine Anmeldung für die AGs ist nicht erforderlich – einfach hingehen.

Weitere Infos:
- Umfangreiche Broschüre „Hochschulsport" – zu beziehen beim Hochschulsportbüro der Deutschen Sporthochschule, Hauspostfach 60, 50927 Köln, Tel.: 02 21 / 49 82 – 332, Öffnungszeiten im Semester Mo / Mi 10 – 13 Uhr, Di / Do 12 – 15 Uhr
- AStA-Sportreferat, Birgit Laube, Carl-Diem-Weg 1, 50927 Köln, Tel.: 02 21 / 49 82 – 336

Betriebssport

Der Betriebssport-Kreisverband Köln ist mit seinen immerhin rund 14 000 Mitgliedern und 110 Vereinen der größte Verband in ganz Deutschland. Mit kaum zu glaubenden 3500 Mitgliedern stellt die BSG Stadtsparkasse die personell stärkste Vereinigung. Insgesamt machen sich die Betriebssportgruppen in neun Sportarten fit: Fußball, Tennis, Tischtennis, Kegeln, Volleyball, Badminton, Squash, Bowling und Faustball. Zu einem großen Teil sind die Teams auch im Ligabetrieb organisiert und können so regelmäßig an Wettkämpfen teilnehmen.
Weitere Infos:
- Betriebssport-Kreisverband, Hubert Ballmann, Kaesenstraße 17, 50677 Köln, Tel.: 02 21 / 31 28 71
- Sport- und Bäderamt, Stadion, 50933 Köln, Tel.: 02 21 / 49 83 – 2 18

Bildungswerk des Landessportbundes

Mit über 750 Lehrgängen, Kursen und Workshops ist die Kölner Außenstelle des Bildungswerkes (mit Hauptsitz in Duisburg) eine der größten des Landes. Das sportliche Angebot umfaßt u. a. Aerobic, Aikido, Badminton, Billard, Fechten, Gymnastik, Tanz, Tauchen, Trampolinsport, Volleyball. Neben den halbjährlichen Kursen können Workshops belegt werden, in denen u. a. Segelfliegen, Bergwandern, Kanufahren, Alpiner Skilauf, Tennis erlernt bzw. weitergeführt werden können.
Weitere Infos:
- Bildungswerk des LSB NW e.V., Schaevenstraße 1 b, 50767 Köln, Tel.: 92 13 13 – 0, Geschäftszeiten: Mo – Do 8.30 – 14.30 Uhr und Fr 8.30 – 12 Uhr

Bürgerzentren und Jugendeinrichtungen

Im Rahmen des Freizeitangebotes der Kölner Bürgerzentren gibt es für alle Altersstufen jede Menge Möglichkeiten zur sportlichen Betätigung, von Schwimmen über Tanzen bis Gymnastik. Informationen können bei den jeweiligen Bezirksämtern eingeholt werden:
- Bezirksamt 1 (Innenstadt): Tel.: 02 21 / 2 21 – 0
- Bezirksamt 2 (Rodenkirchen): Tel.: 02 21 / 35 91 – 1

45.000 Sportler, 31 Vereine, einmal Bayer

Bayer-Sport im Internet: http://www.bayer.com/sport

Der Badmintonspieler Rüdiger Mroszczok, der Skifahrer Guido Quanz und die Reiterin Svenja Köster. Die Hockeyspielerin Anne Hoegen, der Radrennfahrer Bastian Marquard und die Judoka Tanja Karrasch.

Sechs Freizeitsportler, die stellvertretend für die Vielfalt des von Bayer geförderten Sports stehen. In 31 Bayer-Sportvereinen gehen rund 45.000 Mitglieder ihrer sportlichen Betätigung nach, sei es im Breiten-, Behinderten- oder im Spitzensport. Was 1904 aus dem Wunsch von Bayer-Mitarbeitern nach einer sinnvollen Freizeitbeschäftigung entstand, entwickelte sich zu einer der größten Sportinitiativen unserer Zeit, die bis heute richtungweisend geblieben ist.

Die Förderung des Sports verstehen wir als soziale Aufgabe. Sie ist fester Bestandteil unserer Unternehmensphilosophie und wird uns auch zukünftig ein besonderes Anliegen sein.

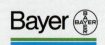

So sportlich ist keiner

- Bezirksamt 3 (Lindenthal):
  Tel.: 02 21 / 54 84 – 0
- Bezirksamt 4 (Ehrenfeld):
  Tel.: 02 21 / 54 88 – 1
- Bezirksamt 5 (Nippes):
  Tel.: 02 21 / 77 61 – 1
- Bezirksamt 6 (Chorweiler):
  Tel.: 02 21 / 2 21 – 0
- Bezirksamt 7 (Porz):
  Tel.: 0 22 03 / 41 – 1
- Bezirksamt 8 (Kalk):
  Tel.: 02 21 / 82 79 – 0
- Bezirksamt 9 (Mülheim):
  Tel.: 02 21 / 67 02 – 1

Auch über das Sportangebot in den öffentlichen Jugendeinrichtungen geben die Bezirksämter Auskunft.

Open-air-Basketball an der Deutschen Sporthochschule

Initiative zur Förderung des Freizeit- und Breitensports

„if", so das Kürzel der Initiative, wurde 1992 von Dozenten und Studenten des Institutes für Freizeitwissenschaft der Deutschen Sporthochschule Köln gegründet. Der freizeit- und breitensportliche Aspekt steht dabei im Mittelpunkt. In den Bereichen Frauensport, Kinderturnen und Seniorenradfahren werden eine Reihe von Kursen und Veranstaltungen angeboten. Das Spektrum reicht von Basketball und Volleyball über Gymnastik und Eltern-Kind-Turnen bis zur Selbstverteidigung.

Weitere Informationen:
- Initiative zur Förderung des Freizeit- und Breitensports „if" e.V.,
  Eupener Straße 139,
  50933 Köln,
  Tel.: 02 21 / 4 99 20 10

Volkshochschule

Die Volkshochschule hat neben dem zentralen Studienhaus in der Innenstadt am Neumarkt (Josef-Haubrich-Hof) noch acht weitere Zweigstellen (Nippes, Weiden, Ehrenfeld, Mülheim, Kalk, Rodenkirchen, Chorweiler und Porz). In allen Häusern werden unter den Rubriken „Entspannung" bzw. „Bewegung" Sportkurse angeboten. Yoga, Qi Gong (sanfte, meditative Gymnastik) und Tai Chi stehen als Entspannungstechniken im Vordergrund. In Sachen funktionelle Gymnastik für den Bewegungsapparat sind u. a. Wirbelsäulen-, Rücken-, Schwangerschafts- und Ausgleichsgymnastik im Kursprogramm aufgeführt. Angeboten werden auch Kurse in tänzerisch-rhythmischer- und Jazzgymnastik, Joyrobic und Skigymnastik. Ein spezielles Augenmerk legt die VHS auf das Bewegungstraining im Wasser. Hier gibt es Kurse für Eltern und Kinder, Aqua-Jogging, Wassergymnastik für Senioren usw. Schließlich sind noch einige Selbstverteidigungskurse im Angebot: Judo, Jiu-Jitsu und Aikido sowie spezielle Kurse für ältere Menschen.

Weitere Infos:
– Volkshochschule Köln, Josef-Haubrich-Hof 2, 50676 Köln, Tel.: 02 21 / 2 21 – 36 01, Beratung und Information Mo, Di, Do 9 – 12 Uhr und 14 – 16 Uhr

Wohlfahrtsverbände

Auch bei den Wohlfahrtsverbänden gibt es ein reichhaltiges Sportangebot – von Wirbelsäulengymnastik über Tänze bis zu Yoga und Selbstverteidigung. Die Caritas bietet darüber hinaus Sport für Menschen mit Behinderungen an. Im Sportverein für geistig Behinderte „Gut Fronhof" (Tel.: 5 97 01 – 33) stehen unter anderem Badminton, Hockey, Basketball, Tischtennis, Fußball und Gymnastik auf dem Programm.

Weitere Infos:
– Bildungswerk der AWO Köln, Tel.: 02 21 / 2 04 07 – 0
– Caritasverband der Stadt Köln e.V., Tel.: 02 21 / 20 19 – 0

Seniorensport

Mit dem Slogan „Aktiv im Alter" und dem Anliegen, die geistige und körperliche Leistungsfähigkeit möglichst lange zu erhalten, bietet die „Kölner Seniorengemeinschaft für Sport- und Freizeitgestaltung e.V." ein spezielles Angebot für ältere Menschen. Der Verein ist der einzige seiner Art in Deutschland. Rund 2000 Mitglieder sind hier in 120 Sportgruppen organisiert. Kegeln, Radfahren, Wanderungen, Kreativer und Folklore-Tanz, Trimm-Trab, Wirbelsäulen- und Wassergymnastik sowie Schwimmen stehen auf dem Programm. In den zwei Hauptbegegnungsstätten (Anton-Antweiler-Straße 10 in Sülz und im Ehrenfelder Neptunbad) stehen hauptamtliche Mitarbeiter mit Rat und Tat zur Seite. Auch die Wohlfahrtsverbände, die Volkshochschule, das Bildungswerk und natürlich die Kölner Sportvereine sind im Seniorensport aktiv.

Weitere Infos:
– Kölner Seniorengemeinschaft für Sport und Freizeitgestaltung 1977 e.V., Anton-Antweiler-Straße 10, 50937 Köln, Tel.: 02 21 / 46 30 21

Behinderten- und Rehabilitationssport

Unsere Gesellschaft ist in den letzten Jahren zunehmend aufmerksamer gegenüber den Bedürfnissen behinderter Menschen geworden. Sport in seiner ganzen Breite vom Freizeitsport bis hin zu den Paralympics (den olympischen Spielen der Behinderten) ist inzwischen eine Selbstverständlichkeit geworden. Je mehr Raum der Behindertensport in der Öffentlichkeit einnimmt, desto besser und vielfältiger werden auch die Angebote.

Bereits im vorderen Teil dieses Buches sind in die einzelnen Kapitel einige Tips rund um den Behindertensport eingeflossen. An dieser Stelle sind noch einmal in kompakter Form verschiedene Möglichkeiten der sportlichen Betätigung für Behinderte zusammengestellt.

Die Deutsche Sporthochschule Köln (s. o.) beschäftigt sich bereits seit langem in Forschung und Lehre mit den verschiedenen Aspekten des Sports für Körper-, Geistig- oder Sinnesbehinderte. Nach eingehender Diagnostik werden für die einzelnen Behinderungsarten gezielt Bewegungs- und Belastungsprogramme wissenschaftlich erarbeitet und geprüft. Diese Aktivitäten schließen auch die Entwicklung von Sportgeräten ein, die behinderte Menschen benötigen, z. B. die Optimierung von Rollstühlen oder die Verbesserung von Prothesen. Das Institut für Rehabilitation und Behindertensport initiiert viele Pilotprojekte, die in die Vereine hineingetragen werden, z. B. Aqua-Jogging, Tai Chi (bei Herzkrankheiten), Rückenschule und Rollstuhlsport. Darüber hinaus gibt es auch ständige Sportangebote (Informationen darüber gibt die Deutsche Sporthochschule, Tel. 02 21 / 49 82 – 0).

Die Sitzballmannschaft des BSG-Köln

In rund 30 Kölner Vereinen bzw. Vereinsabteilungen können Behinderte aktiv Sport treiben. Organisiert sind die meisten Clubs im Behinderten-Sportverband NRW e.V. (zuständig für den Stadtbereich Köln: Siegfried Lomberg, Tel.: 0 22 33 / 227 02). Der Mülheimer Sport-Verein von 1948 e.V. und der Verein für Gesundheitssport und Sporttherapie Köln e.V. verfügen über die umfangreichsten Programme; der älteste Verein ist die Behinderten-Sport-Gemeinschaft Köln e.V. 1948. Auf dem Kursplan stehen unter anderem Schwimmen, Gymnastik, Volleyball, Tennis, Leichtathletik und Kegeln. Reiten als Sport für Behinderte wird z. B. im Reit- und Therapie-Zentrum Weißer Bogen e.V. angeboten (Pflasterhofweg 62, 50999 Köln, Tel.: 0 22 36 / 6 67 77). Das RTZ hat gerade sein 25jähriges Bestehen gefeiert. Die Behinderten nehmen am regulären Schulbetrieb in den normalen Reitgruppen teil. Auch im Zentrum für Therapeutisches Reiten e.V. in Porz-Westhoven können Behinderte hoch zu Roß Sport treiben. Dort sind alle Räume für Rollstuhlfahrer erreichbar (Stollwerckstr. 35, 51149 Köln, Tel.: 0 22 03 / 4 33 75). Gesegelt werden kann im Segelclub Albatros Köln e.V. (Heino Ennen, Henri-Dunant-Str. 41, 51107 Köln, Tel.: 02 21 / 89 52 81). *Weitere Informationen* über die einzelnen Angebote können entweder beim Stadtsportbund oder direkt bei den Vereinen erfragt werden:

- Geschäftsstelle des Stadtsportbundes Köln e.V., Schaevenstraße 1 b, 50676 Köln, Tel.: 02 21 / 92 13 00 22
- SV Fühlingen-Chorweiler, Abt. Behindertensport, Ursula Weihrauch, Tel.: 02 21 / 7 00 47 97
- BSG Köln, Siegfried Lomberg, Tel.: 0 22 33 / 227 02
- Versehrten-Sport-Gemeinschaft Königsforst 1963 e.V., Adam Ess, Tel.: 02 21 / 89 18 99
- BSG Köln-rrh., Werner Strozyk, Tel.: 02 21 / 83 32 31
- MTV-Köln, Abt. Behindertensport, Bernhard Kling, Tel.: 02 21 / 63 60 76 oder 63 38 24
- Rollstuhl-Sport-Club Köln, Richard von Knoblauch, Tel.: 02 21 / 60 89 20
- BSG Köln-Nord, Herbert Lemper, Tel.: 02 21 / 5 99 11 88
- Versehrten-Sportgemeinschaft Porz, Erich Peltzer, Tel.: 0 22 03 / 244 04
- BSG Rodenkirchen, Gottfried Eichstädt, Tel.: 0 22 33 / 7 69 52
- Verein für Sport- und Körperkultur Köln, Tel.: 02 21 / 5 30 26 71
- ASV Köln, Abt. Behindertensport, Herr Gommersbach-Loeffler, Ev. Krankenhaus Weyertal, Tel.: 02 21 / 4 79 23 40
- DVMB Köln-Mitte, Erich Kaster, Tel.: 02 21 / 52 42 81
- Lebenshilfe Rodenkirchen, Abt. Behindertensport, Christian Bauschbach, Tel.: 0 22 36 / 6 83 35

- CP-Sportverein Köln e.V.,
  Thorsten Nitz, Tel.: 0 22 36 /
  6 84 66 oder 02 21 / 49 66 57
- DVMB Köln-Porz, Wolfgang
  Dunkel, Tel.: 02203 / 8 11 47
  oder 0 22 03 / 1 77 13
- Post-Sport-Verein Köln,
  Abt. Behindertensport,
  Tel.: 02 21 / 7 39 06 77
- DJK Wikking Köln 1965,
  Koronar-Sportgruppe,
  Tel.: 02 21 / 79 87 09
- Sportgemeinschaft der GWK e.V.,
  Herr Themann,
  Tel.: 02 21 / 5 98 21 20
- Behindertensportverein
  Gut Fronhof, Herr Macht,
  Tel.: 02 21 / 5 97 01 33
- Verein für Bewegung und
  Gesundheit Goodyear e.V.,
  Tel.: 02 21 / 97 66 65 83
- Turnerschaft Rath-Heumar /
  Reha- und Behindertensport,
  Dr. J. Lahrs,
  Tel.: 02 21 / 86 30 58
- Verein für Gesundheitssport und
  Sporttherapie Köln e.V., Bruno
  Kaulen, Tel.: 02 21 / 69 84 48
  oder 02 21 / 4 84 45 12
- DJK Südwest 1920/27,
  Abt. Rehabilitationssport,
  Bettina Bialas,
  Tel.: 02 21 / 44 93 33
  oder 02 21 / 4 97 11 19
- Herzsport-Verein, Krankenhaus
  Porz, Ralf Bornholt,
  Tel.: 0 22 03 / 324 19
- SC Janus e.V., Abt. Reha-Sport,
  Ulrich Breite,
  Tel.: 02 21 / 32 42 22

UNIVERSAL-SPORTGESCHÄFTE

SPEZIAL-SPORTGESCHÄFTE

Sportshops

Wer einmal Blut geleckt hat, kann meistens nicht mehr damit aufhören: Ob Tennis, Joggen oder Inline-Skating – Sport kann zur positiven Droge werden. Je intensiver sich der Hobby- und Freizeitsportler mit „seiner" Disziplin beschäftigt, desto höher werden die Ansprüche an das Equipment. Beim Tennis sollten es schon die Schläger für Fortgeschrittene sein, beim Jogging die perfekten Laufschuhe und beim Inline-Skating die Profi-Rollerblades. Aber es gibt enorme Unterschiede in Preis und Qualität. Welches Produkt ist das richtige für meine Zwecke? Da kann der Fachhandel helfen, denn dort sitzen die Spezialisten, die sich tagtäglich mit diesen Fragen auseinandersetzen. „Der große Sportführer" gibt Tips, wo es Sportartikel in guter Auswahl bei gutem Service zu erwerben gibt, aufgeteilt in Universal-Anbieter und Sportshops, die sich spezialisiert haben. Sportartikel der etwas anderen Art können demnächst im Deutschen Sportmuseum bestaunt werden. In der Freizeit- und Erholungszone am Rheinauhafen soll ab 1998 ein Gebäude mit 3000 qm Ausstellungsfläche als Heimat des deutschen Sports hergerichtet sein. Historische Sportkleidung und -geräte, Urkunden, Medaillen, Plakate und Fotos werden gezeigt, aber auch Sonderausstellungen (zum Beispiel „Das Kölner Sportarchiv" und das „Deutsche Basketball-Archiv") und Dokumentationen. „Der Sport im Spiegel der Zeit" – so lautet der Titel der Story, in der das Sportmuseum vorgestellt wird.

Universal-Sportgeschäfte

Stadtbezirk 1 Innenstadt

Kaufhof-Sportarena
Hohe Str. 41 – 53, 50667 Köln (City), Tel.: 02 21 / 2 25 – 0
Öffnungszeiten: Mo – Fr 9.30 – 20 Uhr, Sa 9 – 16 Uhr
In der dritten Etage des Kaufhofs kümmern sich auf einer Verkaufsfläche von rund 3400 qm 60 Mitarbeiter um die Wünsche ihrer Sportkunden. Die Sportarena führt alle namhaften Marken der Sportszene. Analog zum Namen Sportarena ist die Gangführung wie eine Laufbahn durch die Abteilung angelegt, die sich an den Warengruppen vorbeischlängelt. Im Angebot sind unter anderem Sport-, Wander- und Wintersportbekleidung und -geräte, Schwerathletik-Artikel, Hanteln, Darts, Inliner, Golf-Hardware, Reit-

**FREUEN SIE SICH
AUF 3500 m² SPORT PUR!**

KÖLN
HOHE STRASSE
3. ETAGE

Eine schnelle Runde...

...durch die Welt des Sports erwartet Sie auf der Tartanbahn der Kaufhof-Sportarena. Hier finden Sie alles, was Ihren Sport noch schöner macht. In speziellen Markenshops empfangen Sie die führenden Sportartikelhersteller, im Fan-Shop kommen die passiven Sportfreunde auf Ihre Kosten und auf über 3.500 qm Ausstellungsfläche finden Sie ein Riesenangebot von 220 internationalen Markenherstellern aus 34 Sportarten.

Ihr Startblock für eine Runde durch unsere Sportarena steht bereit.

GALERIA
KAUFHOF
EINE WELT VOLLER IDEEN.

zubehör, ein großes Schlägersortiment, Tennisbekleidung, Fahrräder, ein Fanshop, Wassersport- und Tauchsportartikel. Dazu gibt es einen Service in den Bereichen Ski, Fahrräder, Testschlägerverleih und Beflockung. Special: das Internet-Café in der Sportabteilung.

Sport-Box

Schildergasse 107 – 109,
50667 Köln (City),
Tel.: 02 21 / 92 57 80 – 0
Öffnungszeiten: Mo – Fr
10 – 20 Uhr, Sa 9 – 16 Uhr
Auf rund 1400 qm Verkaufsfläche, verteilt auf dreieinhalb Etagen, bietet die Sport-Box einen Rundumservice für viele Sportarten. Vor allem im Sportwear-Bereich ist die Auswahl groß. Ski-, Tennis-, Jogging-, Gymnastik- und Wanderbekleidung stehen dabei im Mittelpunkt. Aber auch Hardware wird angeboten (unter anderem Skier, Tennis-, Squash- und Badmintonschläger sowie Bälle aller Art). Hinzu kommen Sportschuhe für alle Disziplinen. Service: Ski-, Schlittschuh- und Bespannservice, Beflockung.

Sport Scheck

Schildergasse 38 – 42,
50667 Köln (City),
Tel.: 02 21 / 92 01 00 – 0
Öffnungszeiten: Mo – Fr
10 – 20 Uhr, Sa 9 – 16 Uhr
Erst 1996 öffnete Sport Scheck in Köln seine Tore. Bislang gab es in München und Hamburg florierende Filialen, nun wollen die Macher auch Köln erobern. Die Chancen dazu stehen nicht schlecht, denn auf vier Etagen wird den Kunden so ziemlich alles geboten, was das Sportlerherz begehrt. Im Untergeschoß gibt es Sportschuhe aller Art, Ski-Hardware und Fahrräder, im Erdgeschoß werden Snowboards und die dazugehörigen Accessoires sowie Sporttaschen und Modern-Sports-Artikel verkauft. Das erste Obergeschoß ist der Skibekleidung vorbehalten. Im zweiten Obergeschoß bekommen die Kunden Sporttextilien (von Badesachen bis Surfkleidung) und Tennis-, Tauch-, Volleyball-, Tischtennis-, Fitness-, Squash- und Badmintonartikel. Ganz oben schließlich gibt es Damen- und Herren-Sportswear sowie Produkte rund ums Reiten, Golfen und Segeln.

Stadtbezirk 2 Rodenkirchen

von Contzen

Hauptstraße 75,
50996 Köln (Rodenkirchen),
Tel.: 02 21 / 39 11 96
Öffnungszeiten: Mo – Fr 9.30 – 19 Uhr, Sa 9.30 – 16 Uhr
Bei von Contzen sind hauptsächlich Artikel zum Golf und zum Tennis zu haben. In diesen Sportarten ist das Angebot sehr umfangreich. Angefangen von Schlägern, Bällen und Übungsgeräten über Taschen, Schuhe und Accessoires bis hin zur Mode im Textilbereich ist alles im Angebot. Außerdem gibt's jede

Menge Literatur zum Thema Tennis und Golf. Service: unter anderem Tennisbespannungen, Schlägerreparaturen und Griffwechsel.

Stadtbezirk 3 Lindenthal

Tennis Bülle
Berrenrather Straße 154–156,
50937 Köln (Sülz),
Tel.: 02 21 / 44 94 67
Öffnungszeiten: Mo–Fr
10–18.30 Uhr, Sa 9–14 Uhr
Kölns ältestes Tennis-Fachgeschäft bietet in den Bereichen Tennis, Squash und Badminton ein komplettes Sortiment an Sportartikeln an. Weitere Schwerpunkte sind der Skisport (vom Skischuh bis zum Skianzug), Jogging und Aerobic. Service: Schlägerbesaitung und kompletter Skiservice.

Stadtbezirk 4 Ehrenfeld

Sport-Richter
Venloer Straße 379–381,
50825 Köln (Ehrenfeld),
Tel.: 02 21 / 54 19 45
Öffnungszeiten: Mo–Fr
9–18.30 Uhr, Sa 9–14 Uhr
Sport-Richter bietet den Kunden Sportgeräte und -kleidung vor allem für den Breitensport an. Die Rückschlagsportarten (Tennis, Squash, Badminton), Fußball und Basketball stehen dabei im Vordergrund. Außerdem ist eine breite Palette an Sport-, Freizeit- und Hallenschuhen im Angebot.

Ganz stark im Kommen in Kölner Sportgeschäften: Inline-Skater

Stadtbezirk 5 Nippes

Sport Poppi
Neusser Straße 538,
50737 Köln (Weidenpesch),
Tel.: 02 21 / 7 40 66 13
Öffnungszeiten: Mo–Fr
9.30–18.30 Uhr, Sa 9.30–14 Uhr
Das Weidenpescher Sportgeschäft ist vor allem auf Teamsportarten spezialisiert, aber auch viele andere gängige Sportartikel sind zu haben (für Fußball, Baseball, Football, Basketball und Inline-Skating). Auf dem Sporttextil-Sektor gibt es alles, von der Kappe bis zum Sportschuh.

Stadtbezirk 6 Chorweiler

Sport Gatzen
Alte Neusser Landstraße 243,
50769 Köln (Worringen),
Tel.: 02 21 / 78 61 93

Öffungszeiten: Mo – Fr
15 – 18.30 Uhr, Sa 10 – 13 Uhr
Sport Gatzen ist spezialisiert auf die Bereiche Fußball (Bälle, Trikots, Schuhe), Jogging, Trekking und Freizeit. Vor allem in Sachen Sportbekleidung ist das Angebot vielfältig.

Stadtbezirk 7 Porz

Hocke Sporthaus
Hauptstr. 398, 51143 Köln (Porz),
Tel.: 0 22 03 / 5 26 31
Öffnungszeiten: Mo – Fr 9 – 20 Uhr,
Sa 9 – 16 Uhr
Das Hocke Sporthaus, dessen Verkaufsfläche vor kurzem auf 140 qm vergrößert wurde, führt Breitensport- und Trendsport-Artikel aller Art. Neben Fußball, Tennis, Badminton und Squash ist man auf Reitsport und Wandern bzw. Trekking spezialisiert. Auch Fanartikel und US-Sports (Streetball, Football, Eishockey) sind vertreten. Specials: Automaten-Darts, Bogen- und Angelsport.

Stadtbezirk 8 Kalk

Sport Küpper
Rösrather Straße 567, 51107 Köln (Rath), Tel.: 02 21 / 86 59 14
Öffnungszeiten: Mo – Fr 8.30 – 19.30 Uhr, Sa. 8.30 – 14 Uhr
Sport Küpper ist mit ca. 140 qm Verkaufsfläche der größte Anbieter in Rath. Das Angebot umfaßt fast den kompletten Sportbereich: Mannschaftssportarten wie Handball, Basketball und Fußball sind ebenso vertreten wie Individualsportarten wie Tennis, Badminton, Aerobic und Ski. Auch Fanartikel (unter anderem US-Sports) und Trendsport-Artikel (Inline-Skating usw.) sind im Angebot. Außerdem gibt es jede Menge Zubehör sowie einen Ski- und einen Tennisservice.

Stadtbezirk 9 Mülheim

Sport-Bürling
Zehntstraße 7 – 11, 51065 Köln (Mülheim), Tel.: 02 21 / 61 24 71 und Frankfurter Straße 31, 51065 Köln (Mülheim), Tel.: 02 21 / 62 16 20
Öffnungszeiten: Mo – Fr 9 – 13 und 15 – 18.30 Uhr, Sa 9 – 14 Uhr
Sport-Bürling besteht bereits seit über 20 Jahren und ist in Mülheim der größte Anbieter. Es werden zwei Filialen betrieben. Abgedeckt wird ein breites Sportspektrum, von Fußball und den Rückschlagsportarten über den Ski- und den Bergsport bzw. Freeclimbing bis zum Inline-Skating. Specials: Vereinsausstattungen (eigene Näherei), Skiwerkstatt, Sporttextilien.

Spezial-Sportgeschäfte

Angelsport

Angelgeräte Gees
Buttermarkt, 50667 Köln (City),
Tel.: 02 21 / 2 58 13 83

Nach wie vor beliebt: Radfahren von Trekking über Mountain-Bike bis BMX

Öffnungszeiten: Mo – Fr 8.30 – 18 Uhr, Sa 8.30 – 14 Uhr, erster Sa im Monat bis 16 Uhr

Das älteste Angelsportgeschäft Kölns (seit 1858) führt Artikel zu allen Angelarten: Grundfischerei (Rhein), Spinnangeln, Stippfischen (mit Schwimmer), Hochseeangelei usw. Spezialisiert ist das Geschäft auf das Fliegenfischen. Dazu führt Gees alles an Zubehör, angefangen von Angeln und Ködern über Wirbel bis zu Haken und Bleien. Den Kunden steht außerdem ein Reparaturservice zur Verfügung. An Textilien sind unter anderem Stiefel und Wathosen zu haben. Ein Kartenservice (Wo kann man angeln?) sowie Angelliteratur und Fachzeitschriften runden das Programm ab. Special: Es werden Kurse zum Fliegenbinden und Vorbereitungskurse zur Sportfischerprüfung angeboten.

BMX-Radfahren

busy P
Neusser Straße 609,
50737 Köln (Weidenpesch),
Tel.: 02 21 / 7 40 73 81
Öffnungszeiten: Mo – Fr
11 – 18 Uhr, Sa 11 – 14 Uhr

Mit busy P hat BMX-Weltmeister Stefan Prantl 1994 ein Geschäft aus der Taufe gehoben, das inzwischen weit über die Grenzen Kölns bekannt ist. Vor allem deshalb, weil bei busy P BMX-Stuff zu haben ist, den es sonst nirgendwo zu kaufen gibt. Bestimmte Ersatzteile und Räder werden direkt aus den USA importiert. Auch sonst ist in Weidenpesch alles zu bekommen, was das BMX-Herz begehrt: Gabeln, Rahmen, Sattel, Vorbauten, Innenlager, Polster, Freestyle-Teile, Bremsen, Griffe, Lenker, Naben, Reifen, Felgen, Pedale,

Kettenblätter, Pegs und vieles mehr. Auch in Sachen Textilien hat das Geschäft einiges zu bieten. Von Spezialbremsschuhen über Schutzkleidung bis zu Jackets und Shorts hat busy P alles auf Lager.

Eishockey, Skaterhockey

Sports-Inn
Weißenburgstraße 29,
50670 Köln (Agnesviertel),
Tel.: 02 21 / 73 51 70
Öffnungszeiten: Mo – Fr 10 – 12 und 15 – 20 Uhr, Sa 10 – 14 Uhr
Sports-Inn ist der Kölner Spezialist für Eishockey und Skaterhockey. Das Geschäft führt das gesamte Sortiment an Eishockeywaren, angefangen bei Schlittschuhen und Schlägern über Komplettausrüstungen (Helme, Handschuhe, Trikots, Schulterschutz und Schoner) bis hin zu Kleinteilen wie Pucks, Schlägerisolierband und spezielle Wachsschnürbänder. Auch im Bereich Skaterhockey ist der Shop sehr gut bestückt. Dazu werden NHL-Trikots, Baseball-Caps und Inline-Skater verkauft. Service: Schlittschuh-Schleifen und Schlittschuh-Nieten (Kufen wechseln).

Fahrrad

Kölner Fahrrad-Diskount
Aachener Straße 90,
50674 Köln (Neustadt-Süd),
Tel.: 02 21 / 5 10 43 04
und Frankfurter Straße 488,
51145 Köln (Porz-Eil),
Tel.: 0 22 03 / 29 44 61
Öffnungszeiten: Mo – Fr 10 – 18.30 Uhr, Sa 10 – 14 Uhr
Inhaber Frank Güssgen bietet seinen Kunden ein Komplettangebot mit Rundumservice im Bereich Bike-Sport. Spezialisiert sind die beiden Filialen auf Mountain-Bikes. Es gibt Federgabeln, alle Ersatz-

- **Fitness + Kraftsport + Boxsport**
- **Ski + Service + Verleih**
- **Träger + Skiboxverleih**
- **First + Second Hand**
- **Heimtrainerverleih**
- **Inline-Skatesverleih + Schulung**

KOLB SPORT
50968 Köln · Raderberggürtel 1 · Tel.: 0221/37 42 74
Fax 34 44 50
Mo - Fr 10.00 h - 18.30 h
Sa 9.00 h - 14 / 16.00 h

teile, Hydraulik- und Scheibenbremsen, vollgefederte Räder für den Downhill-Bereich und natürlich auch komplette Räder („normale" Räder, Trekkingräder, Citybikes, Rennräder usw.). Das Geschäft auf der Aachener Straße hat einen Verkaufsraum von etwa 150 qm, auf der Frankfurter Straße in Porz sind es etwa 100 qm. In beiden Filialen steht den Kunden ein umfangreicher Reparaturdienst zur Verfügung. Special: Wartung von Federgabeln.

Fechtsport

Fechtsport Lieffertz
Eibenweg 3, 50767 Köln (Heimersdorf), Tel.: 02 21 / 79 52 54
Öffnungszeiten: Mo – Fr 9 – 18 Uhr
Dieses Fachgeschäft für den Fechtsport ist Lieferant für den gesamten deutschen Bereich nördlich von Köln bis nach Dänemark und Schweden sowie für die Benelux-Länder. Lieffertz führt ausschließlich Allstar- und Uhlmann-Artikel, die beiden führenden Firmen weltweit (oder wie der Eigentümer sagt: „der Rolls-Royce und der Daimler unter den Fechtartikel-Firmen"). Es werden sämtliche Dinge angeboten, die für den Fechtsport notwendig sind, angefangen von kompletten Waffen (die speziell für den Kunden maßangefertigt werden) über Klingen, Kleidung, Masken, Handschuhe (auch Zwischengrößen). Das Geschäft in Heimersdorf ist Verkaufsraum, Werkstatt und Lager zugleich. Zu den Kunden gehören auch jede Menge Spitzensportler (Olympiasieger Arnd Schmidt baut sich seine Waffen zum Beispiel immer selbst in der Werkstatt zusammen). Inhaber Heinrich Lieffertz hat aus seinem Hobby einen Beruf gemacht. Er war früher Waffenwart der deutschen Säbelnationalmannschaft.

Golf

Golf House
Glockengasse 2, 50667 Köln (City), Tel.: 02 21 / 2 57 00 15
Öffnungszeiten: Mo – Fr 10 – 20 Uhr, Sa 10 – 16 Uhr
Das Golf House verkauft alles, was mit Golf zu tun hat. Falls irgend etwas nicht vorrätig sein sollte, wird es bestellt. Unter anderem im Programm sind Schläger, Bälle, Taschen, Übungsgeräte aller Art, Schuhe, Handschuhe, Zubehör und sogar Elektro-Golfwagen, elektronische Zählgeräte und Schlägerhauben. Außerdem existiert eine reichhaltige Auswahl an Damen- und Herrenbekleidung für den Golfsport und Literatur bzw. Videocassetten zum Thema. Das Golf House ist an einen Direktversand-Verbund (seit 20 Jahren, aus Hamburg) angeschlossen, der jährlich einen Katalog herausbringt, aus dem sich die Kunden direkt ihre Produkte bestellen können (der 96er Katalog umfaßt knapp 150 Seiten und enthält etwa 1000 verschiedene Artikel).

Inline-Skating

Skate & Bike Market
Ritterstraße 61, 50670 Köln,
Tel.: 02 21 / 1 30 16 47
(gegenüber Saturn am Parkhaus)
Öffnungszeiten: Mo – Fr
12 – 19 Uhr, Sa 10 – 16 Uhr
Der Skate & Bike Market ist einer der Spezialisten auf dem Kölner Inline-Markt. Neben Inline-Schuhen aller Marken gibt es alles an Zubehör, was man für diese Sportart braucht: Rollen, Kugellager, Bekleidung, Schoner, Schutz-Pads, spezielle Power-Strings (Riemen zum Schuhverstärken), Grinde-Plates (Kunststoff-Schienen) usw. Es werden auch Videos, Literatur und Zeitschriften sowie ein kompletter Reparaturservice rund um die Schuhe angeboten. Außerdem ist der Market auf den Mountain-Bike-Bereich spezialisiert.

Kampfsport

Budo-Sportartikel Herzig im Bushido-Sportcenter
Hohenstaufenring 30 – 32,
50674 Köln (City),
Tel.: 02 21 / 24 19 76
Öffnungszeiten: Mo – Fr 9 – 22 Uhr, Sa 9 – 18 Uhr, So 10 – 16 Uhr
Dem Bushido-Sportcenter ist ein Sportshop angegliedert, in dem ein großes Sortiment an Artikeln rund um den Kampfsport zu kaufen ist: Komplette Judo- und Karate-Anzüge (aber auch einzelne Hosen), Judo-,

Des Golfers Glück: Schläger, Ball und grüner Rasen

Budo- (Überbegriff für Sportarten wie Aikido, Kendo etc.) und Karategürtel, Kendo-Rüstungen (Brust-, Hüft-, Faust- und Gesichtsschutz), Shinais (Bambusschwerter), Hakamas (Aikido-Röcke), Kung-Fu-Schuhe. Dazu gibt's jede Menge Literatur und Zeitschriften zum Kampfsport.

Laufen, Jogging, Schuhe

Marathon
Neusser Straße 316, 50733 Köln (Nippes), Tel.: 02 21 / 76 29 14
Öffnungszeiten: Mo – Fr 10 – 13 und 15 – 19 Uhr, Sa 10 – 15 Uhr
Marathon ist der Spezialist für Sportschuhe aller Art, insbesondere für Laufschuhe für alle Einsatzzwecke, vom Anfänger bis zum Marathonläufer, vom Freizeitsportler

bis zum Profi-Renner. Darüber hinaus ist Schuhwerk für alle Hallensportarten, für Fußball (indoor und outdoor) und für den Fitness- und Aerobic-Bereich zu haben. Dazu gibt's jede Menge Zubehör: Reflexwesten für Läufer, Bälle, Textilien, Trikots usw. Vereine können sich hier komplett einkleiden lassen. Service ist bei Marathon großgeschrieben. Es bietet auch eine spezielle Beratung für Menschen mit Fußproblemen. Das Geschäft verfügt zudem über ein reichhaltiges Angebot an Fachzeitschriften, Büchern und Lauf-Terminkalendern. Special: die Vermittlung von Läufern an Lauftreffs.

Reitsport

Der Reiter
Salierring 14,
50677 Köln (City-Süd),
Tel.: 02 21 / 31 42 68
Öffnungszeiten: Mo – Fr
9.30 – 18.30 Uhr, Sa 9.30 – 14 Uhr
Der Reiter bietet alles rund um den Reiter und sein Pferd. Zu bekommen sind Bekleidung, Reitkappen, Handschuhe, Gerten, Stiefel in allen Variationen, Sättel (inkl. Satteldecken), Steigbügel, Trensen, Kandaren, Zäume, Zügel, Halfter, Stricke, Putzzeug, Pflegemittel, Futtermittel und Stallbedarf. Auch sämtliche Artikel fürs Longieren und Voltigieren sind erhältlich. Dazu verfügt der Reiter über einen Änderungs- und Reparaturservice.

Second Hand

Muskelkater Sport
Aachener Straße 64, 50674 Köln (City), Tel.: 02 21 / 52 28 24
Öffnungszeiten: Mo – Fr
10 – 20 Uhr, Sa 10 – 16 Uhr
Aus zweiter Hand und dadurch sehr preiswert ist die große Auswahl an Sportartikeln und -bekleidung bei Muskelkater Sport. Im Angebot sind vor allem Wintersportartikel (Skier, Textilien, Snowboard, Hard- und Softboots), Sportschuhe, alle Arten von Fahrrädern (im Sommer), Inline-Skates, Tennis-, Squash- und Badmintonschläger. Special: Direkt vom Hersteller werden Testskier bezogen (eine Woche gefahren), die dann für ca. 50 Prozent unter dem normalen Ladenpreis verkauft werden. Muskelkater kauft auch gebrauchte Sportartikel an.

Sport-Orthopädie

Sporthopädie Wallenborn
Helenenwallstraße 12, 50679 Köln (Deutz), Tel.: 02 21 / 98 10 36 – 0
Öffnungszeiten: Mo – Fr 9 – 13 und 15 – 18 Uhr (außer Mi nachmittag), Sa geschlossen
Schon der Name „Sporthopädie" verrät, wo der Schwerpunkt bei Wallenborn liegt. Im Deutzer Fachbetrieb wird die Schnittstelle zwischen Sport und Orthopädie abgedeckt. Seit der Firmengründung im Jahre 1930 hat sich das Familienunternehmen einen beachtlichen

Bekanntheitsgrad in Köln und darüber hinaus erworben. Vor allem bei Kliniken und Fachärzten, aber auch bei vielen Spitzensportlern (z. B. bei den Profi-Fußballern vom 1. FC Köln), Therapiegästen und Freizeitsportlern genießt das Unternehmen einen guten Ruf. Spezialisiert ist man in der Helenenwallstraße vor allem auf die Sportarten Fußball, Tennis, Leichtathletik, Basketball, Handball und Eishockey. Das Angebot ist auf die Versorgung von Sportlern und Sportpatienten ausgerichtet. Neben dem normalen Sortiment zur Nachbehandlung von Sportverletzungen durch Bandagen, Maßnahmen zur schnelleren Rehabilitation oder dem Beheben von Haltungsschäden wurde das Geschäft durch einen kürzlich abgeschlossenen Umbau zum ersten „Sporthopädie-Center in Nordrhein-Westfalen" gemacht. Insgesamt wurde auf einer Geschäftsfläche von rund 160 qm das innovative Konzept von Juniorchef Christoph H. Wallenborn und Seniorchef Christoph Klaus Wallenborn realisiert. Der Clou: Die Palette der Serviceleistungen ist durch den Einsatz modernster Technologien erweitert worden. Das Sporthopädie-Center bietet seinen Kunden mit dem „Fast-Scan-System" die Möglichkeit, Schuheinlagen präzise auf individuelle Anforderungen abzustimmen. Das System ist mit einer Teststrecke ausgestattet, auf der Tartan- und Asphaltbelag simuliert werden können. Neben dieser elektronischen Fußdruckmessung können sich die Sportler mit dem „Covilas-Meßsystem" einer videounterstützten Laufbandanalyse unterziehen. Der Computer erfaßt die Bewegungen und ordnet sie in normales und unnormales Bewegungsverhalten ein. Die so gewonnenen Erkenntnisse erleichtern die Wahl der therapeutischen Mittel.

Tauchsport

Diving Action – Tauchsportzentrum Totzauer
Kämmergasse 18, 50676 Köln (City), Tel.: 02 21 / 2 40 26 34
Öffnungszeiten: Di – Fr 9.30 – 14 und 15 – 18.30 Uhr,
Sa 9.30 – 14 Uhr
Tauchlehrer Hartwig Totzauer bietet in seinem Shop die komplette Palette der Tauchsportartikel. Das umfangreiche Ausrüstungsprogramm umfaßt Flossen, Masken, Schnorchel, Lungenautomaten, Manometer, komplette Taucheranzüge, Handschuhe, Taucherfüßlinge und vieles mehr. Daneben können bei Diving Action auch Tauchkurse absolviert werden.

Tischtennis

Tischtennis-Shop Köln / Roßkopf & Weißbach
Gravenreuthstraße 25 / Ecke Subbelrather Straße, 50823 Köln (Ehrenfeld), Tel.: 02 21 / 5 50 63 45

Öffnungszeiten: Mo – Fr
11 – 18.30 Uhr, Sa 10 – 14 Uhr,
langer Sa 10 – 16 Uhr
Tischtennis-Bundesligaspieler Thomas Roßkopf führt gemeinsam mit Klaus Weißbach dieses Spezialgeschäft. Individuelle Betreuung des einzelnen Spielers (egal ob Hobby oder Profi) inklusive „Schläger-Anfertigungen nach Maß" stehen im Mittelpunkt. Der Shop bietet alle Artikel, die für den Tischtennissport nötig sind: Schläger, Beläge und Hölzer (über deren Schnelligkeit, Effetwerte und Griffigkeit sich der Kunde genau informieren kann), Kleidung (Trainingsanzüge, Shorts, Trikots), Hallenschuhe speziell für Tischtennis, Tischtennistische und Zubehör (Sprays, Kleber, Kantenbänder, Netze). Dazu kommt ein breites Angebot an Trainingshilfen (vom „Returnbrett" bis zum „Ballspender") und ein großes Sortiment an Literatur und Fachzeitschriften. Special: Roßkopf bietet im ACR-Sportcenter in Neubrück Tischtenniskurse an.

Tennis, Squash, Badminton

Racket Point
Deutzer Freiheit 105, 50679 Köln (Deutz), Tel.: 02 21 / 81 13 18
Öffnungszeiten: Mo – Fr
10 – 13 und 15 – 18.30 Uhr,
Sa 10 – 13 Uhr

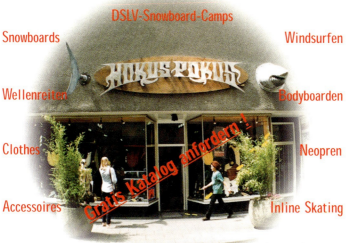

Racket Point ist ein relativ kleines (50 qm Verkaufsfläche), aber sehr bekanntes und gut sortiertes Fachgeschäft für alle Rückschlagsportarten. Im Angebot sind Schläger, Bälle, Schuhwerk (indoor und outdoor, auch Jogging- und Fitness-Bereich), Sporttaschen, Tourbags, Sporttextilien (Shorts, Polohemden, T-Shirts, Trainingsanzüge), Griffbänder, Stirnbänder, Schweißbänder usw. Besaitungen und andere Serviceleistungen werden im Geschäft durchgeführt.

Actionreicher Snowboard-Spaß in den französischen Alpen

Windsurfen, Snowboard

Hokus Pokus
Richmodstraße 29, 50667 Köln (City), Tel.: 02 21 / 2 57 45 07
Öffnungszeiten: Mo – Fr
10 – 20 Uhr, Sa 10 – 14 Uhr,
langer Sa 10 – 16 Uhr
Hokus Pokus – ein Name, der im Lauf der letzten 17 Jahre sowohl in der eingefleischten Surf- und Snowboardszene als auch – seit drei Jahren – in der Inline-Skate-Szene einen sehr guten Klang hat. Das Verkaufsteam um Michael Schmidt hat sich im Modebereich auf funktionelle Bekleidung von Burten, Windsurfing Chiemsee, Matador, Sun Valley, Sky & Hi, Rip Curl u.v.m. konzentriert. Der Hardware-Bereich hat u. a. Burten, Nitro, Oxygen, K2, Bauer, Roces, Sunshine, AHD, F2 und Neil Pryde im Programm. Eine komplette Werkstatt ermöglicht die perfekte Pflege und Reparatur von Snowboards und Windsurf- bzw. Wellenreitbrettern. Seit sieben Jahren bringt Hokus Pokus Winter für Winter Hunderte von Snowboardern und solche, die es werden wollen, preiswert in die österreichischen und französischen Berge. Das von Stephan Kaschny geleitete Team besteht aus DLV-geprüften Snowboard-Lehrern.

Story
Der Sport im Spiegel der Zeit – Das Deutsche Sportmuseum in Köln

Nebenan vor dem Schokoladenmuseum warten ganze Schulklassen ungeduldig auf den Einlaß und träumen von dem Moment, in dem sie endlich in dem süßen Schleckerzeug schwelgen dürfen. Sie ahnen nicht, daß sie von den kärglichen

Proben, die ihnen gereicht werden, nicht im geringsten ihre süßen Gelüste befriedigen können.

Nur einige Meter weiter, in der Halle 10 des Rheinauhafens, werden die Besucher demnächst ganz andere Dinge (aus)probieren können. Hier entsteht das Deutsche Sportmuseum, eine neue Attraktion in der Kölner Museumslandschaft. Nicht nur die sportgeschichtlich Interessierten werden beim Rundgang durch das Gebäude auf ihre Kosten kommen. Denn der besondere Clou ist die Einrichtung eines „Lebendigen Sportmuseums", in dem die Besucher aktiv mitwirken können und Sport und seine Geschichte „erfahrbar" wird. Vergessene Volkssportarten werden dabei wieder aufleben, und Spiele und Sport aus anderen Kulturen können spielerisch kennengelernt werden.

Wenn das Deutsche Sportmuseum, wie geplant, im Jahr 1998 in die neuen Räumlichkeiten einzieht, dann geht eine lange Planungs- und Konzeptionsphase zu Ende. Bereits 1976 legte eine vom Deutschen Sportbund eingesetzte Arbeitsgruppe ein Grundsatzpapier vor, in dem auf die Notwendigkeit eines Deutschen Sportmuseums hingewiesen wurde. In den anfänglichen Überlegungen konnten die Initiatoren auf ein Vorbild zurückgreifen, das schon fast in Vergessenheit geraten war: In Berlin gab es bereits in den 20er und 30er Jahren ein „Museum für Leibesübungen", das allerdings in den politischen und strukturellen Wirren Mitte der 30er Jahre aufgelöst wurde.

Die Ansammlung sportwissenschaftlicher Institute und die international anerkannte Museumslandschaft in der Domstadt gaben den Ausschlag für den angestrebten Bau in Köln. Die ideellen und materiellen Voraussetzungen zur Verwirklichung des ehrgeizigen Projekts sollte der 1982 gegründete „Verein Deutsches Sportmuseum e.V." schaffen. Neben dem DSB und dem NOK sind auch das Land NRW, die Stadt Köln sowie die Deutsche Sporthochschule als ordentliche Mitglieder vertreten.

Da bei den Verantwortlichen der Stadt Köln ein großes Interesse an der Umsetzung der Idee vorhanden war, wurde den Organisatoren das historische Gebäude in der Freizeit- und Kulturzone des Rheinauhafens mit einer Ausstellungsfläche von ca. 3000 qm zur Verfügung gestellt. Kein schlechter Schachzug, denn die Stadt Köln bekommt innerhalb des Museums eine eigene Spezialabteilung: Mit den Vorarbeiten zum Aufbau des „Kölner Sportarchivs" wurde bereits 1987 begonnen. Aufgabe der Einrichtung ist die systematische und umfassende Bestandsaufnahme der Entwicklung des Sports in Köln seit Ende des 19. Jahrhunderts. Dazu gehören die Sicherung und der Erwerb ausstellungswürdiger Einzelobjekte und Sammlungen aus dem Kölner Raum sowie die Befragung von Zeitzeugen aus der Kölner Sportszene. Alle Ergebnisse werden in das Ausstellungsprojekt zum Kölner Sport einfließen und im zukünftigen Museum einen besonderen Platz einnehmen.

Weitere Spezialabteilungen des Deutschen Sportmuseums sind das „Deutsche Basketball-Archiv" und das „Heinz-Loosen-Ruderarchiv". Ansonsten werden die Ausstellungsräume von zahlreichen wertvollen Exponaten geschmückt: vom Trikot bis zum Stufenbarren, von Medaillen bis zu Urkunden, von Gegenständen bildender Kunst bis zu Architekturmodellen. Natürlich kommen auch Medien zum Einsatz. Anhand von historischen und aktuellen Bild- und Tonaufnahmen kann der deutsche Sport hautnah mit- und nacherlebt werden. Eine eigene Plakat-, Münz- und Briefmarkenausstellung zeigt den hohen Stellenwert, den der Sport auch außerhalb seines eigentlichen Umfeldes genießt. Die Olympischen Spiele werden ebenso einen Schwerpunkt innerhalb des Museums bilden wie die Turngeschichte und die besonders populären Sportarten wie Tennis, Fußball, Eishockey, Radsport usw. Für die wissenschaftliche Museumstätigkeit sind die Bestände der Spezialbibliothek unverzichtbar. Das Archiv bildet die Grundlage für zukünftige Ausstellungsvorhaben und enthält unter anderem ca. 2500 Festschriften, Ausstellungskataloge, Sportpublikationen und sporthistorische Werke zur Entwicklung einzelner Sportarten. Es ist übrigens geplant, die Präsenzbibliothek interessierten Besuchern zugänglich zu machen.

Da es schade wäre, die Exponate solange unter Verschluß zu halten, bis sie am Eröffnungstag im Rheinauhafen dem Publikum gezeigt werden, tritt das Deutsche Sportmuseum bereits seit 1982 mit Wanderausstellungen an die Öffentlichkeit. So konnte zum Beispiel die Ausstellung „Rudern im Spiegel der Kunst" erfolgreich im In- und Ausland gezeigt werden. Weitere Wanderausstellungen waren unter anderem „Kirche und Sport", „Sport im Mittelpunkt der Werbung", „Olympia – Das Fest der Bedrohung", „Das Gesicht des Trainers – Bilder Deutscher Sportfotografen" und „König der Athleten – Zur Geschichte des Zehnkampfes". Insgesamt haben schon weit über eine Million Besucher bei fast 200 Präsentationen Exponate aus dem Sportmuseum zu Gesicht bekommen.

Weitere Infos:
– Verein Deutsches Sportmuseum e.V., z. Zt. Ostlandstraße 39, 50858 Köln, Tel.: 0 22 34 / 40 05 – 0

Der Autor

Thomas Kalus, Jahrgang 1959, Reporter, Journalist und Moderator. Sportreporter unter anderem für den WDR, Radio Köln und RPR, Fußball-Kommentator für den Fernsehsender VOX. Initiator, Organisator und Moderator von Sport-Talkshows: seit 1996 „Die Sportarena" in Köln.

Abbildungsnachweis

G. Balzer: 162
Jörg Becker: 56, 65, 144, 202
Lothar Berns: 14, 100, 116, 132, 133, 142, 200, 205, 210
Billardsaal im Bazaar de Cologne: 153
Claudius Therme: 27, 30, 79
Rainer Dahmen: 169, 171, 173, 175, 180, 181, 183
Till Haverkamp: 36
Birgit Kasper: 179
Martina Köpnick: 157
Inge Kurz: 124
Ingrid Mehmel: 52
Stefan Palm: 73
Angela Peters: 13, 19
Pro Aktiv GmbH, Frechen: 105
Restaurant Pescher Holz: 161
Seminar "Kreativität & Technik"
(DSHS Köln): 51, 92, 137, 187, 188, 191
Georg Stock: 147
H. Stollenwerk: 45, 59, 62, 85, 91, 107, 110, 121, 129
Verkehrsamt Reichshof, Eckenhagen: 145
Wasserski Langenfeld: 94
Anja Wenzeler: 176
Gertrud Wittneben: 83
Martina Zelle: 193

Nicht alle Fotografen konnten namentlich ermittelt werden. Ihre Rechte bleiben aber selbstverständlich gewahrt.

Wienand. Verlag:
Kultur ist unser Programm

■ Action
■ Spaß und
■ Attraktionen

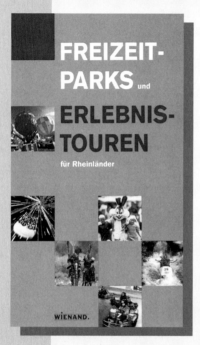

**Emmanuel van Stein
(Hrsg.)
Freizeitparks
und Erlebnistouren
für Rheinländer
120 Seiten
mit ca. 60 s/w-Abb.
ISBN 3-87909-494-2**

■ Safaris und
Wilder Westen

■ Wasserspiele
und Tropenhäuser

■ Geisterschlösser
und Ritterspiele

Infos Verlagsprogramm 02 21 94 40 90-0

WIENAND.